개정 누리과정에 기초한

영유아 언어지도 개정판

Language Education for Young Children

개정 누리과정에 기초한

개정판

영유아 언어지도

김정은·한희정·하선혜·서은주·김근혜 공저

동문사

머리말

영아는 태어나는 순간 울음으로 자신의 의사를 표현하기 시작하여 6세 전후가 되면 언어습득의 결정적인 시기를 맞이한다. 이 시기는 뇌의 발달에 있어서도 아주 중요한 시기로, 특히 유아의 사고, 사회, 인지, 심리, 정서적인 측면에 영향을 주고 유아기에 형성된 언어 습관과 태도는 쉽게 변화시키는 것이 어렵기에 올바른 유아 언어교육에 대한 이해는 매우 중요하다.

영유아들은 언어를 통해 학습의 동기를 부여받고 다양한 호기심과 탐구심을 키워 나가므로 이 시기의 언어지체는 심각한 인지적·사회적 어려움을 초래할 수 있다. 따라서 가정이나 유아교육기관에서는 유아들의 언어교육의 중요성을 인식하여 말하기, 듣기, 읽기, 쓰기 등의 다양한 언어형태를 사용하여 유아들이 충분한 언어 발달을 이룰 수 있도록 질적 언어 환경을 제공해야 한다.

영유아교사들은 언어교육을 위한 환경의 중요성을 인식하고 영유아의 언어 발달 특성과 외부의 다양한 환경을 고려하여 영유아가 적극적인 학습자가 되는 동기부여의 기회를 제공해야 한다.

저자들은 언어교육을 강의하면서 가졌던 이와 같은 고심을 충실히 반영하고자 하였으며, 교육현장에서 영유아들의 언어 발달을 돕기 위해서 예비영유아교사들이 알아야 하는 기본적인 지식 및 내용의 이론과 현장에서 할 수 있는 다양한 언어교수방법 등의 실제를 이해하고 유용하게 활용할 수 있도록 집필하였다.

이 책은 언어교육에 대한 이론과 실제편을 따로 구성하지 않았고, 각 장에서 필요로 하는 실제 부분은 해당 장이나 다음 장에 다루도록 하였다. 1장은 언어의 이해를 돕기 위해 정의, 기능, 중요성 등의 내용으로 언어교육에 대한 이론적 기초로 구성하였고, 2장은 언어 발달이론, 3장은 영유아기 언어 발달의 내용을 소개하였다. 4장은 언어 발달 관련 요인, 5장은 표준보육과정에서의 영아기 언어지도 내용, 6장은 표준보육과정에서의 영아기 언어지도 실제 부분에 대해 살펴보았다. 7장은 누리과정에서의 유아기 언어지도 내용, 8장은 누리과정에서의 유아기 언어지도 실제 내용을 소개하였다. 9장은 언어교육 접근법을 살펴보았으며, 10장은 언어지도에서의 교사역할, 11장은 영유아 언어지도를 위한 환경구성, 12장은 언어지도에서의 평가에 대한 내용을 다루었다.

표준보육과정이나 3~5세 누리과정의 의사소통 내용을 중심으로 영유아의 언어활동 계획에서 평가까지 구체적이고 체계적으로 활동을 소개하려고 하였기에 영유아교육현장에서 실질적으로 도움이 되었으면 한다.

끝으로 책의 발간을 준비하는 과정 속에서 여러 어려움이 있었음에도 불구하고 아낌없이 도와주시고 지원해주신 동문사 여러분들께 감사의 말씀을 드린다. 또한 저자들은 최대한 영유아 언어교육에 대한 내용을 충실하게 담으려고 노력하였으나, 부족함을 느끼며 저자 일동은 향후에도 지속적인 연구와 노력을 통하여 지속적으로 보완하고 완성도 높은 교재가 될 수 있도록 끊임없이 노력하겠다.

2021년 02월
저자 일동

차 례

CHAPTER 1

언어교육에 대한 이론적 기초

언어는 자신이 속한 문화 속에서 타인들과 상호작용하고 의사소통하기 위해 필요한 것으로, 개인의 사고 과정 그리고 역사와 문화를 전달하는 매개체이다. 언어는 사회구성원들이 만든 약속이며 때에 따라 변할 수 있다는 특징도 있다. 영유아 언어교육을 담당하는 자는 언어에 대한 올바른 이해가 선행되어야 하며, 이는 올바른 영유아 언어교육의 기본이 된다. 제1장에서는 영유아 언어교육에 있어 가장 필요한 이론적 기초인 언어의 정의, 언어의 특성, 언어의 기능, 언어의 구조 등 언어의 구성요소에 대해 살펴보고자 한다. 언어교육에 대한 이론적 기초는 영유아 언어교육의 방향을 설정하고, 교사로서 질 높은 언어교육을 계획하는 데 밑거름이 될 것이다.

1 언어의 기초

1) 언어의 정의

흔히 인간이 다른 동물들과 구분되는 가장 큰 특징은 언어라고 한다. 그러나 일부 학자들은 언어를 인간만이 가진 특징이 아니라고 주장하면서, 인간은 '좀 더 정교한 의사소통법'을 진화시켜온 동물에 지나지 않는다고 주장하기도 한다(홍영덕, 2018).

인간과 98.5% 동일한 유전자를 가지고 있는 침팬지는 서로 소통하기 위하여 기호를 사용한다는 주장도 있고, 잘 가르치면 침팬지가 언어를 사용할 수 있다는 연구 결과도 있다(정혜승, 2014). 가드너 교수 부부(Allen & Beatrix Gardener)는 침팬지에게 인간 아기와 같이 옷을 입히고 식탁에서 함께 식사를 하면서 5년간 미국 수화를 가르쳤다. 그 결과 침팬지는 대략 350개 정도의 단어를 습득하고, 2~3개의 단어를 결합하기도 하였으며, 새끼에게 자신이 배운 수화의 일부를 가르치기도 하였다. 또한 동물학자이자 생물학자인 최재천(2018)은 지구의 다양한 생명체에 대한 연구를 통해 인간에게만 있다고 생각했던 언어를 다른 동물에게서 발견하였다. 인간에게는 말과 글을 사용한 언어가 있지만 꿀벌은 춤을 이용한 언어가 있다는 것이다(최재천, 2018).

이처럼 언어는 인간만이 습득할 수 있고, 다른 동물은 언어를 습득할 수 없는 것인가에 대한 수많은 토론이 전개되고 있으나, 동물들에게 언어능력이 있다는 것에 대해서 아직까지 명확한 결론이 내려진 바가 없다.

한편, 미국의 언어학자 촘스키(Chomsky)는 "우리가 언어를 연구한다는 것은 인간에게 특유한 정신의 특성, 즉 인간의 정수를 연구한다는 것과 마찬가지"라고 하였다. 이는 언어에는 인간의 본능적 특성, 즉 다른 동물과 인간을 구별시켜 주는 특성이 있음을 의미한다. 구체적으로 동물들은 그들의 고착된 본능에서 벗어나지 못한 채 살아간다. 그런데 인간은 본능에 머물지 않고 무엇인가 새로운 것을 끊임없이 발견해내고 개선시켜 나가는 작업을 통해 문화적 발전을 이루었다(홍영덕, 2018). 즉, 인간은 언어를 사용하여 자신의 생각과 느낌을 나타내며 창조적인 생활을 하는 것이다.

언어가 사회적 필요에 의해 만들어진 사회적 약속이라고 여기기도 하지만, 인간은 언어라는 도구를 통해 세상과 끊임없이 소통하는 능동적 활동을 하고 있다. 이는 언어가 가진 사회성을 의미한다. 언어는 공통된 언어를 사용하는 공동체 문화의 집합이며 집단지성의 결과물인 것이다. 또한 언어는 그 자체에 '사회적·문화적 관계'를 전제하고 있으므로 사회적 관계에서 멀어진 언어는 언어로서의 기능을 상실한다고 볼 수 있다(홍영덕, 2018).

이러한 언어에 대한 정의는 학자마다 다양하다. 우선 로버트슨과 카시디(Robertson & Cassidy, 1954)는 언어란 인간의 의사소통을 위한 음성적이며 청각적인 매체라고 정의하였고, 국립국어원의 표준국어대사전(2018)에 의하면 언어란 생각, 느낌 따위를 나타내거나 전달하는 데에 쓰는 음성, 문자 따위의 수단 또는 그 음성이나 문자 따위의 사회 관습적인 체계라고 정의내리고 있다.

그러나 촘스키(Chomsky, 1965)는 언어를 인간의 의사소통 수단으로 정의하는 데에 반대하면서 언어란 인간이 가지고 태어난 생득적 언어능력이 주위의 언어환경을 통해 성숙된 것이라고 정의하였고, 훔볼트(Humboldt)도 언어를 의사소통의 단순한 도구라기보다는 정신의 활동이라고 그의 언어구상 전반에 걸쳐 표기하였다(이연섭·강문희, 1997 재인용).

이와 같이 언어에 대한 정의는 다양하게 정의될 수 있겠으나, 언어는 보다 효율적인 의사소통과 창조적 사고를 위한 인간만이 가진 매우 중요한 수단이라 할 수 있다.

2) 언어의 특성

언어란 자의적인 상징체계를 통해 아이디어, 정서 및 욕구를 상대방과 소통하는 수단이며, 청각 및 언어적 기관에서 산출된다고 할 수 있다. 언어는 다음과 같은 특성을 가진다.

첫째, 언어는 체계적이다.
우리의 언어는 항상 일정한 순서에 의해, 규칙에 맞게, 정해진 방법으로 소리나는 글자를 배열한 것이다.

둘째, 언어는 임의적 약속 기호다.
언어는 음성적·시각적 기호와 표상하려는 물체와 아이디어 간의 임의적 연결이다. 모든 언어는 그 나름대로 적절하고 유용한 방법으로 문자와 소리의 패턴에 의미를 부여하고 있다. 우리말의 경우 24개의 자음과 19개의 모음으로 구성되어 있고, 영어의 경우 26개의 알파벳으로 구성되어 있다. 모든 언어는 각각의 언어를 구성하는 문자와 소리를 읽는 방법을 임의적으로 결정하여 사용하고 있다.

셋째, 언어는 추상적이다.
언어는 실제 표상하는 사물과 유사성이 없다. 언어의 의미는 사회적으로 규정되어 있다. 언어는 의미가 주어졌기 때문에 의미를 지니고 있고, 이러한 언어의 사회적 본질이 언어를 추상적으로 만든다.

넷째, 언어는 융통성이 있다.
언어는 변화의 요구가 있을 때는 변화한다. 최근 과학과 공학의 발전에 의해 과학·공학과 관련된 어휘의 수가 많이 늘어났으며, 단어의 의미도 사용하는 사람이 의미를 부여함에 따라 변화한다.

다섯째, 언어는 변화할 수 있다.
언어에는 다양한 방언이 있고, 다른 집단에 속해 있는 사람들은 각기 말하는 방법이 다르다. 인도에는 20개 이상의 언어가 있고, 80개 이상의 방언이 있다. 방언은 여러 지역의 언어를 대표하는 언어이며, 때로는 지역사회 안에서 사회적 집단을 대표하는 언어이기도 하다. 방언의 차이는 발음, 어휘, 문장 구조의 차이로 나타난다.

출처: 이영자(2009) 재인용.

3) 언어의 기능

언어의 일차적인 목적은 의사소통이다. 언어는 정보의 교환을 목적으로 하는 언어 행위로, 말하는 사람과 듣는 사람 또는 글을 쓰는 사람과 읽는 사람이 서로 자신의 생각을 사회적으로 교환하는 것이다. 언어의 일차적인 목적은 의사소통이므로 언어의 구조보다는 언어가 사용되는 상황이 더 중요하다고 볼 수 있다(김기창, 1986; 남기심·이정민·이홍배, 1998; 이하원·박희숙·원선아, 2017).

(1) 정보전달

사람은 태어나서부터 죽을 때까지 항상 일정한 정보와 지식을 획득하고 사람들 간에 정보를 주고받는데, 이때 정보를 주고받는 가장 좋은 도구로 언어를 사용한다. 정보전달로서의 언어는 사회구성원들이 그 문화에 살면서 적응하고 생존하기 위한 필수 불가결한 요소이고, 사회구성원들이 서로 주고받는 정보전달은 그 문화의 세대 전수를 가능케 한다.

(2) 감정유발

언어는 자신의 감정을 표현하는 도구임과 동시에 타인의 감정을 유발시킨다. 인간이 일차적으로 갖고 있는 정서, 즉 희로애락 그리고 사건에 대한 개인의 주관적 해석을 통해 느끼는 2차 정서 모두 언어에 의해 형성되고 언어에 의해 표출된다. 언어를 사용하여 자신의 감정을 타인에게 전달하고 또 스스로에게 표현함으로써 나와 다른 사람의 감정을 유발시킨다.

(3) 신념표현

인간은 모두 자신만의 가치와 신념체계를 가지고 있으며, 이 신념은 일상의 행동 결정과 생각의 틀을 만든다. 신념과 가치는 언어를 통해서 산출되고 언어를 통해 재조명되는데, 자신의 신념을 구축하는 데 타인의 생각이 언어를 통해 전달되어 본인에게 영향을 미치고, 또 자신에게 형성된 신념이 자신의 언어를 통해 타인의 가치관 형성에 의미를 부여하는 것이다. 뿐만 아니라 윤리의식, 도덕성 등도 언어를 통해 타인에게 전달되고 인간의 최상의 신념인 종교관 역시 언어를 통해 형성된다.

(4) 사회(성) 유지

인간은 누구나 사회 속에서 살아가며, 언어를 사용함으로써 스스로 사회구성원임을 확인할 수 있다. 예를 들면, 중국어를 잘하지 못하는 한국인이 중국사회에서 자신의 존재를 확인하고 그 사회의 사람들과 좋은 관계를 유지하려면 여러 가지 규범과 관행들을 올바르게 행해야 하는데, 그러한 것들이 잘 진행되려면 사회구성원 간의 언어를 통한 소통이 원만해야 한다.

(5) 행동수행

인간은 생각, 감정 그리고 행동으로 구성되며 이 세 가지는 모두 함께 작동되는데, 특히 행동은 타인과의 관계에 대한 질을 결정하는 경우가 많다. 개인의 행동이 타인에게 영향을 주어 그것은 곧 그 조직에 영향을 미치게 되는 것이다. 이와 같은 행동이 일어나거나 수행되는 것은 언어라는 수단을 통해서 이루어진다. 예를 들면, 타인에게 어떤 명령을 하거나 요청할 때 우리는 언어를 사용하는 것이다. 뿐만 아니라 자기 행동의 옳고 그름을 판단하는 잣대도 타인의 언어에 의존하게 되는 것이다.

(6) 치유역할

심리적으로 문제가 있어서 상담실을 찾아갈 때 우리는 정서적 어려움을 해소하기 위해서 언어를 사용하여 문제를 호소하고 언어를 통해 상담을 받는다. 또한 스트레스 상황에서 자신의 문제를 글로 표현함으로써 마음이 정리되는 경험을 갖는데, 이 모든 것은 언어가 가지고 있는 치유적 기능에 해당한다.

이처럼 언어는 인간의 삶에서 다양한 기능을 발휘한다. 비고츠키(Vygotsky)는 언어가 정보처리에 필수적이라고 하였으며, 언어의 본질적인 기능을 지식의 저장 및 확장, 사고 과정의 수행, 인간 특유의 의식창조에 있다고 보았다. 언어의 기능을 분류하는 방법에는 학자마다 차이가 있지만, 대체로 의사소통 기능과 사고조작 기능으로 분류한다. 많은 학자들이 언어의 기능을 다양하게 분류하여 제시하였는데 그중 영국의 기능주의 언어학자 할리데이(Halliday)가 제시한 7가지 언어의 기능을 살펴보면 다음과 같다.

① 도구적 기능(Instrumental function): 욕구와 소망을 충족시키기 위한 수단

예	~을 원해요, ~을 주세요.
	물을 먹고 싶은 영유아가 선반 위의 물병을 가리키며 "물 주세요"라고 말한다.

② 조정적 기능(Coordinative function): 자신과 타인의 행동, 태도를 통제

예	내가 말하는 대로 해 주세요.
	선생님이 우는 시늉을 하자, 영아가 손으로 선생님의 눈을 만지며 "때찌, 때찌"(하지 말라는 의미)하고 말한다.

③ 상호작용적 기능(Interactional function): 주변 사람과 사회관계 유지

예	(두 아이가 같은 블록을 보며) "와 … 이것 봐!"라고 말한다.

④ 개인적 기능(Personal function): 생각, 감정, 태도 표현 및 정체성 구현

예	저 여기 있어요.
	일기, 자서전, 인형극을 보고 자신의 느낌을 말로 표현한다.

⑤ 가상적 기능(Imaginary function): 상상 세계 창조 및 창의적 활동 표현

예	우리 ~인 척해요.
	이야기 읽어 주는 것을 듣고 이야기를 지어서 극화한다.

⑥ 발견적 기능(Heuristic function): 정보 찾기 및 문제해결을 위해 주위 탐색

예	왜 그런지 말해 주세요.
	사건이나 현상의 원인을 이야기한다.

⑦ 정보적 기능(Information function): 아이디어나 정보전달 및 설명

예	유치원이 어디에 있나요? 어린이집 뒤에 있습니다.
	교실의 영역표지판, 하루 일과표, 날씨판 등

언어는 한 가지 기능만으로 사용되는 경우는 드물며 두 가지 이상의 기능을 동시에 사용하는 경우가 더 많다. 기능에 따른 구어와 문어활동의 예시를 살펴보면 다음과 같다.

표 1-1 언어 기능에 따른 구어와 문어활동

언어 기능	구어활동	문어활동
도구 기능	대화 광고	기록 사업상 편지 광고
조절 기능	지시 몸짓 극놀이	지시 교실 규칙 기록
상호작용 기능	대화하기 토론	지인에게 보내는 편지 문답 일지
개인 기능	토의 토론 보여주고 말하기 광고	개인적 일지 문답 일지 광고
상상 기능	이야기하기 연극 극놀이 역할놀이	이야기와 시 읽고 쓰기 각본 쓰기 모의 잡지 모의 신문
발견 기능	인터뷰 역할놀이 토론	학습일지 유목화 및 분류하기 조사하여 보고서 쓰기
정보 기능	구어로 보고하기 토론	보고서 쓰기 신문 읽고 쓰기 시간표, 도표, 지도 읽고 쓰기

출처: 강성화·김경희(2013).

4) 언어의 구조

(1) 음소

음소란 그 언어를 말하는 사람들에게 동일하게 인정되며, 의미 분별을 하는 최소 음소 단위들을 말한다(Gleason, 1989). 즉, 음소(phoneme)는 소리의 차이를 통해서 의미를 변별하게 하는 가장 작은 말소리 단위이다. 한국어의 '달'과 '딸'에서 첫소리인 /ㄷ/과 /ㄸ/는 두 낱말의 의미를 구별시켜 주는 변별적 기능을 가진 음소이다. 한국어 화자들은 '달' /dal/, '딸' /d'al/에서 /d/와 /d'/는 두 낱말의 의미를 구별시켜 주므로 /d/와 /d'/를 각각의 음소로 인식하지만, 영어 화자들은 /d'/를 /d/의 변이음으로 인식한다.

우리말 음소의 개수는 자음 19개, 모음 21개이며 초·중·종성에 올 수 있는 음소의 가짓수를 생각하면 한글로 표현 가능한 한 음절의 수는 2,000여 개 정도로 추정된다. 영어는 대략 40여 개의 음소를 가지고 있다.

(2) 음절

하나 이상의 음소가 모여서 한 번에 소리 낼 수 있는 소리마디를 음절(syllable)이라 한다. "빛이 난다"라는 문장을 소리 나는 대로 쓰면 [비치 난다]가 되는데, 이때 [비], [치], [난], [다]와 같이 한 번에 소리 낼 수 있는 소리마디를 음절이라고 한다. 음절을 이루려면 반드시 모음이 있어야 한다. 자음만으로는 음절을 이룰 수가 없다.

예

모음만으로 된 음절 : 아, 야, 어, 여 등
자음 + 모음 : 비, 치, 나, 다 등
모음 + 자음 : 악, 약, 알, 얼 등
자음 + 모음 + 자음 : 강, 산, 들, 방 등

(3) 형태소

음소를 소리로 나오는 언어의 가장 기초적인 단위라고 한다면 의미를 가지고 있는 언어의 가장 기초적인 단위는 형태소이다(김은심·조정숙, 2015). 형태소(morpheme)는 뜻을 가진 가장 작은 말의 단위로 더 이상 작은 단위로 쪼개지면 의미가 없어져 버리는 최소의 문법 단위이며 한 단어가 될 수도 있고, 단어의 의미를 변화시키는 어미가 될 수도 있다. 형태소는 자립성의 여부에 따라 자립형태소와 의존형태소가 있으며, 의미에 따라 실질형태소와 형식형태소로 나눈다.

자립형태소는 다른 형태소 없이 홀로 사용될 수 있는 형태소이다. 우리말에서

는 일반적으로 명사가 이에 속한다. 예를 들면, '도서관에는 좋은 책이 많다'에서 '도서관', '책'이 이에 해당한다. 의존형태소는 자기가 가진 뜻을 나타내려면 다른 말에 의존해서 합해져야 하는 형태소를 말한다. 우리말에서는 동사, 형용사의 어간이나 어미, 접두사, 접미사, 조사 등이 이에 속한다. 위의 예에서 '좋―'이나 '많―' 같은 형용사는 '―은'이나 '―다' 같은 어미와 결합하여 완전한 말을 갖는다.

실질형태소는 '영희'처럼 실제적인 뜻을 가진 형태소이며, 형식형태소는 '~가'처럼 문법적인 뜻을 가진 형태소이다. 모든 형태소는 자립형태소 또는 의존형태소이면서 실질형태소 또는 형식형태소이다.

(4) 단어, 어휘

단어(word)는 문법상의 일정한 뜻을 가지는 말의 최소 단위이며 낱말이라고도 한다. 언어분석 관점에서 정의하면 음절보다는 상위이고, 문장보다는 하위인 언어 단위이다. 어휘(vocabulary)는 어떤 일정한 범위 안에서 사용되는 낱말의 집합을 말한다.

(5) 구, 절, 문장, 문단

구(phrase)란 둘 이상의 단어가 모여 절이나 문장의 일부분을 만드는 것이며, 절(clause)은 주어와 술어를 갖추며 독립적이지 않고 문장의 일부를 이루는 단위를 말한다. 문장(sentence)은 문법학과 언어표현의 기본 단위로 문장의 궁극적 구성성분인 단어나 형태소는 서로 결합하여 구를 이루고, 구는 다시 홀로 또는 다른 구와 결합하여 부를 이루며, 부와 부가 결합하여 절을, 절은 다시 문장을 이룬다. 문단(paragraph)은 특정한 요지나 아이디어를 다루는 글쓰기에서 글을 내용상 끊어서 구분한 하나하나의 토막을 가리키며, 단락이라고도 한다.

예

구 : 저기 우산을
절 : 저기 우산을 든 사람이
문장 : 저기 우산을 든 사람이 내 친구야.

문단 : 저기 우산을 든 사람이 내 친구야. 저 친구는 빨간색 우산을 좋아하는데 오늘은 노란색 우산을 들었네. 평소에 빨간색 우산이 잘 어울린다고 생각했는데 오늘 보니 노란색 우산도 잘 어울리네. 어떤 색깔이든 잘 어울리는 저 친구는 나의 소중한 벗이야.

5) 언어의 구성요소

(1) 음운론적 발달

음운론은 소리의 체계를 의미하는 것으로, 여기에는 소리의 강약, 억양, 발음이 포함된다(정옥분, 2012). 음소(phonemes)는 소리의 가장 작은 기본 단위이며, 모든 언어는 자음과 모음의 기본 소리로 구성되어 있다. 우리말은 자음 19개(단자음과 쌍자음), 모음 21개(단모음과 이중모음)의 체계로 구성되어 있다.

표 1-2 한글의 모음 체계

	혀의 앞뒤	전설모음		후설모음	
	입술모양 / 혀의 높이	평순	원순	평순	원순
단모음 체계	고모음	ㅣ	ㅟ	ㅡ	ㅜ
	중모음	ㅔ	ㅚ	ㅓ	ㅗ
	저모음	ㅐ		ㅏ	
이중모음 체계	반모음 'ㅣ'계 이중모음	ㅑ, ㅕ, ㅛ, ㅠ, ㅒ, ㅖ, ㅢ			
	반모음 'ㅗ/ㅜ'계 이중모음	ㅘ, ㅙ, ㅝ, ㅞ			

출처: https://blog.naver.com/st004329/220845131959.

영아들은 태아기 때부터 모국어의 리듬과 말소리를 익히며, 태어나자마자 말소리를 변별할 수 있다. 쿨(Kuhl)에 의하면, 영아는 단어의 의미를 이해하기 훨씬 전부터 의미 있는 소리와 의미 없는 소리를 가려낼 수 있다고 하였다(정옥분, 2012 재인용). 그는 출생 후 4개월까지 영아는 인간의 언어를 구성하는 150개의 '소리'를 구별할 수 있는 능력이 있다고 주장하였다. 즉, 영아는 어떤 음소든지 소리낼 수 있고, 어떤 언어든지 말할 수 있는 잠재력을 타고 난다는 뜻이다. 그러나 생후

1년경이 되면 모국어에 없는 소리는 내지 않고, 모국어에 있는 소리만 낼 수 있게 되는데, 이것은 주위에서 모국어만 듣게 된 결과라고 하였다. 이와 같이 인간의 소리를 거의 모두 낼 수 있게끔 발전하는 것을 음소의 확장(phonetic expansion)이라 하고, 점차 모국어의 음소만 소리 내게 되는 것을 음소의 축소(phonetic contraction)라고 한다(정옥분, 2012).

(2) 형태론적 발달

형태론은 단어의 구성을 의미하는 것으로, 형태소는 특별한 의미를 전달하는 소리의 기본 단위이다(정옥분, 2012). 형태소는 하나의 음운 또는 여러 개의 음운으로 구성되며 하나 이상의 형태소가 모여 단어를 구성한다(임지영 외, 2014). 형태소는 자립형태소(명사, 동사, 형용사, 부사)와 의존형태소(조사, 동사, 형용사의 어미변화)로 구분된다. 예를 들어, "나는 친구들과 파티를 하였다"의 문장에서 '나', '친구', '파티', '하다'는 자립형태소이며, '는', '과', '를', '였'은 의존형태소이다.

(3) 구문론(통사론)적 발달

구문론(syntax)은 문장 차원으로, 의미 있는 구와 절 그리고 문장을 형성하기 위해 단어가 배열되는 방식을 말한다. 즉, 통사론에서는 문장 안에서의 '단어의 배열'에 의미를 둔다(이하원 외, 2017). 한국어와 영어의 단어배열순서(어순)는 다르다. 우리말은 주어, 목적어, 서술어의 순으로 배열(영미는 책을 읽는다)되고, 영어는 주어, 서술어, 목적어(I read a book)의 순으로 배열된다. 문장을 이해하기 위해서는 문장의 구조에서 구문을 이해할 수 있어야 한다. 하나의 단어를 사용하여 말하기를 하던 영아들은 생후 18~24개월 정도에 2개의 단어를 조합하여 문장을 말하기 시작하는데, 이러한 능력의 발달은 바로 구문체계에 대한 영아의 이해가 시작됨을 의미한다(임지영 외, 2014). 예를 들면, "멍멍 맘마"라고 이야기했을 때, 그 해석은 '멍멍이가 맘마를 먹는다', '이건 멍멍이 맘마다', '멍멍이에게 맘마를 준다' 등 다양하게 해석이 될 수 있지만, 이를 통해 영아의 말은 우리말의 구문구조를 나타냄을 알 수 있다.

(4) 의미론적 발달

의미론은 단어와 문장의 의미, 내용에 대한 규칙을 다룬다. 의미에 관한 규칙은 단어를 말할 때 그 단어가 의미하는 범주를 정해줌으로써 비슷한 대상, 행위, 관계들을 다른 것들과 구분할 수 있게 해 준다. 예를 들면, '병아리가 아기를 낳았어요'의 문장은 문법적으로는 문제가 없지만 의미론적으로 보았을 때 틀린 문장이다. 왜냐하면 병아리는 아기를 낳을 수 없기 때문이다(이지현 외, 2015).

(5) 화용론적 발달

언어의 가장 중요한 기능 중의 하나는 의사소통의 기능이다. 화용론이란 개인의 의도를 상황에 적절히 표현하고 문제를 해결하기 위한 언어의 사용을 의미한다(이지현 외, 2015). 대화를 할 때 순서를 지켜서 말을 한다거나 성인이 성인에게 하는 말과 영아에게 하는 말의 차이, 어른에게 사용하는 존댓말 등 언어가 사용되는 다양한 상황에서의 지식을 의미한다(임지영 외, 2014).

특히 한국어와 같이 존칭어가 매우 발달한 언어는 화용에 대단히 민감하다. 예를 들어, "밥 한 번 살게"라고 말한 교사의 발화에 피자를 사주면 "왜 밥을 안 사줘요?"라고 되묻는 경우와 "선생님이 너에게 이렇게 하지 말라고 몇 번 말했니?"라고 물었는데, "세 번이요"라고 대답하게 된다면 이는 화용 오류에 해당될 것이고, 이는 의사소통에 어색함을 유발하게 될 것이다(이하원 외, 2017).

2 영유아 언어교육의 중요성

영유아기는 모국어 습득의 시기로서 일상생활에 필요한 어휘를 습득하여 문법에 맞는 문장을 말할 수 있으며, 상대방의 말에 적절하게 성공적으로 반응할 수 있는 의사소통능력을 획득하게 된다(박혜경, 2005). 모국어에 대한 특별한 수업을 받지 않아도 이 같은 언어 체계는 5세경에 이르렀을 때 상당 부분이 습득되어 있으나, 보다 더 세련되고 적절한 언어능력의 습득을 위해 영유아 언어교육이 이루어져야 한다. 또한 영유아들은 매일의 일상생활에서 느끼고, 바라고, 생각하고,

배우면서 자란다. 언어는 바로 이런 느낌, 바람, 생각에 없어서는 안 될 중요한 도구이다(박미선, 2000). 또한 언어는 새로운 정보, 새로운 문제에 직면했을 때 그 문제를 해결하는 도구이므로 이런 점에서 언어교육은 바로 삶의 교육이라 할 수 있다(이차숙, 2005).

영유아 언어교육의 목표는 영유아가 능동적인 언어 사용자로서 언어활동의 다양한 접근을 통하여 말하기, 듣기, 읽기, 쓰기에 관심을 가지게 하고, 영유아의 언어 발달을 지원하고 촉진하는 것이다(김영선, 2009). 영유아 언어교육은 모든 영유아들이 다양한 언어적 경험에 활동적으로 참여하고, 언어 기술에 대한 이해와 흥미를 지속할 수 있는 기초를 확립하도록 하는 것이다. 미국 NLTA(National Language Teachers Association, 1986)에서는 유아들이 직접적인 경험을 통해 세계를 인식할 수 있어야 하며, 발달에 적합한 경험을 제공함으로써 영유아들이 대화 기술에 대한 긍정적인 태도를 습득하도록 도와야 한다고 한다(김영선, 2009). 즉, 영유아기 언어교육은 영유아들이 스스로 흥미를 갖고 관심을 유지하면서 다양한 경험을 통해 환경을 탐색하고, 의사소통하며, 바람직한 인간으로 성장하는 데 밑거름이 되기 위한 교육이어야 한다. 또한 영유아들은 언어를 사용하여 생활 속에서 경험한 호기심을 끌어내고, 습득한 개념을 정리할 수 있기 때문에 영유아 언어교육이 더욱 중요하다.

이에 모든 학습과 발달에 필요한 도구적인 성격을 가진 언어교육의 중요성을 살펴보면 다음과 같다.

첫째, 영유아 언어교육은 의사소통의 기능을 하며 영유아의 모든 학습과 발달에 영향을 미친다. 언어교육은 영유아 개개인에게나 교육 프로그램에서 도구적인 역할을 한다(조정숙·김은심, 2005). 유치원과 어린이집에서의 일과는 언어적 혹은 준언어적인 의사소통의 시간들이다. 영유아교육기관에서 영유아는 언어를 통해 타인과 의사소통하며 또래와 함께 다양한 활동을 한다. 또한 영유아는 언어를 통해 읽고, 쓰며, 말하고 들은 것을 글로 표현함으로써 다른 교과를 성공적으로 학습하는 데 필요한 능력을 신장시킨다. 영유아가 언어능력이 부족하면 모든 학습과 발달이 불가능해지며, 영유아 언어교육은 영유아의 모든 학습과 인지·사고 발달에 실질적인 영향을 미친다.

둘째, 영유아는 언어를 통해 대리경험을 할 수 있다. 언어교육과 관련한 경험은 직접경험과 간접경험으로 나뉜다. 직접경험은 유아들이 구체적인 대상이나 사람들과 직접 접촉하면서 의사소통의 형태와 언어를 배운다(조정숙·김은심, 2005). 예를 들어, '블록', '물병', '가방' 등을 직접 만지고 보면서 그 개념을 배운다. 따라서 유아들의 언어능력과 개념을 발달시키기 위해서 반드시 주변의 물리적 환경과 직접적이고 감각적인 경험을 필요로 한다. 직접경험은 개념적 이해, 기술 그리고 언어와 개념 학습을 위한 기초를 다져 준다(김영선, 2009).

언어교육과 관련한 두 번째 경험은 대리경험이다. 대리경험은 간접경험이라고도 할 수 있으며, 새로운 정보와 친숙하지 않은 정보들을 과거의 경험 또는 이미 존재하는 정보들과 관계를 지으며 간접적으로 이해할 수 있도록 한다(김영선, 2009). 영유아는 언어를 통한 대리경험을 통해 영유아의 새로운 이해, 기술, 태도 등을 개발하고, 형성하고, 확장한다. 예를 들어, 이야기책을 읽어 주거나 들려줌으로써 극중 인물의 역할을 보게 하여 영유아에게 풍부한 대리경험을 할 수 있는 기회를 제공한다. 그러한 기회를 통해 영유아는 이미 가지고 있는 언어능력이나 개념 발달을 더욱 확장시켜 나갈 수 있다(조정숙·김은심, 2005). 영유아는 나이가 들어감에 따라 직접경험보다는 간접경험을 더 많이 하게 된다. 따라서 영유아의 개념 발달과 의사소통능력 발달에서 언어의 대리경험의 역할은 더욱 더 큰 부분을 차지하게 된다.

셋째, 언어와 사고는 긴밀한 관련성이 있다. 피아제(Piaget)와 비고츠키(Vygotsky)의 언어와 사고의 관계에 대한 견해는 서로 상이하지만 모두 언어 발달이 사고 발달에 결정적 요소가 된다는 것을 강조한다. 피아제는 언어가 사고를 정교화하는 데 필수적인 역할을 하지만 충분조건은 아니라고 보았다(홍혜경 외, 2012). 피아제는 사고의 발달이 언어 발달에 선행한다는 견해를 지니고 있으나, 비고츠키는 언어가 사고 발달에 중요한 역할을 한다고 보고, 언어를 통해 고등정신 기능을 형성함으로써 언어와 사고의 발달이 이루어질 수 있다고 하였다. 두 학자의 의견은 조금 다른 면을 지니고 있으나 언어는 사고의 바탕이 되고 사고를 통해 언어의 정교화가 이루어지고 상위인지로 발달해가는 과정이라는 데는 이견이 없다(김영선, 2009). 즉, 언어는 사고를 발달시키는 중요한 매개체가 된다.

넷째, 언어와 성격은 긴밀한 관련성이 있다. 언어와 사고의 관계가 불가분의 관계이듯 언어와 성격의 관계도 불가분의 관계이다(김영선, 2009). 언어능력과 의사소통능력은 영유아의 자아 개념을 획득하는 데 영향을 미치며, 영유아의 성격 형성에도 지대한 영향을 미친다.

다섯째, 영유아기는 언어의 결정적 시기이다. 촘스키(Chomsky)는 인간은 언어 습득 장치를 가지고 태어나며, 언어 습득에는 결정적 시기가 있다고 하였다. 그리고 이 시기가 지나면 언어를 아무리 접해도 완전히 습득하는 데에는 한계를 지닌다고 하였다. 인간과 접촉하지 않은 채 늑대나 침팬지 같은 동물에게 길러진 야생아들에게 언어를 가르치려 했으나, 끝내 언어를 완전히 습득하지 못한 소녀 지니 이야기가 그 예라고 할 수 있다. 촘스키가 주장한 언어의 결정적 습득 시기는 약 2~10세 정도이며, 영유아기에 해당한다. 따라서 영유아기는 언어를 습득할 수 있는 가장 중요한 시기이다.

여섯째, 영유아기는 뇌 발달의 결정적 시기이다. 많은 학자들은 다양한 연구를 통해 영유아기가 뇌 발달에 가장 중요한 시기임을 밝히고 있다. 르네버그(Lenneberg)는 대뇌반구의 편재과정과 관련시켜 출생 후 2세부터 12세경 사춘기까지를 언어습득의 결정적 시기라고 하였다. 인간의 뇌는 갓 태어났을 때에는 좌우로 분화되지 않은 온전한 상태이지만, 연령이 지나면서 차츰 분리되어 뇌의 측면화 현상이 일어난다. 측면화 현상은 영유아의 언어능력과 깊은 관계가 있으며, 측면화 현상 후에는 언어를 완전히 습득하는 데 한계가 있다.

이와 같이 언어 발달은 곧 뇌의 발달이자 사고의 발달이기 때문에 언어교육의 중요성은 영유아교육에서 아무리 강조되어도 지나치지 않다. 특히 영유아기에 언어능력을 신장시켜 주는 것은 타인과 효과적으로 의사소통하기 위해 필요한 매우 중요한 일이며, 모든 학습과 활동에 필요한 도구적인 영역이다. 특히 영유아기는 언어 발달의 결정적 시기이므로 영유아교육에서 언어교육은 매우 중요한 위치를 차지하고 있으며, 영유아교육에서 가장 중요한 학습영역이라 할 수 있다(한인균, 2008).

3 뇌 발달과 언어

언어는 뇌를 필요로 하며, 뇌에서 언어를 처리하는 부분은 어느 한쪽에 치우쳐 있지 않다. 뇌에서의 언어 처리가 좌뇌 중심적이라는 것은 부인하지 못하지만 좌뇌의 언어처리만 가지고 언어 전체를 이해하는 데에는 한계가 있다(이병승, 2003).

이와 같이 뇌 발달과 언어는 긴밀한 관련이 있다. 대뇌의 영역과 대외영역에 따른 언어 기능으로 분류하여 살펴보고자 한다.

1) 대뇌의 영역

인간의 대뇌는 다른 동물과 달리 대뇌 피질 속에 언어와 관련된 영역이 있다. 대부분의 인간은 좌반구에 언어를 담당하는 영역이 존재한다. 좌반구에는 세 개의 중요한 언어영역이 있는데, 브로카(Broca)영역, 베르니케(Wernicke)영역, 활모양의 연결섬유다발(Arcuate fasciculus)이며, 그 위치는 그림 1-1과 같다.

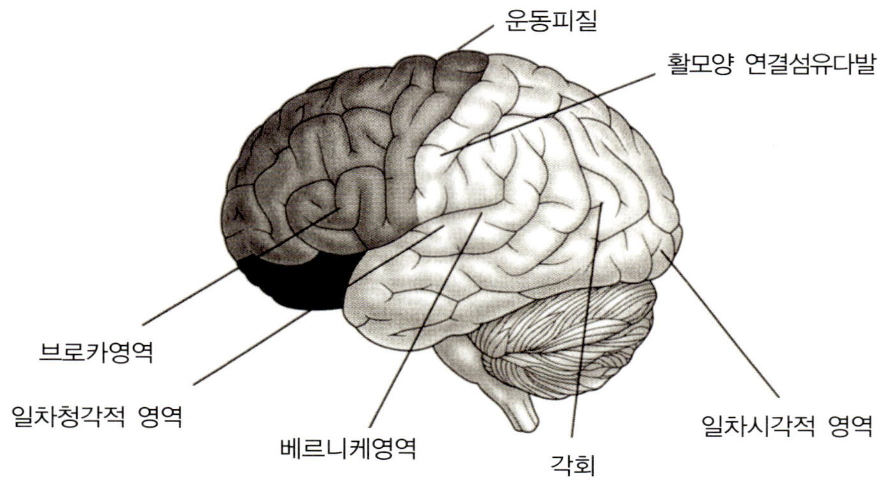

그림 1-1 **좌반구의 세 개의 언어영역**

출처: 이영자·이금구(2018).

좌반구 내의 특별영역에 대한 정보는 사고나 충격 등으로 인해 뇌손상으로 나타나는 여러 현상들에 관한 연구에서 얻은 것으로, 뇌의 언어영역이 손상되면 실어증이 유발될 수 있다. 실어증이란 장애의 부위에 따라 다양한 특성으로 나타나는 일반화된 의사소통장애를 의미한다(이영자·이금구, 2018 재인용).

2) 대뇌의 영역에 따른 언어 기능

프랑스의 외과의사이며 인류학자인 폴 브로카(Paul Broca)는 '탄(Tan)'이라는 한 단어만 말하는 남자를 연구하다 좌반구 앞쪽 뇌의 영역이 손상된 것을 발견하여 이를 브로카영역이라 명명하였다. 그는 브로카영역에서 말을 하기 위해 필요한 운동을 계획·조정한다는 것을 증명하였다. 브로카영역의 손상은 전형적인 실어증 증세를 나타낸다. 브로카 실어증을 가진 환자는 언어 이해능력은 있으나 관사와 전치사와 같은 단어를 발음하고 산출하는 데 어려움을 겪으며, 머뭇거리며 말하거나 말의 일부를 빼고 말하기 때문에 문법적으로 조직되지 않은 전보형 언어로 표현하는 경향이 있다(오선영·최영해, 2017; 이영자·이금구, 2018).

베르니케영역은 독일의 신경학자인 칼 베르니케(Carl Wernicke)가 발견한 영역으로, 그는 말을 할 수는 있으나 의미 있는 말을 하지 못하는 언어장애 환자들을 연구하다가 좌반구의 또 다른 특정 영역이 언어능력을 관장하는 곳이라 지목하여 연구하기 시작하였다. 그는 횡설수설하는 환자를 연구하던 끝에, 왼쪽 측두엽에 손상이 있음을 발견하였고, 이 영역을 베르니케영역으로 구분하였다. 베르니케영역은 다른 사람의 말을 듣고 이해하는 수용언어에 관여한다. 이 영역에 손상을 입으면 무의미하고 이해할 수 없는 말들을 사용할 뿐 아니라 다른 사람의 말을 알아듣지 못하는 수용적 실어증이 나타난다(오선영·최영해, 2017).

피질영역은 뇌손상 연구에서 베르니케영역보다 더 많은 언어 기능에 관여하고 있음이 밝혀졌는데, 예를 들어 좌반구의 연합영역이나 좌반구 측두엽의 일부 영역들이 그러한 역할을 한다. 또한 언어 기능을 담당하는 좌반구의 손상은 때로 뇌의 다른 부위들의 참여를 유발하여 언어 기능을 회복하는 것으로 나타났다. 게슈빈트(Geschwind)는 뇌에서 언어처리가 어떻게 이루어지는지에 관해 연구하였다. 그의 연구에 따르면 언어 신호를 만들어내는 말소리들은 내이(inner ear)로 이동하며, 그 후 청각 신경이 이 신호들을 측두엽에 위치한 일차 청각 피질로 보내게 되고, 이 신호들은 다시 측두엽, 후두엽, 두정엽이 만나는 뇌의 연합영역으로 이동하게 되어 이곳에서 들은 내용에 대한 이해가 이루어지게 된다. 이곳에서 처리된 정보들은 베르니케영역을 거쳐 브로카영역으로 이동하게 된다(김민식 외 역, 2005).

이처럼 인간은 일상에서 사용하는 단어들의 의미에 따라 뇌의 각 영역을 카테

고리화하며, 뇌와 단어의 연결은 마치 알고리즘에 따르는 기계와 같다(EBS 다큐프라임 4차 인간 2부. 인간은 기계인가). 성인의 경우 언어학습에 관여하는 뇌의 기제와 언어를 사용하는 데 관여하는 뇌의 기제가 서로 다르다는 연구들(Stiles, Bates, Thal, Trauner, & Reilly, 1998)이 있다. 일반적으로 좌반구는 잘 훈련된 과정을, 우반구는 새로운 자극의 처리를 더 잘하는 것으로 보였다(김민식 외 역, 2005 재인용). 이와 관련된 연구 결과로 나이가 들어서 언어를 배우는 경우 우반구가 더 많이 개입한다는 것이 발견되었다(Neville, 1995).

르네버그(Lenneberg)는 유아의 두뇌 가소성은 좌반구와 우반구가 상호보상적으로 기능한다고 하였다. 그는 유아는 성인에 비해 언어적 회복능력이 높아서 사춘기 이전에 좌반구의 언어 기능 지점에 손상을 입었을 경우 어느 정도 우반구에서 기능의 전도가 일어난다고 하였다(오선영·최영해, 2017). 또한 언어획득 시기 이전인 2세 이전 뇌손상을 입은 경우에도 뇌의 측면화가 일어나지 않아 다른 쪽의 반구에서 손상된 부위의 역할을 담당한다고 하였다. 인간의 뇌는 갓 태어났을 때 좌우로 분화되지 않은 온전한 상태이며, 나이가 들면서 점차 기능적으로 분화가 일어난다고 하였으며, 대부분 2세에서 시작하여 사춘기인 12세가 되면 기능적 분화가 끝난다고 하였다.

이와 같이 좌뇌와 우뇌는 서로 연결되어 있다는 사실이 확인됨에 따라 한쪽의 뇌가 절대적인 역할을 한다고 보는 견해에 대한 비판이 있다. 좌뇌와 우뇌는 언어 발달에 있어서 전 영역이 서로 연관되어 기능하므로, 영유아 언어교육에서 유아들의 생활, 감정 맥락과 분리된 쓰기활동이나 단어 암기를 중심으로 지도하기보다 정서가 내재되어 있고, 음성의 변화와 리듬이 있는 언어적 자극을 제공하는 활동을 해야 한다.

CHAPTER 2

언어 발달이론

영유아기는 언어 발달이 급속하게 일어나는 시기로, 언어는 사고의 발달과 밀접한 관련이 있다. 이에 많은 학자들은 영유아의 언어 발달과정에 대해 여러 가지 관점을 가지고 논쟁을 해 왔다. 영유아의 언어 발달을 설명하는 대표이론으로 행동주의이론, 생득주의이론, 상호작용주의이론이 있으며, 이 장에서는 각 언어 발달이론의 특징 및 학습방법, 제한점에 대해 살펴보고자 한다.

1 행동주의이론

행동주의는 인간의 언어 발달이 환경의 영향을 받아 후천적으로 이루어진다고 주장하는 이론이다. 이 이론에 의하면 유아는 자극과 반응을 통한 언어적 경험, 강화와 벌, 모방과 반복적 훈련에 의해서 언어습득이 이루어진다고 보았다(오성숙·유민임, 2016). 행동주의를 대표하는 학자로 스키너(Skinner), 반두라(Bandura)가 있다.

1) 스키너의 강화이론

스키너
(Skinner, 1904~1990)

스키너는 흰 종이에 그림을 그려가듯이 개인적인 언어 경험에 의해 언어가 발달된다고 보았다(김영실 외, 2016). 스키너는 언어도 다른 행동과 마찬가지로 조작적 조건형성의 원리로 학습된다고 주장하였다. 그는 조작적 조건형성의 원리에 대해 이렇게 설명하였다. 현재의 행동은 어떤 행동 뒤에 잇달아 나오는 사건에 의해 수정·변화된다고 보았는데, 이전 행동이 앞으로 일어날 확률을 증가시키는 사건을 강화, 이전 행동이 앞으로 일어날 확률을 감소시키는 사건을 벌이라고 하면서, 이러한 행동변화는 곧 학습자의 조작적 조건화가 된다고 보았다.

예를 들면, 영유아가 언어를 습득하는 과정에서 부모(또는 양육자)의 말을 모방하여 어떤 소리를 냈을 때 부모(또는 양육자)로부터 관심을 받고, 칭찬이나 보상을 받음으로써 더 자주 소리를 내게 되지만(강화), 만약 영유아가 어떤 소리를 냈다가 부모로부터 무시당하거나 강화를 받지 못하게 된다면 그 소리는 점점 덜 내다가 결국 내지 않게 됨으로써(소거) 언어를 학습하게 된다는 것이다.

스키너는 그의 저서 『언어적 행동』(1957)에서 영아가 언어를 획득해가는 세 가지 방법을 설명하였다(노명완·이차숙, 1995; 오성숙·유민임, 2016; 이영자 외, 2009; 최은숙 외, 2016).

요구발화반응 (Mand)	명령(command)과 요구(demand)의 뜻 • 청자와 화자 간의 대화에서 화자의 요구 혹은 명령이 청자의 반응을 이끌어내고, 이 반응이 여러 번 반복되면서 언어 발달이 이루어지게 됨 예) 영아가 우연히 '무', '무'라는 옹알이를 했다고 했을 때, 엄마가 영아가 물을 달라고 하는 소리로 해석하고 물을 주면서 영아의 요구에 응했다고 했을 때, 영아는 물이 먹고 싶을 때마다 '무', '무' 소리를 낼 가능성이 높아진다.
접촉반응 (Tact)	접촉을 의미하는 contact라는 단어에서 개념이 형성됨 • 접촉이란 영아의 신체적 근접성 또는 물리적 접촉을 의미함 예) 영아가 우연히 목욕을 하면서 '무', '무'라는 소리를 낼 경우, 처음에 이 옹알이는 '물'이라는 낱말과 아무 상관이 없지만, 엄마는 이 소리를 '물'이라는 소리로 해석하고 영아에게 적당한 보상을 준다. 이러한 과정이 목욕을 할 때마다 계속 일어난다면, 영아는 물을 접촉(tact)할 때마다 '무', '무' 소리를 물이라는 낱말과 연결하여 배우게 된다.
반향적 조작반응 (Echoic)	반향은 어른의 소리를 그대로 따라 한다는 뜻으로 메아리 반응임 • 주변의 성인의 말소리를 영아가 모방함으로써 언어를 습득하는 경우로, 특히 아동이 성인의 말을 모방하는 모습은 주변 사람들로부터 긍정적인 반응을 이끌어내게 되며, 이것이 강화되어 영유아의 언어 발달이 촉진됨 예) 영아는 '물'이라는 소리를 계속 듣고, 자기도 '무', '물'이라고 어른의 흉내를 내면서 말하게 되는데, 이때 어른들이 뽀뽀를 하거나 껴안아주면서 영아가 말을 했다고 좋아해 준다면, 영아는 이제 물이라는 단어를 완전히 배우게 된다.

2) 반두라의 모방학습이론

반두라는 영아의 언어는 모방에 의해 발달한다고 보고 주위 사람, 특히 양육자인 엄마가 내는 소리를 주의 깊게 관찰함으로써 그 소리를 그대로 모방하여 언어를 획득한다고 보았다(오성숙·유민임, 2016). 다음은 반두라의 언어적 상호작용을 통한 관찰학습의 예를 설명한 것이다.

반두라
(Bandura, 1925 ~)

반두라는 언어습득과정에서 유아의 선택적 학습자로서의 역할을 강조하였다(서소정 외, 2017). 유아의 언어습득은 타인의 행동을 면밀히 관찰함으로써 가능하며, 자신의 직접 경험뿐 아니라 주변 타인의 경험을 자신의 것으로 일반화시켜 이해함으로써 대리학습이 이루어진다(이순형 외, 2010).

학습과정		영아	교사
주의 집중	모델의 행동에 주의를 집중하는 단계		"이게 뭐야?"
		사과	(아이에게 사과를 쥐어주며) "사과 먹자"
		(사과를 받아들고 한 입 먹는다)	
기억	관찰되거나 경험한 내용을 기억하는 단계	(교사의 얼굴을 본다)	(사과를 한 입 먹으며 얼굴을 찡그리며) "아이 새콤해"
		(교사의 얼굴을 본다)	(사과를 또 한 입 베어 물고 같은 표정을 지으며) "아이 새콤해"
운동 재생	기억한 내용을 행동으로 실행하는 단계		"너도 새콤한 사과 먹어봐"
		(사과를 한 입 베어 물고 얼굴을 찡긋하며 교사의 표정을 따라 한다)	
			"아이 새콤하다. 사과 먹으니까 새콤하지?"
		(교사가 지시하지 않아도 사과를 한 입 베어 물고 얼굴을 찡긋하며) "아이"	
동기 유발	직간접적 강화를 통해 동기를 유발하는 단계		(아이를 보고 활짝 웃으며) "사과가 아이 새콤했어?"
		(사과를 한 입 먹을 때마다 얼굴을 찡긋하며 교사를 쳐다본다) "사과... 아이"	
			(아이의 표정과 말을 따라 하며) "우리 ○○이 혼자서도 잘하네. 사과가 아이 새콤했어?"
		(교사의 말을 비슷하게 따라 한다) "아이 새콤"	
			"그래. 사과가 새콤하다. 그치?"
		"사과 새콤해", "사과 아이", "아이 새콤해"와 같이 관련된 문장을 노래하듯이 반복해서 말한다.	

그림 2-1 반두라의 언어적 상호작용을 통한 관찰학습

출처: 서동미 외(2017).

3) 행동주의이론에서 제시한 언어학습방법

행동주의이론에서 제시한 주요 학습방법은 다음과 같다(이영자 외, 2009; 최은숙 외, 2016).

욕구발화반응	부모가 영유아의 욕구를 충족시켜 주는 동시에 언어를 산출해 들려 주는 과정을 반복함으로써 단어를 습득하게 하는 방법
접촉반응	영유아가 어떤 대상과 접촉하게 될 때 자신의 언어로 중얼거리게 되는 것을 강화해주면 그 대상의 언어를 익히게 되는 방법
반향적 모방반응	주변에서 듣는 언어나 반복해서 시키는 언어를 모방해서 말하게 하는 방법
문장적 조작반응	글로 써진 단어들을 보고 그것을 소리 내어 읽으면서 단어를 익히게 되는 방법
내적 언어화반응	자극을 주지 않아도 상황에 맞는 언어표현을 학습하는 것
자동적 조작반응	자신이 표현한 언어유형에 자극되어 문법규칙을 자동적으로 학습하게 되는 반응

4) 언어 발달에 대한 행동주의이론에서의 제한점

언어 발달에 있어서 행동주의이론은 강화와 모방이 영유아의 언어 발달을 설명하는 중요한 요인이 됨을 강조하였다. 그러나 다음과 같은 점에서 그 제한점을 살펴볼 수 있다(김영실 외, 2016; 남규 외, 2016; 이영자 외, 2009).

첫째, 언어적 환경이 다를지라도 언어 발달은 보편적으로 이루어진다.

둘째, 실제 영유아의 경우 후천적으로 강화를 받지 않은 경우에도 언어가 습득될 뿐만 아니라 행동주의이론에서 제시하는 모방과 강화만으로는 문법적 구조 습득과정에 대해 설명하는 것에 한계가 있다.

셋째, 영유아는 성인의 말을 그대로 모방하지 않고, 언어의 규칙을 발견하고 적용하는 능동적 학습자임을 간과하였다. 예를 들면, 선생님이(가), 사과와 귤(사과와 귤와) 등을 적용하여 사용한다.

넷째, 영유아가 지닌 언어사용의 창조성을 간과하였다. 예를 들면, '머리카락'을 알고 있는 영유아가 다리에 난 털을 보고 '다리카락'이라는 단어를 사용하는 경우나 배꼽을 '뱃구멍'이라고 하는 등 영유아는 과거에 한 번도 들어보지 못한 단어를 사용할 수 있다.

다섯째, 영유아의 언어습득의 속도가 모방과 강화만으로는 설명되지 않을 만큼 단기간에 급속도로 이루진다는 것에 대한 설명력이 부족하다. 언어폭발기에 구사하는 언어의 양은 단지 성인이 쓰는 언어에 대한 모방과 강화만으로 충분히 설명하기가 힘들기 때문이다.

여섯째, 환경의 중요성만 강조하고 생물학적 영향력을 간과하여 인간의 행동발달에 있어서 연령에 따른 자연적인 변화나 개인차, 독창적인 문제해결능력 등을 충분히 설명해주지 못한다.

2 생득주의이론

생득주의는 언어 발달의 선천적 측면을 강조한, 즉 생물학적 요인에 더 영향을 받아 언어 발달이 이루어진다고 주장하는 이론이다. 생득주의를 대표하는 학자로 촘스키(Chomsky)와 르네버그(Lenneberg)가 있다.

1) 촘스키의 언어습득기제이론

(1) 언어습득기제(LAD)

촘스키
(chomsky, 1928~)

촘스키는 강화나 모방의 영향으로 인간의 언어가 발달하는 것은 분명하지만, 이것만으로 인간의 언어 발달을 설명하기에는 한계가 있다고 보았다. 그는 언어의 종류와 관계없이 모든 아기는 동일한 순서와 모습으로 언어를 습득하게 된다는 점에 주목하였다. 그는 아기가 언어를 습득할 때 단계별 주요한 특징을 습득하는 데 개인마다 발달의 차이는 있겠지만, 목젖소리 내기, 옹알이, 표현용어, 한 단어기, 전신어, 간단한 문장, 복잡한 문장 등 언어 발달의 순서는 거의 보편적이라는 점을 증거로 들었다(Jalongo, Mary R., 2014).

그림 2-2 **촘스키의 언어습득기제(LAD)**

출처: 이하원·신원애(2017).

그는 인간은 생득적으로 언어습득장치(LAD, Language Acquisition Device)를 가지고 태어나며 어떤 언어를 배우든지 간에 언어습득장치의 도움으로 언어를 습득할 수 있다고 하였다. 즉, 영유아는 언어학습을 위해 언어습득장치를 사용하며 영유아가 단기간 내에 언어를 습득할 수 있는 이유는 문장의 규칙에 맞게 무한하게 언어를 만들어낼 수 있는 창조적인 힘이 있기 때문이다(남규 외, 2016).

인간이 언어습득장치를 가지고 태어난다는 사실을 뒷받침해주는 근거는 다음과 같다(김영실 외, 2016).

- 언어능력은 일반적인 지적 능력과는 다르다.
- 인간은 태어난 지역에 상관없이 어떤 언어라도 습득할 수 있다.
- 모든 언어에는 공통적인 어순과 문법적인 특성이 있다.
- 모든 문화권의 유아들은 공통적으로 어린 시절의 짧은 기간 동안 언어를 습득한다.
- 유아는 자신만의 독특한 방법으로 문장을 만들어낸다.
- 지능이 낮은 유아들도 문법에 맞는 언어를 구사할 수 있다.
- 출생 후 5~6년이라는 짧은 기간에 놀라울 만큼 정확한 어순으로 다양한 문장을 변형하고 산출한다.

(2) 보편문법

보편문법(universal grammar)이란 촘스키가 유전적으로 결정된 언어능력을 설명하기 위해 도입한 추상적인 개념으로, 모든 언어에 보편적으로 내재하는 문법이라는 뜻이다(김영실 외, 2016). 유아는 생득적으로 보편문법에 맞는 문법산출능력을 가지고 있다. 한 예로, '이', '가' 등 조사에 대한 문법규칙의 과잉적용을 들 수 있다. 한국어의 경우 받침이 있고 없음에 따라 주격 조사 '이', '가'를 구분하여 사용하지만, 대체로 영유아들은 '별이가 반짝여요', '선생님이가 ~해 주세요' 등 조사를 과잉적용한다.

영어권의 경우에도 영유아기에 모든 동사의 과거형에 -ed를 붙이는 규칙이 있다. 예를 들어, go의 과거형은 went임에도 불구하고, -ed를 붙여 goed의 형태로 과잉적용하는 것을 볼 수 있다.

2) 르네버그의 두뇌 기능 측면화이론

(1) 언어습득의 결정적 시기

르네버그(Lenneberg, 1921~1975)

르네버그도 촘스키와 같이 인간이 언어를 이해하고 산출해 내는 능력은 인간만이 갖는 고유한 능력으로 선천적인 것이라 주장하였다(홍혜경 외, 2016).

그는 대뇌반구의 편재현상은 언어습득의 가장 적절한 시기를 결정지어 주는 근거로서, 언어습득의 결정적 시기(critical period)는 대뇌반구의 편재현상이 발생하는 시기에 같이 시작되어 이것이 종료되는 시기에 완성된다고 주장하여 언어습득의 시기와 대뇌반구의 편재 시기의 일치성을 주장하였다(장덕임, 1999). 르네버그는 언어습득의 결정적 시기(critical period)를 약 2세부터 12세 이전인 사춘기를 전후한 연령으로 보았다. 그는 모든 언어권의 유아는 보편적으로 생후 1년을 전후로 말을 하며, 18~24개월에 두 단어 문장을 사용하기 시작하면서 사춘기까지 언어 발달이 급속도로 이루어진다는 것을 언어습득의 결정적 시기에 대한 근거로 들었으며(홍혜경 외, 2016), 대뇌의 편재현상이 완료되는 시기가 지나면 새로운 언어를 완전하게 습득하기 어렵다고 주장하였다. 이를 통해 우리는 유아기에 주어지는 언어자극의 중요성을 시사받을 수 있다.

(2) 두뇌 기능의 측면화 이론

르네버그는 인간의 대뇌와 언어습득의 관계에 대해 언어습득 과정에 결정적 시기가 있다는 가설을 제안하였으며, 이를 두뇌 기능의 측면화 이론으로 설명하였다(강성화·김경회, 2013; 이일우, 2001).

인간의 두뇌는 좌반구와 우반구로 분화되어 있고 각 반구마다 그 자체의 고유한 역할을 담당하기 때문에 각 반구는 외부 자극에 대해서 각기 다른 두뇌 기능을 보이게 되는데, 이를 두뇌 기능의 측면화 현상이라 한다. 르네버그는 유아기 때 대뇌의 좌우반구는 동질의 언어습득능력을 가지고 있지만, 10세 즈음에 이르게 되면 좌우 어느 편으로든 한쪽 반구에 언어습득에 관한 우위성이 성립하게 된다고 하였다. 언어와 관련된 기능을 담당하는 쪽은 좌반구로, 유아기에 대뇌좌반구, 우반구 어느 쪽이든 손상을 받는다 할지라도 온전한 쪽의 대뇌반구가 다른 편을 대체해서 언어습득을 할 수 있지만, 사춘기에 이르게 되면 대부분의 경우 언어는 좌반구에 측면화하여 고정되므로 이 시기를 넘어 좌반구에 상해를 입게 되면 언어 기능을 완전히 회복하기가 어려워진다는 것이다.

이러한 근거는 좌반구를 손상당한 아동이 우반구를 손상당한 경우보다 언어장애를 보이는 경향이 높다는 점에서 찾을 수 있으며(Witelson, 1987; 서소정 외, 2017 재인용), 아동이 성인에 비해 회복능력이 커서 사춘기 이전에 좌반구 손상을 입을 경우 어느 정도 우반구로의 기능 대체가 일어난다는 점에서도 근거를 찾을 수 있다(서소정 외, 2017).

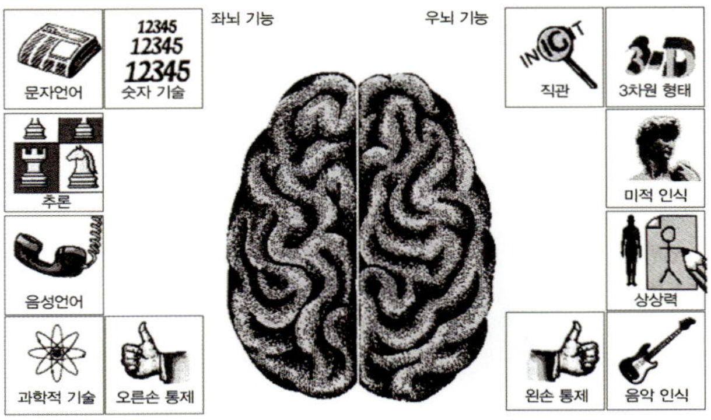

그림 2-3 르네버그의 좌뇌와 우뇌의 기능

출처: http://elanguagees.org, 한유미 외(2013) 재인용.

3) 언어 발달에 대한 생득주의이론에서의 제한점

언어 발달에 대해 생득주의이론은 언어습득기제(LAD)와 보편문법에 의한 언어 습득과 언어습득의 결정적 시기가 영유아의 언어 발달을 설명하는 데 중요한 요인이 됨을 강조하였다. 그러나 다음과 같은 점에서 그 제한점을 살펴볼 수 있다.

첫째, 언어습득장치(LAD)를 객관적으로 검증할 수 없다. 생득주의론자들이 주장한 언어습득장치는 누구나 가지고 태어난다고 하지만 너무나 추상적이며, 이를 가지고 있다는 가정만으로 영유아들의 언어습득 시 언어습득장치가 어떻게 작용하는지를 설명하는 데는 한계가 있기 때문이다.

둘째, 환경과의 상호작용에서 언어 발달을 설명하는 데 한계가 있다. 영유아가 태어나서 접하게 되는 사회적·환경적 상호작용의 결과에 따라 영유아의 언어능력에 차이가 있고, 이를 언어교육에 어떻게 적용할 것인가에 대한 구체적인 설명을 하는 데 한계가 있다.

셋째, 영유아가 초기에 사용하는 언어는 창조적이지 못한 경우가 많다. 영유아의 초기 언어습득단계에서는 주로 모방과 강화에 의존하여 언어를 사용하는 경우가 많기 때문이다.

넷째, 결정적 시기가 지난 이후에도 어렵긴 하지만 새로운 언어습득이 가능하다는 부분을 설명하지 못하는 점에 한계가 있다.

3 상호작용주의이론

1970년대 중반에 접어들면서 생득적 언어습득에 대한 비판이 일어나기 시작하면서 상호작용이론이 부각되었다(오성숙·유민임, 2016). 상호작용주의는 인간의 언어 발달이 선천적인 능력과 환경과의 상호작용으로 언어 발달이 이루어진다고 보았다. 상호작용주의의 대표적인 학자는 피아제(Piaget)와 비고츠키(Vygotsky)이다. 상호작용주의는 언어학습과 발달에서 인지적 측면과 사회적 측면, 이 둘 중 어느 측면을 강조하느냐에 따라 피아제의 인지적 상호작용주의와 비고츠키의 사회적 상호작용주의로 나누어볼 수 있다(김영실 외, 2016).

1) 피아제의 인지적 상호작용주의이론

피아제(Piaget, 1896~1980)

피아제(Piaget)에 의하면 언어습득은 동화와 조절작용의 결과를 통해 이루어지는 것이며, 언어는 발달된 인지구조를 표현하는 수단이라고 보았기 때문에 결과적으로는 논리적인 사고와 추리능력에 의해 언어가 발달한다고 보았다(이순희 외, 2000).

언어는 생득적인 것이 아니라 인지적 성숙의 결과로 획득되는 여러 능력 중의 하나이며, 인지 발달이 언어 발달에 선행한다고 보았다. 특정한 사고의 발달이 먼저 이루어져야만 그에 맞는 언어 발달이 이루어진다는 것이다(홍혜경 외, 2016).

(1) 동화, 조절, 평형화

피아제는 영유아의 언어 발달은 동화(assimilation), 조절(accommodation), 평형화(equilibrium)의 인지적 발달과정에 따라 이루어진다고 보았다(홍혜경 외, 2016). 동화란 새로운 환경자극에 반응함으로써 기존의 도식을 사용해 새로운 자극을 이해하는 것이고, 조절은 기존의 도식으로는 새로운 사물을 이해할 수 없을 때 기존의 도식을 변경하는 것을 의미한다(정옥분, 2012). 또한 기존의 가지고 있던 지식 배경 속에서 새로운 사건을 해석하려고 하지만(동화), 새로운 대상을 접하게 되었을 때 기존에 가지고 있던 도식에서 이해하지 못하는 상황이 생기기도 한다. 이를 인지적 불균형이라고 하는데, 영유아는 이때 우리가 가지고 있던 도식을 변형시킬 필요성을 깨닫게 되고(조절), 새로운 도식을 형성하여 인지적 평형화를 이룬다. 이러한 과정이 반복되면서 영유아는 인지가 발달하게 된다.

언어를 구사한다는 것은 사고가 발달한다는 의미로도 설명된다. 감각운동기에서는 언어가 발달하지 않아서 신체활동을 통해 세상을 이해했다면, 전조작기의 유아는 어휘능력이 급속하게 증가하여 자신의 생각을 언어로 표현하게 되는 것이다(서미옥, 2014). 즉, 인간은 영유아와 환경과의 능동적인 상호작용을 통해 직접적으로 경험을 재구성함으로써 인지 발달이 이루어지고, 언어란 자신이 알게 된 인지구조를 표현하는 수단이 되기 때문에 언어 발달을 위해서는 인간과 환경과의 상호작용이 매우 중요하다.

(2) 자기중심적 언어와 사회화된 언어

① 자기중심적 언어

자기중심적 언어는 타인의 관점이 자신과 다르다는 것을 이해하지 못하는 자기중심적 사고의 결과로 나타나는 언어로 의사소통의 기능을 갖지 못하는 언어이다(홍순옥 외, 2014). 자기중심적 언어의 유형으로는 반복, 독백, 집단적 독백이 있다.

구분	내용
반복 (repetition)	• 반사적으로 익힌 단어나 구절 또는 남이 한 말을 그대로 되풀이하여 소리를 흉내 내는 일종의 말놀이 • 단순한 반복 자체의 즐거움, 즉 청취자를 의식하지 않고 말놀이를 하기 위해 어휘를 되풀이하는 경우 예) 레프: (시계소리 '쿠쿠'를 듣고) 쿠쿠...쿠쿠. 파이: (멀리서 잭이 이지에게 속바지가 보인다고 하자 즉시) 내 바지도 보이고 내 셔츠도 보여.
독백 (monologue)	• 자신의 말을 들어줄 상대가 없어도 혼자 말하는 행위 • 누구에게 이야기하는 것이 아니라, 소리내어 생각하는 것처럼 혼자 말하는 행위 예) 레프: (책상에 혼자 앉아서) 나는 저 그림을 그리고 싶어. 저... 그림을 그리려면 정말로 큰 종이가 필요할 거야. (장난으로 주먹을 치면서) 이것 봐, 전부 떨어진다! (그리기를 막 끝내면서) 이제 다른 것을 하고 싶어.
집단적 독백 (collective monologue)	• 누군가와 함께 있는 상황에서 서로 말을 하지만 뚜렷한 청중이 없으며 타인이 자신의 말에 귀를 기울이거나 반응해주기를 기대하지 않음 • 자기중심적 언어 중 가장 사회적인 언어로 두 명 이상의 유아들이 같이 놀이를 하면서 혼잣말을 하는 것 예) 파이: (비에게) 저것은 사람이 없는 기차야. (대답이 없음) (해이에게) 이 기차에는 사람이 없어. (해이는 대답이 없음) 파이: 나는 계단을 그려봐. (비는 "나는 오후에 올 수 없어. 나는 무용수업이 있어"라고 대답) 파이: 너 무엇이라 말했니? (비는 같은 문장을 반복) 파이: 너 무엇이라 말했니? (비는 대답하지 않음. 자기가 한 말을 잊었으며, 옆에 있는 다른 친구를 밀었음)

출처: 김영실 외(2016); 홍순옥 외(2014); 한유미 외(2013) 재구성.

② 사회화된 언어

사회화된 언어는 남에게 의도적으로 뜻을 전달하기 위해 사용하는 언어를 의미한다(김영실 외, 2016). 영유아는 또래, 교사, 부모와의 의미 있는 의사소통을 통해 점차적으로 자기중심적 언어에서 사회화된 언어로 발달해 나가게 된다. 사회화된 언어의 유형은 다음과 같다.

정보교환 (adapted information)	자신의 정보를 상대방과 나누는 언어형태로, 상대방이 반드시 존재해야 함 예) "난 참나무반이야, 넌 무슨 반이야?" 등
비난과 조롱 (criticism & derision)	상대의 행위를 가치폄하하는 데 사용되는 언어 형태로, 갈등, 다툼, 경쟁, 싸움 등의 상황에서 사용됨 예) "그것밖에 못해?", "그것도 못해?" 등
명령, 요구, 위협 (command, request, threat)	일방적인 언어적 상호작용에서 나타나는 언어형태 예) 놀이상황에서 "네가 가장 작으니까 아기 해", "연필 좀 줘", "칼로 너를 무찌를 거야" 등
질문(question)	상대방에게 대답을 얻기 위해 사용하는 언어형태 예) "같이 놀 거야?", "색연필 몇 개 있어?" 등
대답(answer)	상대방의 묻는 말에 답을 하기 위해 사용하는 언어형태 예) "응, 나도 할 거야", "세 개 가지고 있어" 등

출처: 김영실 외(2016) 재구성.

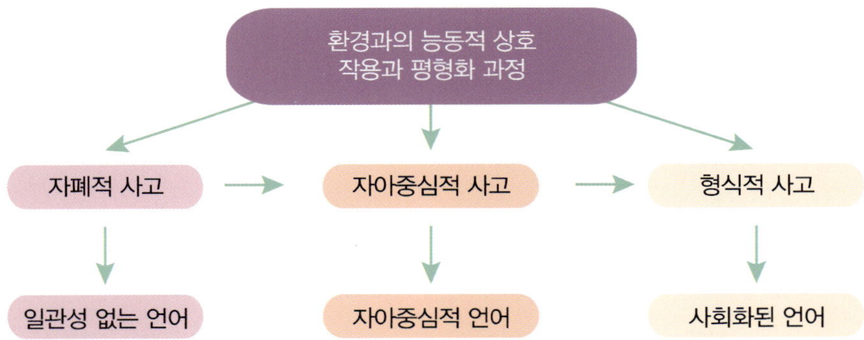

그림 2-4 **피아제의 언어 발달과정**

출처: 한유미 외(2013).

2) 비고츠키의 사회적 상호작용이론

비고츠키(Vygotsky
1896~1934)

사회적 상호작용주의는 유아와 언어환경의 역동적인 상호작용으로 인하여 타인과의 의사소통이 원활히 이루어져 언어가 발달한다는 입장이다. 비고츠키(Vygotsky)는 『사고와 언어』에서 언어는 사고를 위한 실제적 메커니즘이며 정신의 도구(mental tool)라 정의하였다(김영실 외, 2016). 따라서 언어사용에 능숙한 사람이 제공해 주는 언어적 환경과 도움이 중요하며, 의미 있는 성인, 교사, 또래와의 사회적 상호작용은 유아의 언어 발달과 인지 발달에 매우 중요한 역할을 한다고 보았다(홍혜경 외, 2016). 여기에서 근접발달지대(ZPD, Zone of Proximal Development)의 개념이 적용된다.

근접발달지대(ZPD)란 현재 영유아의 발달수준에서 사회적 경험을 통해 발달할 수 있는 잠재적 발달수준 간의 차이를 의미하며, 언어능력에서의 근접발달지대는 현재 영유아의 언어 발달수준과 발달 가능한 잠재적 언어 발달수준 간의 차이로 볼 수 있다. 근접발달지대 안에서 성인은 영유아의 언어 발달능력의 정도에 따라 비계를 설정하여 도움을 줄 수 있으며, 이때 영유아가 스스로 과제를 수행할 수 있도록 도움을 주어야 한다. 대개의 경우 비계설정자는 부모(특히 어머니)로서, 이들은 영유아의 언어 발달 초기부터 가정에서 언어적 상호작용을 통하여 자녀에게 자연스럽게 비계설정을 제공한다(한유미 외, 2013). 즉, 영유아의 언어 발달을 위해 비계설정자인 부모나 성인과의 언어적 상호작용은 절대적으로 필요하고, 중요한 역할을 하며, 풍부한 언어적 환경 속에서 경험하는 성인 또는 또래와의 적극적인 상호작용의 결과는 영유아의 언어적 발달과 더불어 인지 발달이 이루어지는 데도 매우 중요한 역할을 하게 된다.

(1) 비고츠키의 사적 언어

비고츠키는 피아제와는 달리 언어의 일차적 기능은 사회적 의사소통이므로 언어 발달의 방향은 오히려 사회적 언어에서 사적 언어로 발달한다고 생각하였다(주영희, 2000). 그에 따르면 영유아가 처음 말을 배울 때 하는 '엄마', '맘마' 등은 사회적 의사소통을 위한 것이므로 사회적 언어라 할 수 있고, 이러한 사회적 언어는 점차 내면화되어 내적 언어(inner speech)로 발달하는데, 이러한 과정에서 나타나는 과도기적 언어가 사적 언어 또는 혼잣말이라고 하였다(한유미 외, 2013).

비고츠키는 혼잣말(private speech)을 많이 하는 유아의 경우 사회적 능력도 높을 것으로 생각하였다(한유미 외, 2013). 그는 유아기의 혼잣말은 언어를 통해 자신을 조절하는 시도로 보아야 함을 강조하였다(이명조 외, 2014). 비고츠키는 영유아가 인지적·정서적 어려움에 직면할 때 혼잣말을 사용하는 예를 들면서 영유아가 자신의 행동과 생각을 통제하기 위해 조용히 스스로에게 말함으로써 문제를 해결해 나간다고 하였다. 즉, 어떤 문제나 상황에 의식적으로 집중하고 이해하고, 어려움을 극복하기 위해 혼잣말을 사용한다는 것이다(Harris, 1990).

(2) 비고츠키의 언어 발달단계

비고츠키는 언어와 사고는 각각 두 개의 노선으로 발달한다고 보았다. 언어 이전의 사고와 사고 이전의 언어가 독립적으로 존재하지만, 언어와 사고의 결합유무와 결합정도에 따라 언어는 끊임없이 사회적 상호작용을 하면서 내면화되어 간다(김영실 외, 2016). 토마스(Tomas)는 언어와 사고 발달 간의 관계를 다음과 같이 나타내었다(Tomas, 2000; 남규 외, 2016 재인용).

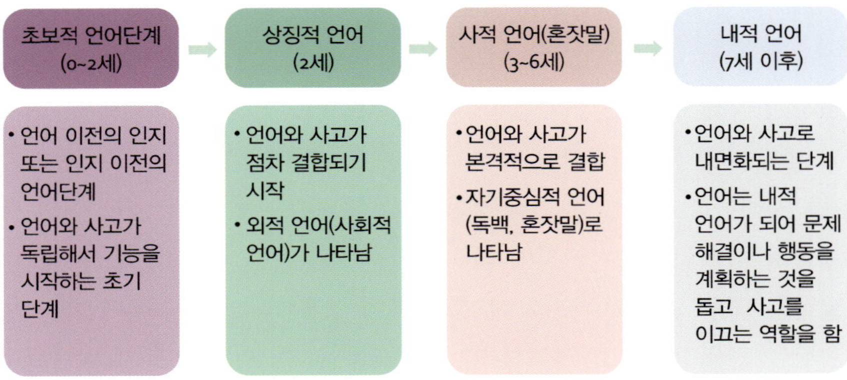

그림 2-5 비고츠키와 언어와 사고 발달단계

출처: 남규 외(2016).

(3) 피아제와 비고츠키의 자기중심적 언어 비교

피아제와 비고츠키는 유전과 환경과의 상호작용에 의해 인간의 언어가 발달한다는 점에서 공통된 의견을 제시하고 있지만, 자기중심적 언어에 대해서는 서로 다른 의견을 주장하고 있다. 그 내용을 살펴보면 다음과 같다(김영실 외, 2016; 김지헌, 1998).

표 2-1 피아제와 비고츠키의 언어 발달에 대한 견해 차이

피아제	비고츠키
• 영유아는 언어 발달이 일어나기 전 제대로 된 사회적 의사소통의 형식을 사용할 수 없기 때문에 자기중심적 언어가 반복, 독백, 집단적 독백의 형태로 나타난다고 봄 • 영유아의 자기중심적 언어는 평형화를 통해서 사라짐 • 자기중심적 언어 → 사회화된 언어	• 사회적 속성을 가진 언어가 개인의 내적 언어가 되어가는 과정에서 자기중심적 언어가 나타난다고 보며, 내면화를 통해 발달됨 • 사회적 언어 → 내적 언어

3) 언어 발달에 대한 상호작용주의이론에서의 제한점

피아제와 비고츠키는 환경과의 능동적인 상호작용의 결과가 인지 발달과 더불어 영유아의 언어 발달을 촉진하기 때문에, 환경과의 능동적인 상호작용이 영유아의 언어 발달에 매우 중요한 요인임을 강조하였다. 그러나 피아제는 인지 발달이 언어 발달보다 선행되어야 한다고 주장한 반면, 비고츠키는 언어 발달이 인지 발달보다 선행한다고 주장한 점에 차이가 있다. 이를 볼 때 인지와 언어와의 관계를 명확히 규명하지 못한 점에서는 한계점을 발견할 수 있으나, 인지 발달과 언어 발달은 매우 밀접한 관련이 있기 때문에 영유아의 발달수준에 따른 언어능력의 향상은 인지 발달 및 사고력 향상에 도움을 줄 수 있음을 밝혔다는 데 큰 의의가 있다.

이상으로 영유아의 언어 발달에 대해 다양한 관점에서의 이론을 살펴보았다. 내용을 정리하면 표 2-2와 같다(이하원·신원애, 2017; 홍순옥 외, 2014).

표 2-2 언어 발달이론 비교

이론	행동주의	생득주의	상호작용주의
대표학자	스키너, 반두라	촘스키, 르네버그	피아제, 비고츠키
언어 발달의 요인	환경적	유전적(선천적)	상호작용적
언어 발달의 기초	학습과정	언어습득기제(LAD)	인지적 과정
기본개념	백지상태, 자극, 반응, 강화	언어습득기제, 사고, 통찰, 논리	혼잣말, 상호작용
내용	• 스키너: 강화에 의한 학습으로 언어 획득 • 반두라: 다른 사람이 말하는 것을 그대로 따라 하는 모방과정을 통해 어휘 획득 및 모국어 습득	• 촘스키: 영아는 언어습득기제를 가지고 있으며, 이러한 능력은 생득적임. 이러한 능력은 신체 발달과 관련이 있으며, 신체 발달은 뇌 발달과도 연관이 있음 • 르네버그: 언어습득의 결정적 시기가 존재하며, 대뇌편재현상이 완료되는 시점 이후에는 언어습득에 어려움이 나타남	• 피아제: 영아들이 언어로써 표현할 때 이미 알고 있는 것을 표현하고자 하는 것이므로 언어 이전에 사고를 함 • 비고츠키: 영아의 언어와 사고는 분리되어 기능함. 언어가 사고의 발달에 근거를 두는 것이 아니라 사회적 소통에 그 뿌리가 있으며, 2세경이 되면 사고와 언어가 만나 이상적이고 논리적인 사고를 할 수 있고, 이것은 단어가 갖는 개념을 유아가 획득했다는 의미가 됨
제한점	• 관찰되지 않는 언어 발달은 설명하기 어려움 • 유아의 언어습득을 수동적인 반응으로 봄 • 사회문화적 과정에 대한 고려가 결여됨 • 언어습득의 속도가 모방이나 강화가 되지 않을 정도로 급속하다는 것을 설명하지 못함 • 생득적인 언어능력과 언어본능을 간과하고 있음 • 언어 사용의 창조적인 면을 설명하지 못함	• 언어습득기제가 어떠한 작동을 하는지 구체적으로 입증하지 못함 • 결정적 시기가 지난 후에도 언어 발달이 이루어진다는 점에 대한 과학적 설명이 불명확함 • 초기언어습득단계에 대한 설명이 부족함	• 인지와 언어와의 관계를 명확히 규명하지 못함

CHAPTER 3

영유아기 언어 발달

언어 발달은 신체, 정서, 사회성, 인지 등의 다른 발달영역과 밀접히 연관되어 발달하며, 만 1~2세를 전후로 하여 영유아의 의사소통의 수단은 비언어적인 형태에서 언어적인 형태로 전이된다(Capirci & Iverson, 1996; 강성화·김경회, 2013 재인용). 이 장에서는 영유아기 언어 발달을 음성언어의 발달, 문자언어의 발달로 구분하여 살펴보고자 한다.

1 영유아기의 음성언어 발달과정

1) 영아 초기(전 언어기)

전 언어기는 말을 하기 이전의 시기로, 울음, 쿠잉, 옹알이, 몸짓언어 등을 들 수 있다.

(1) 울음

울음은 생후 몇 달 동안 영아가 우선적으로 사용하는 주요 의사소통수단이 된다. 초기의 울음은 숨을 내쉼으로써 일어나는 반사적 반응으로, 아기가 자신의 욕구를 표시할 수 있는 유일한 방법이다(오성숙·유민임, 2016). 이 시기의 울음은 미분화된 울음과 분화된 울음으로 구분된다. 미분화된 울음은 주로 신생아 시기의 울음으로, 신생아 시기의 아기는 배가 고파서 우는 것인지, 아파서 우는 것인지 구별하기가 어려워 울음소리만 듣고는 요구하는 것을 이해하기가 매우 어렵다. 그러나 생후 1개월이 지나게 되면 울음소리가 분화되어 아기가 배고픔과 졸림, 아픔, 기저귀 젖음, 괴로움 등에 대한 울음의 형태가 다르게 나타나게 되므로, 울음은 아기의 좀 더 정확한 의사표현 수단이 될 수 있다.

(2) 쿠잉

쿠잉이란 생후 1~2개월 사이에 시작되는 영아의 목울림 소리이다(김영실 외, 2016). 약 생후 6주부터 나타나기 시작하는데, 마치 비둘기의 소리 같다고 하여 쿠잉이라 부른다(서동미 외, 2017). 영아가 기분이 좋을 때 내는 'uuu', 'aah', 'ooh'와 같은 모음소리로, 쿠잉과 함께 웃음소리를 내거나 까르륵거리기(gurgling)도 한다(Mukherji & O'Dea, 2000). 쿠잉단계에서도 엄마와 영아 간의 상호 발성이 이루어지게 되는데, 예를 들면 생후 3개월 정도의 영아에게 엄마가 한 소리를 내고 기다리면 영아도 이에 응하여 같은 쿠잉으로 반응하는 것을 볼 수 있다. 이를 통해 이 시기에도 이미 언어를 통한 영아와 엄마와의 상호의사소통이 시작되고 있음을 알 수 있다. 쿠잉단계의 영아들이 양육자와의 상호작용이 얼마나 적극적인가, 기분이 좋은가에 따라 이후 영아의 발성과 의사소통에 대한 의지가 결정될 수 있으므로, 이 시기의 영아들에게 주된 양육자들은 양질의 상호작용을 해주는 것이 중요하다.

(3) 옹알이

옹알이는 생후 4~6개월 사이에 시작되며, 자음과 모음소리의 반복적 연결로 이루어진 소리인 음절 혼합의 음성적 행동의 결과로 나타난다(홍혜경 외, 2016). 생후 10~12개월쯤 아기들은 그들이 듣고 있는 구체적인 언어에서 더 많은 소리들을 취하여 옹알거리게 된다. 이때 아기들은 '다다다다' 혹은 '마마마마'와 같은 특정 음절들을 되풀이하여 자주 반복하는 모습을 보이며, 점차 아기는 성인 발화의 억양 패턴의 일부를 보이기 시작하여 여전히 의미 없는 소리를 냄에도 불구하고 일련의 소리 끝에 억양이 생기게 된다(김은심·조정숙, 2015). 이때 영아의 음성적 행동에 성인이 민감하게 반응을 보이며 응해주는 것은 이후 다른 사람과의 대화 시 차례를 기다려 이야기해야 하는 사회적 학습에 중요한 역할을 한다. 또한 영아의 옹알이는 주위 환경에서 경험한 소리의 빈도와 횟수에 영향을 받는다. 예를 들면, 어머니나 다른 가족들이 영아를 돌보면서 계속 영아에게 소리를 내어 말을 함으로써 자극을 주고, 아기의 표현에 대해 성의 있는 반응을 보여 주면 영아의 발성에 중요한 자극이 된다(오성숙·유민임, 2016).

옹알이는 9개월부터 돌까지 정점을 이루다가 한 단어 표현 시기로 발전하게 되며, 양육자가 영아의 모국어와 비슷한 발음에 대해 강화하면서 영아가 모국어를 습득하는 과정으로 발전하게 된다(예: "으으음~마" 〉 "음 - 마" 〉 "엄마")(서소정 외, 2017). 이렇게 옹알이는 영아에게 발성연습뿐 아니라 언어 발달을 촉진하며, 부모와의 상호작용에 중요한 매개체가 된다.

(4) 몸짓언어(babysign)

발달 초기에는 몸짓만으로도 언어를 대신하지만, 점차적으로 말과 함께 몸짓을 사용하게 된다(홍순옥 외, 2014). 몸짓은 아직 말을 할 수 없는 영아가 말하고 싶은 것을 동작으로 상징화해서 의사소통하는 것으로, 신체언어 또는 숨겨진 언어라고도 하며(한유미 외, 2013), 베이비사인(babysign)이라고도 한다. 영아의 몸짓이 나타내는 의미를 살펴보면 다음과 같다.

표 3-1 영아의 몸짓과 언어적 의미

영아의 몸짓	언어적 의미
엄마에게 두 팔을 벌린다.	안아주세요.
젖꼭지를 밀어낸다.	배가 부르다.
입을 삐죽이 내민다.	불유쾌하다.
손가락으로 가리킨다.	그 물건을 주세요.
옷을 갈아입히거나 목욕을 시킬 때 버둥거린다.	이 행위가 싫거나 화가 났다.
재채기를 심하게 한다.	춥거나 기저귀가 젖어 있다.

출처: 홍순옥 외(2014) 재구성.

안아주다

- 동작: 두 팔을 교차해서 몸을 안는다.
- 설명: 꼭 안아주는 모습을 연상한다.

기분 좋아/ 최고야

- 동작: 엄지를 올려 '넘버원'을 만든다.
- 설명: 제일이라는 것을 연상한다.

(계속)

뽀뽀	무섭다

• 동작: 입을 앞으로 내어 뽀뽀하는 시늉을 한다. • 설명: 뽀뽀하는 모습을 연상한다.	• 동작: 두 손으로 눈을 가린다. • 설명: 무서워서 눈을 가리는 것을 연상한다.

그림 3-1 **몸짓언어(babysign)의 예**

출처: 문승윤(2004).

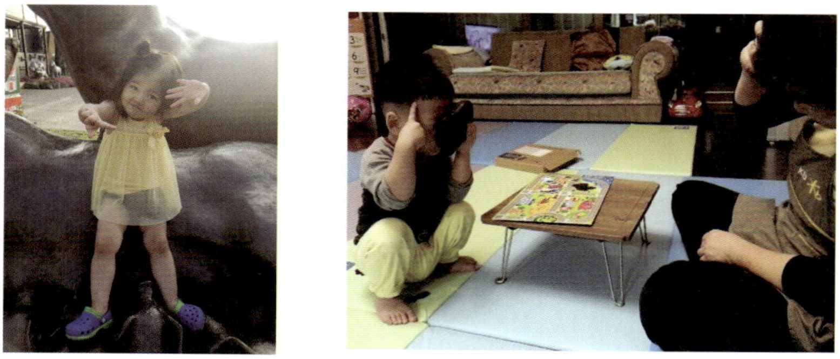

그림 3-2 **'사진 찍어 주세요' 몸짓언어(babysign) 모습**

영유아의 개인적 특성에 따라 상대적으로 몸짓을 더 많이 하거나 말을 더 많이 하는 아이가 있지만, 대체로 영유아들은 몸짓과 말을 조합해서 자신의 생각을 표현한다. 몸짓은 영유아가 자신의 의사를 표현하고자 할 때 부족한 언어적인 부분을 보충해주는 역할을 하기 때문이다. 특히 어린 영아의 경우는 아직 양육자의 말을 이해하기 어려우므로 양육자의 몸짓을 보고 그 뜻을 이해할 수 있다.

이처럼 몸짓언어의 사용은 언어습득을 늦추는 것이 아니라 음성언어의 발달을 촉진할 수 있다(한유미 외, 2013). 양육자는 영아가 표현하는 몸짓을 상황과 맥락에 따라서 파악한 후, 말과 함께 몸짓을 사용하여 영아와 의사소통을 함으로써 영아의 몸짓 사용을 격려하도록 한다(최은숙 외, 2016).

표 3-2 우리나라 영아(10~16개월)들이 많이 사용하는 몸짓 20위

순위	단어범주	단어	%
1	일상생활	짝짜꿍	64.4
2		곤지곤지	62.2
3		까꿍	55.6
		뽀뽀	55.6
5		죔죔	55.3
6		도리도리	51.1
		빠이빠이	51.1
8		만세	48.9
9		안녕	33.3
10	동사	박수 쳐	26.7
11		줘/주세요	20.0
12		사랑해	17.8
	일상생활	지지	17.8
14	가정용품	전화	13.3
15	동사	아니	11.1
		누워	11.1
		(모자 등) 써	11.1
		안아	11.1
		앉아	11.1
	소리	똑똑	11.1

출처: 장유경 외(2005).

2) 영아 후기(언어기)

(1) 한 단어 시기

생후 1년 전후가 되면 영아들은 한 단어를 사용하여 말을 하기 시작하는데, 이 시기의 아이들이 사용하는 단어는 대부분 명사이며 처음 사용하는 한 단어들은 발음이 정확하지 않다(서동미 외, 2017). 영아가 다른 사람들이 알아들을 수 있는 한 단어를 말하는 시기는 대략 10~13개월쯤이며, 그 범위는 8~18개월로 볼 수 있다(최은숙 외, 2016).

이 시기의 영아들이 사용하는 한 단어는 한 문장으로서의 의미가 있기 때문에 일어문(一語文)이라고 한다. 한 단어 시기에는 실제로 영아가 발성한 산출어보다는 단어의 의미를 이해하고 있는 수용어가 훨씬 많다. 예를 들면, 언어적 표현은 하지 못하지만, 이야기를 듣고 그에 따라 끄덕이거나 고개를 돌리는 등의 신체적인 반응을 통하여 그 단어의 의미를 이해하고 있음을 보여 주는 것이다(이기숙 외, 2015).

이 시기의 영아가 표현한 한 단어인 "물"은 "물 주세요"일 수도 있고, "여기 물이 있어요", "물이 여기 흘렀어요" 등의 여러 가지 의미로 해석될 수 있으며, 한 문장의 역할을 하게 된다. 따라서 한 단어의 의미는 그 단어가 사용된 상황의 맥락 안에서만 정확한 의미를 파악할 수 있다. 따라서 양육자는 영아가 말한 의미를 파악하고 이를 단순하고 완전한 문장으로 표현(예: "물 주세요"라고 했구나)으로 영아에게 들려주어 영아가 문장의 구조를 익힐 수 있도록 도와주어야 한다. 18개월 정도가 되면 영아는 급속히 사물의 이름에 관심을 가지게 되면서 어휘가 확장되어 '아빠', '안녕' 등과 같은 단어와 단어를 결합하여 어휘 또는 문장 등을 구사할 수 있게 된다.

한 단어 시기에 나타나는 독특한 특징으로는 과잉축소와 과잉확장이 있다(서동미 외, 2017; 손혜숙·박지희, 2014).

① 과잉축소

과잉축소(underextension)는 하나의 단어를 특정한 대상물에만 국한시켜 적용하는 것을 말한다(우수경 외, 2013). 예를 들면, '초코'라는 이름을 가진 치와와를 키우는 영아에게 지나가는 어른이 "어머, 귀여운 치와와구나" 했을 때 아이는 "아니에요. 얘는 초코에요"라고 이야기하는 경우이다. 이 시기의 영아는 자신이 초코라는 이름으로 알고 있는 대상이 강아지, 치와와, 개 등 다른 이름으로 대치될 수 있다는 것에 대해 인정하지 않으려고 한다.

그렇지만 과잉축소현상은 영아들이 새로운 어휘를 쉽게 습득할 수 있는 기제로 작용한다. 예를 들어, 초코라는 치와와를 키우고 있는 영아에게 푸들 사진을 보여 주고, 푸들을 한 번 찾아보라고 하면 비록 푸들의 특징을 모른다 하더라도 자신이 알고 있는 초코가 아닌 다른 개를 선택할 수 있다는 것이다. 이러한 방법으로 영아들은 새로운 단어를 빠르게 습득해 갈 수 있다.

예

- 영아가 자신이 신는 신발만 신발이라고 하는 경우
- 영아가 토끼나 여우 등 네 발 달린 짐승만 동물이라고 하고, 물고기, 새는 동물이 아니라고 하는 경우
- 100원, 500원과 같은 동전만 돈이라고 말하는 경우

② 과잉확대

과잉확대(overextension)는 유사한 형태를 가지고 있는 대상에게 자기가 알고 있는 적절한 이름을 붙여서 부르는 현상이다. 한 단어 시기의 영아들이 모든 남자 어른들을 모두 "아빠"라고 부르거나 자동차, 자전거 등 타는 모든 것을 '빵빵'이라고 부르는 것은 과잉확대현상의 예로 볼 수 있다. 그러나 이 시기의 모든 영아들이 남자 어른들을 모두 아빠라고 생각하지는 않는다. 다만 경험과 지식의 부족으로 인해 알고 있는 어휘 수가 적어서 생기는 현상으로, 이후 어휘가 풍부해지면 자연적으로 사라지게 된다.

예

- 영아가 이모, 친구 엄마, 가게 아줌마 등 여자 어른을 보고 엄마라고 부르는 경우
- 멍멍이라는 말을 할 때 개뿐 아니라 네 발 달린 동물, 즉 소, 말, 고양이 등을 보고도 멍멍이라고 하는 경우

(2) 두세 단어 시기

약 18~24개월이 되면 영아는 많은 어휘를 습득하게 되면서 둘 또는 그 이상의 단어를 조합하여 문장을 만들어 자신의 생각과 감정을 의미 있게 표현하게 된다. 이 시기를 언어폭발기(vocabulary spurt)라고 한다. 즉, 한 단어 시기에는 영아가 "까까"라고 하면 과자를 더 달라고 하는지, 과자를 다 먹었다고 하는지, 과자가 여기 있다고 하는지에 대해 주변 사람들이 알아차리기가 모호하지만, 두 단어 시기가

되면 영아가 "까까 줘"라고 표현하게 되어 주변 사람들이 영아의 요구에 대해서 명확하게 알아차릴 수 있게 되는 것이다. 이 시기의 대표적인 특징으로 전보식 문장, 주축문법 등이 나타난다.

① 전보식 문장

전보식 문장(telegraphic speech)은 영유아가 두 단어를 조합해서 사용할 때 전보를 치는 것처럼 군더더기 단어들은 생략하고 핵심적인 단어만 연결하여 문장을 구성하는 것이다(한유미 외, 2013). 이 시기의 영아들은 전보문과 같이 정말로 중요하다고 생각되는 단어(동사, 명사)들만 선택하여 사용하고, 문법적 기능을 하는 말(부사, 조사, 형용사)은 생략하여 말한다. 주영희(2006)는 전보식 문장이 나타나는 것은 유아의 어휘 수가 충분치 못하거나, 성인의 말을 다 기억하지 못하는 것 혹은 인지적 발달수준이 부족해서 나타나는 현상으로 설명하였다.

예

의미	표현
나는 지금 강아지와 함께 놀고 있어요.	나 강아지 놀아.
아빠가 자동차 타고 회사에 가셨어요.	아빠, 빵빵 가.

② 주축문법

주축문법은 유아들이 만든 두 단어의 결합을 분석하여 그들이 사용하는 규칙을 발견한 것으로, 두 단어로 구성된 유아의 문장은 주축어와 개방어로 이루어져 있다고 주장하였다(오성숙·유민임, 2016). 예를 들면, "엄마 물", "엄마 쉬", "아, 매워", "아, 무서워"에서 '엄마', '아'는 주축어가 되고, '물', '쉬', '매워', '무서워'는 개방어가 된다.

주축어는 이 시기의 영아들이 자주 사용하며, 그 수가 비교적 적은 단어들로서 다른 단어가 합쳐지는 축의 역할을 한다. 또한 개방어는 주축어에 속하지 않는 어휘군으로 그 수가 많고, 습득속도가 빠르며, 사용빈도가 적다(김이영 외, 2014). 조명한(1982)의 연구에서는 영아들이 주축문법을 사용하는 것은 문장구성의 과도기적 표현이라는 전제하에 주축어와 개방어를 실용어와 내용어의 관계로 설명하기도 하였다. 다음은 주축문법적인 단어조합의 예를 제시한 것이다.

표 3-3 주축문법적인 단어조합의 예

주축어(실용어)	개방어(내용어)
엄마	쉬
아빠	이리와
애기야	얘야
언니야	우유
아	이거
우	아찌
또	이뻐
....	추워
	무거(무거워)
	여기

출처: 조명한(1982).

3) 유아기

유아기는 어휘의 발달이 폭발적으로 일어나면서 성인과 유사한 수준의 말하기를 할 수 있다. 점차적으로 성인과 유사한 문법적 규칙을 적용하여 문장을 구성하고 언어를 다양한 목적으로 사용할 수 있다(서동미 외, 2017). 유아기 언어 발달의 대표적인 특징을 살펴보면 문법규칙의 과잉일반화, 의미론적 관계, 문법적 형태소의 출현, 부정문, 의문문, 피동문과 사동문, 복문 등이 있다.

(1) 문법규칙의 과잉일반화

유아들은 두 단어를 연결하기 시작하고 나서 2개월 정도가 지나면 3~4개 단어를 조합하여 문장을 만들게 되는데, 이때 명사, 동사, 형용사 등의 내용어뿐 아니라 조사와 같은 기능어도 포함하여 제법 성인과 비슷한 문장을 만들어 표현하게 된다(이지현 외, 2015). 이러한 문장생성력은 촘스키의 언어습득기제(LAD)로 설명될 수 있다.

이어문을 사용하다가 다어문을 사용하게 되면서 유아의 문장은 길어지고 정교해지지만, 자신이 알고 있는 언어규칙에서 예외를 거의 인정하지 않기 때문에 성인이 사용하는 문법과는 전혀 다른 문법을 나타내기도 한다(한유미 외, 2013). 문법규칙의 과잉일반화(overgenralization)는 타당성 있는 어떤 언어규칙이 예외가 되는 단어에도 적용되어 생기는 오류이다. 주격 조사와 서술격 조사의 과잉일반화 형태로 나타난다.

① 주격 조사의 과잉일반화

행위자를 표시하기 위해 '이/가'의 주격 조사를 행위자 뒤에 덧붙인다는 규칙을 알게 되면, 유아는 이러한 규칙을 모든 명사에 과잉적용하게 되는데, 많이 나타나는 사례로 주격 조사 '이/가'의 중복사용을 들 수 있다(한유미 외, 2013). '선생님이', '곰이' 등 명사의 형태에 따라 주격 조사가 다르게 쓰여야 하는데, 주격 명사의 형태를 무시하고 '이/가'를 함께 써서 '선생님이가', '삼촌이가'처럼 같이 쓰는 경우를 예로 들 수 있다.

② 종결어미의 과잉일반화

상대방에 대한 존칭을 의미하는 종결어미 '~요'의 과잉일반화로, 유아들과의 대화에서 서술격 조사 '(이)다'의 뒤에 종결어미 '~요'를 붙여서 존댓말을 표현하는 경우를 들 수 있다(서동미 외, 2017). 예를 들면, "선생님, 나 김치도 먹었다요. 이거 내꺼다요" 등을 들 수 있다.

(2) 의미론적 관계 분석

두 단어 시기에는 흔히 동사가 생략되는 데 비해 세 단어 이상의 문장에서는 동사가 필수적으로 포함된다. 다어문에서는 문장의 기본 구성요소를 고루 갖추고 있으며, 문장의 의미 역시 보다 분명히 이해될 수 있다(한유미 외, 2013).

표 3-4 다어문에서의 의미관계

	의미관계	예
1	행위자 – 목적 – 행위	아찌 흙 아파.
2	행위자 – 장소 – 행위	아빠 학교 가.
3	장소 – 목적 – 행위	아빠 전화 하야?
4	행위자 – 공존자 – 행위	엄마야 같이 가.

(계속)

	의미관계	예
5	공존자 – 목적 – 행위	아기야 호미 찾자.
6	공존자 – 장소 – 행위	아빠 요 가자.
7	행위자 – 수여자 – 목적	엄마 아야 하나.
8	수여자 – 목적 – 행위	엄마 물 줄까?
9	행위자 – 수여자 – 목적 – 행위	엄마 아가 종이 줘.
10	행위자 – 장소 – 목적 – 행위	고모 요기 코피 나.

출처: 조명한(1982); 한유미 외(2013) 재인용.

(3) 문법적 형태소의 출현

문법(grammar)이란 낱말의 조합규칙을 의미한다. 문법적 형태소란 어휘 간의 관계를 나타내는 형태소로서 우리말에서는 조사와 어미가 대표적이다(이지현 외, 2015). 예를 들어, '나는 유치원에 간다'라는 문장에서 '는', '에', '–는다'가 문법적 형태소에 속한다. 문법적 형태소는 문장의 내용을 구성하는 데 있어 부차적인 역할을 하게 된다. 문법적 형태소와 상대적인 개념은 어휘형태소로, 위 문장에서는 '나', '유치원', '가'가 여기에 속하며, 문장의 뜻을 전달하는 중심적인 역할을 한다. 우리나라의 문법적 형태소의 유형을 살펴보면 다음과 같다. 우리나라 아이들은 공존격 조사, 처소격 조사, 주격 조사, 목적격 조사, 도구격 조사의 순서로 습득한다(이지현 외, 2015).

표 3-5 문법적 형태소의 유형

구분	내용
공존격 조사	~랑, 같이, 하고, ~도
처소격 조사	에, 에게, 한테
주격 조사	은, 는, 이, 가
목적격 조사	을, 를
도구격 조사	로, 으로

유아들이 사용하는 문법적 형태소의 발달 특징을 조명한(1982)의 연구를 토대로 설명하면 다음과 같다.

표 3-6 유아기 문법적 형태소의 발달

구분	내용	발현순서
격조사	명사 어미에서 그 명사의 의미 기능을 나타낸다.	공존격 조사(랑, 하고, 같이) – 장소격(에, 한테, 에게) – 주격(이, 가) – 목적격(을, 를) – 도구격(로, 의로)
동사 어미·형태소	움직임을 나타내는 용언의 어간에 붙어 서술어로 활용되는 부분	문장어미 형태(~야, ~라, ~자) – 과거형(었) – 미래형(~ㄹ) – 수동형(이, 히) – 진행형(ㄴ, ㄴ다)

출처: 서동미 외(2017).

(4) 부정문

유아는 처음에는 단순히 '안'을 문장 앞에 첨가하여 부정문을 만든다. 즉, 부정 형태소인 '안'을 문장 앞에 배치하는 오류를 범하게 되어 "안 계란 먹어"의 표현을 하기도 하지만, "계란 안 먹어" 등 부정형태소를 문장에 바르게 배치하여 쓰기도 한다.

이후 부정의 뜻을 나타내기 위해서 주로 사용하는 단어는 부재를 나타내는 '~없다', 거부를 표현하는 '~싫어', 부정을 나타내는 '아니', 금지를 나타내는 '~하지마', 무능을 표현하는 '못~'을 써서 자신의 생각을 표현하게 된다.

표 3-7 영유아가 사용하는 부정문의 유형과 예

범주	성인	영유아
부재(non-existence)	아빠 담배 어디 있니? 아가 어디 있니?	아빠 담배 없다. 아가, 없다.
거부(rejection)	혜진아, 이리와. 은영이 몇 살이야? 말 탈래?	시러(싫어). 몰라. 안 탈래.
부정(denial)	승화야, 빵 맛있니? 송아지야. 어디 해 봐.	아니. 송아지 아냐.
금지(inhibition)	세수 안 해? 빵 안 먹어?	비누칠 하지 마. 다 먹지 마.
무능(inability)	자전거 탈 줄 아니?	못 잘 타.

출처: 한유미 외(2013).

(5) 의문문

유아기에는 알고 싶은 욕구와 호기심이 최고조에 도달하여 "이게 뭐야?"라는 질문을 끊임없이 하면서 의문을 제기한다(이하원 외, 2017). 의문문은 문장 끝을 올리는 의문 억양의 의문형 어미와 의문사를 이용해서 만들 수 있다. 예를 들면, 평서문 형태에서 문장의 끝을 올리는 형태로 의문문을 만들 수 있는데, 의문형 어미로 '~지?', '~까?', '~냐?'를 사용하여 의문문을 만들 수 있다. 또한 '뭐, 어디, 누가, 언제, 왜, 어디서, 어떻게'와 같은 의문사를 모두 사용하여 의문문을 만들 수 있게 된다(이화도, 2009).

소위 5W 1H로 알려진 의문사는 무엇 → 어디 → 어떻게 → 왜 → 누구 → 어떤 → 언제의 순으로 나타나는데, 이와 같이 사물이나 사건의 명칭과 위치와 관련된 '무엇'과 '어디'가 가장 일찍 출현하고, 시간 개념에 관한 '언제'를 가장 늦게 습득한다는 것은 영유아의 인지 발달을 반영한 것이다(주영희, 2001).

또한 유아는 "나 착하지, 맞지?", "이건 맛있는 과자야, 그렇지?"와 같이 문장 끝에 확인하는 부가의문문 어미를 달아서 확인 부가의문문을 사용하기도 하는데, 이는 자신의 말에 대한 확증을 요구하는 것이다(이하원 외, 2017).

(6) 피동문과 사동문

피동문은 문장 주어에 해당되는 사람이 어떤 동작을 당하는 것으로 영어의 수동문에 해당되며, 사동문은 어떤 동작을 시키는 것을 의미한다(이지현 외, 2015). 일반적으로 피동문보다 사동문이 쉽기 때문에 영유아는 사동문을 먼저 습득하여 사용한다.

표 3-8 피동과 사동의 예

피동	사동
이 연못에서는 물고기가 잘 잡힌다.	아기에게 밥을 먹이다.
곰이 사냥꾼에게 쫓긴다.	아빠의 마음을 움직인다.
아빠가 사고를 당했다.	아빠가 일을 시켰다.
여기 구멍 뚫어진 바퀴야.	동생을 다치게 하려고.
장난감이 됐다.	동생을 보냈다.

(7) 복문

복문은 한 문장에 두 개 이상의 절이 있는 것을 말하는데, 문법적 형태소를 사용하기 시작하면서 복문이 사용된다(이지현 외, 2015). 일반적으로 두 개의 절이 나란히 오는 병렬문과 한 개의 명제가 다른 명제에 포함되는 내포문이 있다.

표 3-9 복문의 예

병렬문	• 우유도 먹고, 빵도 먹고. • 우유 마시면 빵 줄거야.
내포문	• 아까 갔던 데 이름 알아요? • 내 거, 공 어디 있어요? • 이거 명수 먹는 거 맞아.

영유아의 음성언어 발달의 단계별 특징을 살펴보면 다음과 같다.

표 3-10 영유아의 음성언어 발달의 단계별 특징

단계	특징
1단계 (출생~11개월) 전언어기 – 말소리와 비슷하나 단어는 아님	• 출생 : 울음으로 의사표현을 함 • 2주 : 울음은 감소하고 의미 없는 몸짓과 목젖소리를 냄 • 6주 : '꾸욱', '꺼억', '이이' 같은 목젖소리가 남 • 2개월 : 미소로 의사표시를 함 • 3~6개월 : '마', '다', '파'처럼 자음과 모음을 연결하여 옹알이를 함 • 6~9개월 : 말소리 비슷한 소리를 내기도 하지만 우연하게 내는 소리이며, '아-바-다'처럼 몇 개의 음절을 연결하여 반복하여 소리를 냄. 울음이 아닌 소리로 감정을 나타냄 • 9~11개월 : 소리를 의지적으로 따라 하고 단순한 지시를 알아듣기도 하며, 말소리를 따라 하는 옹알이 혹은 표현언어가 많이 나타남
2단계(1~2세) 한 단어기	• 12개월 : 한 단어로 메시지를 나타내고 약 3~6개의 단어를 발화함 • 12~18개월 : 말소리와 거의 흡사한 억양을 표현하며 명사를 많이 사용함 – 어휘량 : 약 3~50개 – 사회적 소통 : 자신의 말을 상대방이 못 알아들으면 짜증을 내지만, 이해시키려고 하는 노력을 보이지 않음
3단계(2~3세) 둘 이상의 단어를 조합	• 2세 : 이해능력이 현저하게 증가하고 전신어로 표현함 – 어휘량 : 50~200개 정도 – 사회적 소통 : 먼저 대화를 시작할 수 있고 물음에 답하는 대화를 할 수는 있으나 2번 이상 주고받지는 못함

(계속)

단계	특징
	• 3세 : 급격하게 발달이 이루어져서 매일 새 어휘를 습득 – 어휘량 : 200~300개 정도 – 사회적 소통 : 대화를 하려고 하는데 상대방이 자신을 이해하지 못하면 짜증을 냄. 익숙하지 않은 성인과 대화하는 능력이 향상됨
4단계(4~6세) 완성된 문장을 사용	• 4세 : 발음이 정확해지고 문법적 표현도 향상됨 – 어휘량 : 1,400~1,600개 – 사회적 소통 : 상대가 자신을 잘 이해하지 못하면 새로운 정보를 추가하거나 다른 표현을 사용하여 이해시키려고 노력함. 또래와의 갈등은 말로 해결할 수 있고 놀이에 초대하는 것으로도 해결됨 • 5~6세 : 복잡한 문장이라도 문법적으로 바르게 말할 수 있음. 대명사, 과거, 현재, 미래 등의 표현이 가능하며, 평균 문장에 약 6.8개의 단어를 사용함 – 어휘량 : 2,500개의 어휘를 표현할 수 있으며 이해할 수 있는 어휘는 6,000~25,000개임 – 사회적 소통 : 타인과 대화하는 방법을 잘 알고 있음
5단계(6세 이상) 문자를 사용한 의사소통 (읽고 쓰기)	• 6~7세 : 형용사를 사용해서 상태나 특징을 묘사할 수 있고 가정, 조건 등의 복잡한 문장표현이 가능하며, 문장당 평균 7.6개의 단어가 사용됨 • 7~8세 – 사회적 소통 : 종속절, 꾸며주는 절 등의 사용이 가능함

출처: Jalongo, Mary R.(2014).

읽어보기

영아의 언어 발달의 특징

개월	언어 발달의 특징
0~3개월	• 울음으로 의사를 전달한다. • 입과 목젖을 이용해 소리를 내기 시작한다. • 쿠잉을 내며, 음의 고저가 발생한다.
4~5개월	• 단순한 자음, 모음이 반복된 옹알이를 시작하고, 엄마 등 자신에게 특별한 사람의 소리에 좀 더 분명하게 반응한다. • 의미 있는 옹알이를 시작하고, 옹알이에 음절과 억양이 나타난다.
6~8개월	• 소리 나는 쪽으로 고개를 돌려 반응한다. • 아, 에 등 모음의 소리를 낼 수 있다. • 다, 바, 가, 카 같은 단자음의 소리를 낸다. • 옹알이가 절정에 이르러, 옹알이를 통한 타인과의 대화가 가능하다. • 자신에게 의미 있는 단어를 이해하고, 목적을 위해 언어를 사용하는 것을 알게 된다.

(계속)

개월	언어 발달의 특징
9~12개월	• 한 단어로 자신의 의사를 표현하는 정도이지만, 무수히 많은 언어적 시도와 연습을 통하여 언어를 사용하려고 노력한다. • 의도적으로 다른 소리의 모방을 시도한다. • 엄마, 빠빠, 까까 등 자신에게 의미있는 말을 시도한다. • 자신을 부르는 이름이나 별명을 알아듣는다. • 간단한 지시어를 수행할 수 있다. • 타인과의 의사소통이나 자신의 감정을 몸짓으로 표현한다. • 언어로 지시하면 사물을 바라볼 수 있다.
12~18개월	• 뜻 없는 소리를 혼자 재잘거리기 시작한다. • 한 단어 혹은 두 단어로 의사를 표현한다. • 단어의 표현능력에 비해 단어의 이해능력이 뛰어나다. • 타인의 말을 흉내 내려고 한다. • 알아들을 수 있는 단어를 좀 더 많이 사용하고 표현한다. • 그림책 보기, 동요 듣기를 좋아한다. • 과잉확대, 과잉축소 현상이 나타난다. • "인형을 엄마에게 주세요", "인형을 책상 위에 놓아 주세요" 등의 지시를 이행할 수 있다. • "아빠 안녕"과 같은 다른 뜻을 가진 두 단어를 결합시킨다. • 영아의 어휘는 사물을 명명하면서 아주 급속히 증가한다.
19~24개월	• 이야기하는 것을 좋아한다. • 주변 사물의 이름을 말할 수 있다. • 모든 신체 부위를 지적할 수 있다. • 몇 가지 반대말을 이해하기 시작한다. • 자신의 욕구를 말로 표현할 수 있고, 다른 사람에게 요구할 때 언어를 사용한다. • 알고 싶은 것에 대해 질문이 많다. • 부정어, 긍정어, 소유어를 표현하기 시작한다. • 서너 단어를 조합한 문장이 나타나기 시작한다.
24~36개월	• 의사소통능력이 증가한다. • 차례 지켜 말하기능력이 발달해 답할 수 있다. • 적절한 언어를 사용하여 질문하고, 질문에 답할 수 있다. • 무엇, 어디, 누구 등의 대명사, 의문사를 사용한다. • 가까운 과거에 대해 대답하고, 질문이 가능하다. • 의문문과 부정문을 말할 수 있다. • 단어 수가 확대(약 1,000개 정도)된다. • 사용하는 단어보다 더 많은 말을 알고 있다.

(계속)

개월	언어 발달의 특징
	• 세 개 이상의 단어를 연결한 문장을 사용하기 시작하며, 전보식 언어가 발달한다. • 반복되는 이야기를 좋아한다. • 그림을 보고, 그림에 관한 이야기를 말한다. • 자신이 좋아하는 책을 선택하고 책보기를 즐긴다. • 자신의 이름을 말할 수 있다. • 소유어, 복수형을 이해하며 사용한다. • 과거형을 사용하여 말할 수 있다. • 이전 경험을 언어로 표현하려고 한다. • 자신의 이름쓰기를 시도한다. • 완전한 문장에 가까운 표현을 하며, 적절한 문법적 형태소를 사용한다. • 극놀이를 통해 사회적 맥락에 적절한 언어를 연습한다. • 일정한 형태의 낙서를 한다. • 가로줄, 세로줄, 동그라미, +, 점 등을 따라 그릴 수 있다. • 성인을 통해 의미있는 쓰기를 경험한다.

출처: 심성경 외(2013).

2 영유아기의 문해 발달과정

문자언어는 일상생활에서 글의 모양과 기능에 대한 규칙을 자연스럽게 이해함으로써 발달해간다. 일반적으로 문해(literacy)란 읽고 쓰는 것을 의미하며, 최근의 관점은 사회문화적 환경의 영향을 받아 영유아는 관련 맥락 안에서 문해를 습득하는 것으로 본다(서소정 외, 2017).

1) 읽기 발달

(1) 읽기의 관점

읽기는 쓰인 글자를 보고 읽어 낼 수 있는 것을 말하며, 시각적 식별력과 시각적 기억, 청각적 식별력과 청각 기억 및 낱자 → 낱말 → 문장 순으로 나아가며 낱말 구성요소의 해독이 이루어져야 한다. 또한 글을 읽고 그 내용을 이해하며 분석하는 과정이 이어지는데, 글 속에 있는 여러 낱말과 문장을 따라가며 글이 주는 의미를 찾고 자신의 이전 경험이나 지식이 함께 작용하는 과정이 포함된다(이지현 외, 2015).

주영희(2001)는 읽기에 대해 세 가지 관점으로 설명하였다.

문자해독	읽기는 의미구성 과정이 아니고 문자기호의 해독과정이기 때문에 글자 해독을 위해서는 문자의 빠른 지각과 정확하게 발음하기를 집중적으로 연습해야 한다.
의미가 능동적으로 구성되는 과정	읽기는 글자 자체보다는 글에 대한 독자의 가정이나 추측에 의해 능동적으로 의미가 구성되는 과정이다. 읽기는 독자가 가지고 있는 배경지식과 경험, 읽기의 의도와 특성에 따라 글의 의미가 달라질 수 있다.
의미가 새롭게 구성되는 과정	읽기는 글이 주는 정보의 처리와 독자의 배경지식 및 경험이 상호 보완적으로 작용하여 의미가 새롭게 구성되는 과정이다. 글을 읽는 과정에서 독자는 수동적으로 저자가 전달하고자 하는 메시지를 수용하고, 동시에 능동적으로 저자의 메시지와 자신의 경험과 생각을 통합할 수 있는 능력이 있어야 한다.

출처: 서동미 외(2017) 재구성.

(2) 읽기 발달단계

영유아는 주로 부모가 읽어 주는 그림책을 함께 보면서 읽기에 대한 흥미를 보이고, 글자놀이를 통해 일상생활에서 문자와 상호작용하거나 주변의 성인들이 책, 신문, 광고 전단지, 잡지 등 각종 인쇄물들을 읽는 행동을 보면서 읽기에 대해 이해한다. 즉, 영유아들은 주위의 다양한 인쇄물에 제시된 글자를 통해 그 의미를 점차적으로 구성해 나간다. 또한 글을 읽으면서 이야기의 구조도 이해하게 되는데, 시간에 따른 사건의 순서, 기승전결의 흐름, 인과관계를 알게 되며, 한 장면 이후 어떤 내용이 올지도 추측할 수 있다(김명순·신유림, 2000; 이하원 외, 2017). 영유아의 읽기는 성인과 다르며 읽기 발달의 수준도 각 영유아 개인마다 차이가 있으므로 읽기행동 발달단계의 특성을 고려하여 다양한 경험을 제공할 필요가 있다(남규 외, 2016). 학자에 따라 영유아의 읽기 발달의 단계를 제시하면 다음과 같다.

램과 패커(Lamme & Packer, 1986)는 3개월에서 15개월 시기의 영아에게 책을 읽어줄 때 영아가 나타내는 비언어적·언어적 반응을 분석하여 영아의 행동을 토대로 영아의 책읽기 발달단계를 제시하였다(남규, 2009).

표 3-11 램과 패커의 영아의 읽기 발달단계

시기	단계
생애 초기~3개월	수용적 책읽기
3~6개월	무작위의 도서 인식
6~9개월	상당한 책읽기의 참여
12~15개월	함께 책읽기

이러한 영아의 책읽기단계는 영아의 발달수준에 대한 양육자의 반응성에 대한 유용한 정보를 제공해주었다고 볼 수 있다(남규, 2009).

또한 설츠비(Sulzby)는 읽기행동의 발달단계를 다음과 같이 제시하였다(남규, 2009).

표 3-12 설츠비의 유아 읽기 발달단계

시기	단계
이야기가 형성되지 않은 그림 읽기 시도	• 부모가 하라는 대로 명명하기 • 손으로 책의 그림을 지적하기 • 행위를 따라 하기
구어적 읽기 시도	• 대화적인 이야기 말하기 • 독백적인 이야기 말하기
문어적 읽기 시도	• 읽기와 이야기, 말하기가 혼합 • 원래 이야기와 비슷하게 읽기 • 원본대로 읽기
문자 읽기 시도	• 문자 인식에 기초한 읽기의 거부 • 부분적으로 읽기 • 일관되지 않은 전략으로 읽기 • 독립적으로 읽기

이영자와 이종숙은 클레이와 로스만(Clay & Rossman)의 단계에 기초하여 우리나라 3, 4, 5세 유아를 대상으로 한 책읽기 행동의 연구에서 다음과 같은 읽기 발달단계를 제시하였다(최은숙 외, 2016).

표 3-13 이영자와 이종숙의 유아의 읽기 발달단계

단계	읽기 행동
1단계 : 읽기 이해 전 단계	• 하위 1단계 : 말없이 그림만 쳐다보기 – 책을 거꾸로 보거나, 책 페이지를 한 장씩 넘기지 못하고 손에 잡히는 대로 넘기기 등의 책을 다루는 기본 기술이 없다. 책 페이지 반을 넘기고 다시 반을 넘긴 뒤 "다 봤다. 끝!" 하는 등 책의 내용에 관심이 없다. 또한 "책을 읽을 줄 아니?"하고 물으면 반응을 보이지 않거나 고개를 끄덕인다.
	• 하위 2단계 : 그림을 지적하기 – 그림을 구별하고 찾는 것은 가능하지만, 그림의 명칭을 정확하게 알고 이해하는 것은 어렵다(예: 개미를 보고 "이거, 이거"). 책의 그림을 지적하나 같은 그림을 찾아 단순히 손가락으로 짚으며 지적하는 것만 가능하다.
	• 하위 3단계 : 그림의 명칭을 이야기하기 – 책의 그림을 보고 명칭을 이야기한다(예: 해당 그림을 짚으며, "토끼", "거북이"라고 말한다).
	• 하위 4단계 : 그림에 대해 질문하기 – 책의 그림을 보고 "여기 뭐 있어요?"라고 질문한다. 즉, 유아가 그림으로 내용을 이해하기 위해 그림을 보고 그에 대해 질문한다. 또는 그림책을 보고 의문이 생기는 것을 질문한다(예: 그림책 『엄마가 알을 낳았대』를 보고 "선생님, 이거 엄마 배 속에 알이 들어있는 거에요? 무슨 알이에요? 계란 알이 들어있는 거에요?").
2단계 : 이야기 구성능력이 없는 단계	– 이야기 구성이 불가능하여 "난 못 읽어요"와 같은 의사표현을 하며, "책 읽어줄 수 있니?"라고 물으면 "못 읽어요"라고 반응하거나 가만히 있는다. "사람들이 책을 읽을 때 무엇을 보고 읽을까?"라고 물으면, 책은 그림을 보고 읽는 것이라고 생각하여 손가락으로 그림을 지적한다.
3단계 : 그림을 보고 마음대로 이야기를 만드는 단계	– 그림책의 그림을 단서로 자기 마음대로 이야기를 지어 읽는다. 즉, 이야기를 구성하는 능력이 갖추어져 그림만 보고도 이야기를 만들 수 있다. "얼룩말, 치타, 말은 친구에요"를 "얼룩말이 달려가요. 치타도 달려가요. 말도 달려요"라고 읽는다. – 초기에는 각각의 장면별로 이야기를 만들어서 전체 이야기가 연결되지 않으나, 시간이 지남에 따라 전체적으로 각 장면의 이야기를 담아 이야기가 이어질 수 있도록 구성할 수 있게 된다.
4단계 : 그림을 보고 의미가 비슷하게 꾸며 말하는 단계	– 그림책의 그림을 보면서 의미를 비슷하게 꾸며 읽는다. 그림의 명칭과 행동의 묘사를 언어로 표현하는 것이 가능해지면서 그림을 보고 이야기를 꾸밀 때 이러한 능력을 활용하여 이야기를 구성해 나간다. '아기 곰들이 의자에 앉아 있습니다'를 "아기 곰들이 있었어요"로 읽는다.

(계속)

단계	읽기 행동
5단계 : 단어나 구절을 암기하여 이야기하는 단계	• **하위 1단계 : 책에 나온 글자를 암기하여 50% 이하의 단어나 구절을 사용하여 이야기하기** – 이전에 자주 경험하였던 책이라면 그림을 보고 단어나 구절을 암기하여 읽는다. '아름다운 강이 흐르고 있어요'를 "강물이 흘러가요"라고 읽는다.
	• **하위 2단계 : 책에 나온 글자를 암기하여 50% 이상의 단어나 구절을 사용하여 이야기하기** – 이전에 듣고 이해한 내용을 스스로 읽어 보고, 내용을 다시 기억해 보고 그 기억으로 이야기를 구성한다. '무척 힘들겠구나, 어디 있는데요?'를 "무척 힘들지, 어디 있어요?"로 읽는다.
6단계 : 읽기에 대한 이해는 가능하나 이야기 구성능력이 없는 단계	– 그림책을 읽을 때는 글자를 읽어야 한다는 것을 이해하지만, 글자를 읽을 줄 몰라 "난 못 읽어요"라고 의사를 표현한다. "그래도 네가 읽는 방법으로 읽어줄래?"라고 하면 핵심 줄거리를 요약하여 말한다.
7단계 : 글자를 읽는 단계	• **하위 1단계 : 글자를 보고 한 문장을 기준으로 25% 이하로 똑바로 읽기** – 책을 보고 한두 개의 아는 글자를 읽는다(예: 옛날에 토끼와 거북이가 살았습니다 → "...에 토...가 .... 다").
	• **하위 2단계 : 글자를 보고 한 문장을 기준으로 50% 이하로 똑바로 읽기** – 책의 글을 부분적으로 읽는다(예: 옛날에 토끼와 거북이가 살았습니다. → "...날에 토끼와 거북이가 살고 ...나다")
	• **하위 3단계 : 글자를 보고 한 문장을 기준으로 75% 이하로 똑바로 읽기** – 낱자를 글로 읽다가 아는 단어는 단어 전체를 읽는다(예: "옛날에 토끼와 거북이가 살았습니다" → "...날에 토끼와 거북이가 살고 ..... 나다").
	• **하위 4단계 : 글자를 보고 한 문장을 기준으로 75~100% 똑바로 읽기** – 유아의 읽는 소리를 듣고 내용 파악이 가능하며 대체로 정확하게 읽는다. 유아 또한 자신이 읽는 소리를 들으며 글자의 내용파악이 가능하다(예: "옛날에 토끼와 거북이가 살고 있었습니다").

출처: 최은숙 외(2016).

이와 같이 영유아의 읽기 발달단계는 처음에는 글자에 주목하여 읽으려고 하기보다는 그것이 전달하는 의미에 무게를 두고 이해하다가 점진적으로 글자가 의미를 나타내고 있음을 알게 된다(남규 외, 2016).

읽어보기

읽기 발달과정에 있는 유아의 특징

① 삽입, 생략, 대치, 반전, 무반응 읽기
- 삽입(가지고 → **싸**가지고)
- 생략(해바라기를 **칭칭** 감고 → 해바라기를 감고)
- 대치(덩달아 → **덩다라**)
- 반전(해바라기는 → 해**라바**기는)
- 무반응의 읽기 행동을 나타낸다.

② 건너뛰며 읽기
- 글의 하나하나에 시선을 고정하는 것이 아니라 몇 글자씩 건너뛰며 읽기를 반복하며 글을 읽는다.

③ 글을 읽는 반대방향으로 읽기
- 글을 읽는 순서인 왼쪽에서 오른쪽, 위에서 아래와 같은 관습적인 글의 방향을 역행하는 특징을 보인다.

출처: 서소정 외(2017).

2) 쓰기 발달

쓰기란 인쇄된 형태의 언어표상으로 자신의 경험을 이해하고 조직하기 위해 상징적 도구를 사용해서 다른 사람에게 의미를 전달하는 것이다. 즉, 쓰기는 상징적 도구를 사용해 자신의 감정과 경험을 표출하는 활동이다(오선영·최영해, 2017).

영유아의 쓰기활동은 처음에 그리기가 포함된 끼적거리기 활동으로 시작된다. 영유아들은 크레용이나 색연필을 들고 무언가를 끼적거리면서 자신이 그린 그리기가 포함된 끼적거린 것에 나름대로 의미를 부여하여 설명하곤 한다(남규 외, 2016). 이처럼 영아의 끼적거리기 활동은 이후 쓰기활동의 기초가 되며 쓰기 발달의 시초가 된다. 영유아들은 종이 위에 무언가를 끼적거려 자신의 의사를 전달하려는 시도를 하게 되고, 일상생활에서 문자언어를 사용하는 성인과 상호작용하는 과정에서 쓰기가 사람들이 자신의 생각을 상대방에게 전달하는 기능이 있다는 것을 깨닫게 된다. 이후 영유아들은 끼적거리기와 창안적으로 쓰기활동을 자발적으로 해보며 관습적이고 표준적인 글쓰기에 접근하게 된다(이하원 외, 2017). 이와 같이 영유아의 쓰기 발달은 끼적거리기에서 창안적 쓰기, 관습적 쓰기의 형태로 발달해 간다.

설츠비(Sulzby)는 유아의 쓰기활동을 6가지 범주로 분류하여 나타내었는데, 이는 발달적 순서에 의한 것은 아니며, 몇 가지 보편적인 특징이 나타난다고 하였다(이지현 외, 2015).

표 3-14 설츠비의 유아 쓰기활동 범주

단계	내용
그림으로 쓰기 (writing via drawing)	그리기를 해서 쓰기를 하며 그리기와 쓰기를 혼동하지 않고 이해한다. 그리기와 쓰기를 의사소통의 목적으로 사용하며, 그림으로 쓰는 유아는 쓰기인 것처럼 그림을 읽는다.
긁적거리기로 쓰기 (writing via scribbling)	긁적거려 놓고 쓰기를 했다고 하며 연필을 사용해서 왼쪽에서 오른쪽으로 긁적거리기도 하고 쓰기도 한다.
글자 비슷한 형태로 쓰기 (writing via marking letter-like forms)	쓴 모양이 글자와 비슷하며 관례적이지는 않지만 창의적인 글자형태이다.
낱글자들을 연속해서 쓰기 (writing via invented spelling)	유아 자신의 이름처럼 익숙한 글씨를 일렬로 펼쳐서 쓴다. 글자의 순서를 바꾸어 쓰기도 하며, 동일한 글자를 다양한 방식으로 쓴다.
창안적 글자쓰기 (writing via invented spelling)	유아에 따라서 다양하며, 관례적인 철자법을 잘 알지 못하기 때문에 유아 자신의 방식에 따라 창안해서 쓴다. 하나의 낱자가 전체 음절 혹은 하나의 단어로 나타나기도 하고, 띄어쓰기도 하지 않는다.
관례적인 철자법으로 쓰기 (writing via conventional spelling)	성인들이 쓰는 방법과 유사하다.

영유아의 쓰기 발달단계를 살펴보면 다음과 같다(이대균 외, 2009; 정남미, 2015).

표 3-15 영유아의 쓰기 발달의 단계별 특징

단계	쓰기 형태	내용
1단계	• 낙서하기단계	– 약 18개월경 쓰기도구를 쥐고 휘적거리는 행동으로, 이는 말하기의 옹알이와 같이 의사소통을 시도하는 행동으로 볼 수 있음 – 영아는 낙서하기를 통해 손과 팔을 움직이는 근육운동과 반복으로 움직임에 따라 나타나는 표시에 만족감을 느끼게 됨
2단계	• 조절된 낙서하기 – 하위 1단계: 수직선의 출현 – 하위 2단계: 수평선의 출현 – 하위 3단계: 원의 출현	– 영아가 도구를 쥐고 조절하여 자신이 원하는 곳에 표시할 수 있는 단계 – 즉, 쓰기도구의 조절능력이 발달되어 낙서의 형태와 배치가 분명해지며, 자기가 좋아하는 선을 반복해서 그린다. 낙서는 의도적인 쓰기의 표현으로 수직선, 수평선, 원의 순서로 발전하며, 원을 닫을 수 있는 능력은 쓰기 준비단계의 중요한 판단기준이 됨
3단계	• 낙서 명명하기	– 자신의 낙서에 이름을 붙이며, 나름대로의 의미를 부여하는 단계 – 이러한 낙서의 명명하기는 점차 낙서에 대한 이야기 짓기로 발전하며, 낙서하기 과정을 통해 쓰기에 필요한 지각운동기술을 연습하게 되며, 이를 통해 쓰기와의 차이점을 깨닫게 됨
4단계	• 한두 개의 자형이 나타나는 단계	– 영유아의 쓰기에 우연히 한두 개의 글자모형이 나타나기 시작하다가 점차 의도적인 자형 쓰기를 함
5단계	• 여러 줄의 글처럼 보이는 쓰기단계	– 마치 여러 줄의 글을 쓴 것과 비슷한 쓰기 행동이 나타남
6단계	• 창의적인 글자쓰기단계	– 유아는 인지적 사고과정을 통해 언어적 규칙을 깨닫고 나름대로 독특하고 창의적인 글자쓰기를 함. 이때 유아가 쓰는 한 글자는 전체 음절이 되기도 하며, 한 단어를 대표하기도 하며, 이 단계에서는 한두 글자만 창의적으로 쓰는 행동이 나타남

(계속)

단계	쓰기 형태	내용
7단계	• 글자쓰기단계	– 표준글자 쓰기가 나타나는 단계
8단계	• 단어쓰기단계 – 하위 1단계: 불완전한 단어 쓰기 – 하위 2단계: 표준단어 쓰기	– 불규칙한 크기와 글자쓰기에서 점차 고른 글자로 다듬어짐 – 자모음의 방향과 받침이 틀린 불완전한 단어 쓰기에서 완전한 단어쓰기의 형태로 발전
9단계	• 문장쓰기단계 – 하위 1단계: 불완전한 문장 쓰기 – 하위 2단계: 표준문장 쓰기	– 쓰기 원리에 대한 이해로 정확한 쓰기가 이루어지며, 부분적으로 틀린 글자가 있는 불완전한 문장 쓰기에서 완전한 문장쓰기단계로 발전

출처: 정남미(2015).

CHAPTER 4

언어 발달 관련 요인

영유아의 언어 발달은 다양한 요인의 영향을 받게 되는데, 영유아의 바람직한 언어 발달을 위해서는 스스로의 의지가 중요하지만 가정과 주변 환경의 여러 요인들은 영유아의 언어 발달 및 언어사용 습관에 큰 영향을 미치게 된다. 또한 영유아를 둘러싼 부모 및 지역사회의 적절한 지원 또한 매우 중요하다. 따라서 이 장에서는 영유아의 언어 발달에 영향을 미치는 다양한 요인들에 대해 살펴보고 언어 발달장애에 대해서도 알아보고자 한다.

1 개인적·가정환경·교육환경 요인

1) 개인적 요인

(1) 인지능력

인간이 말을 하고, 듣고, 쓰고, 읽기 위해서는 기억력, 사고능력, 모방력, 문장 구성력 등이 요구되기 때문에 여러 학자들이 언어 발달과 지적능력의 관계에 대해 많은 관심을 가져왔다. 특히 영유아기에는 지능과 관련된 사고능력이 필수적으로 전제되어야 말하기, 듣기, 읽기, 쓰기의 언어 발달이 잘 이루어질 수 있다.

우리나라 영유아를 대상으로 연구한 결과에서 지능과 언어 발달 간에는 높은 상관관계가 있는 것으로 보고되고 있는데, 김근희(2001)는 취학 전 영재아의 지능과 창의성 사이에 지능이 높을수록 창의성이 높게 나타났고, 특히 언어성에서 유창성, 융통성, 독창성은 지능과 비교적 높은 상관관계가 있다고 하였다. 하미애(2008)의 연구에서는 유아의 지능과 언어능력 및 학습준비도 간에는 정적 상관관계가 있고, 유아의 지능이 높을수록 언어능력 및 학습준비도가 높다고 보고하였다. 그리고 유아기까지는 정상 발달을 가진 아동뿐 아니라 언어 발달 지연 아동까지 지능이 높을수록 어휘력도 높아지는 경향이 있다는 연구결과(배희숙, 2012) 역시 이를 뒷받침해 준다.

그러나 언어의 선천적 능력을 주장하는 촘스키(Chomsky)는 언어능력은 일반적인 지적능력과는 관계가 없다고 하였으며, 르네버그(Lenneberg) 역시 아이큐 50 이상만 되면 언어체제를 습득하는 데 어려움이 없다고 하였다. 그러나 이들의 주장은 어휘의 양적 크기나 언어 구사력의 질적 측면을 고려하지 않았다는 비판을 받는다(강성화·김경회, 2003).

언어의 시작 시기와 지능과도 다소 관계가 있다. 터만(Terman)은 영재아들은 정상아들에 비해 언어시작이 대체로 빠르고 지능이 낮은 유아들은 반드시 그렇지는 않지만 2세 혹은 그 이상으로 늦게 말을 시작한다고 하였다(오성숙·유민임, 2016 재인용). 동기가 부족하고 그 밖의 다른 이유로 말을 늦게 시작했으나 일단 말이 시작되면 급격한 발달을 보이는 아동들도 있다. 이러한 다양한 원인들로 인해 영유아의 언어 발달에 개인차를 보이게 된다.

(2) 신체 조건

영유아의 언어 발달은 영유아 개인의 신체적인 조건에 따라 큰 영향을 받는다. 주위 환경과의 직접적인 상호작용이 언어 발달에 영향을 미치는데 이러한 상호작용이 활발히 이루어지기 위해서는 영유아가 신체적으로 건강해야 한다. 유아는 보고, 듣고, 만지고, 맛보는 감각적 경험을 통해 여러 가지 정보를 받아들인다. 그러므로 유아들에게 정상적인 언어 발달이 이루어지기 위해서는 이들 신체기관이 효과적으로 기능을 발휘할 수 있어야 한다. 영유아는 환경 탐색 결과를 이해하여 의미 있는 상징으로 나타내기 위해 필요한 발음기관의 발달, 손과 눈의 협응능력의 발달 또는 영유아의 언어 발달에 많은 영향을 미친다고 볼 수 있다.

생태학적 이론에 비추어 볼 때 청각장애아는 정상아보다는 언어습득과 발달에 교육환경의 영향을 많이 받는다. 이와 관련한 연구들을 살펴보면 청각기관의 발달과 수용적 언어 발달 간에는 높은 상관이 있는 것으로 나타났으며(박상희·권영주, 2003), 초기에 중이염과 관련된 청력손실이 아동 후기 언어 발달에 영향을 미치는 주요 요인으로 지적되었다(김수진, 2005). 청각장애가 있는 아동은 언어문제를 해결하는 선과제가 되는 듣기 기능이 열악하여 소리를 접할 기회를 상실함으로써 청각을 통한 음성언어를 발달시키지 못한다.

뿐만 아니라 유아의 청력손실이 발견되지 않고 치료되지 않는다면 말과 언어 발달, 사회적인 문제와 정서적인 문제 그리고 학습지체를 초래할 수 있기 때문에 청력손실로 인한 2차 장애를 수반하게 된다. 이러한 청력손실로 인한 언어 발달을 돕기 위해 필요한 것이 조기발견이다.

(3) 사회·정서 발달

영유아의 사회·정서적 발달도 영유아의 언어 발달에 많은 영향을 미친다. 불안하거나 스트레스를 받는 상황에서는 언어 발달에 필수적인 조건인 주위 환경 탐색에 보다 적극적으로 참여할 수 없게 된다. 사회·정서적 상황이 안정되었을 때 다른 사람들의 말을 듣고 이해할 수 있고 상황에 맞게 언어로 반응할 수 있으며, 쓰기를 통하여 자신의 의견을 표현할 수 있게 된다(김경의 외, 2015). 사회성이 발달하여 가정에서 부모, 형제 및 다른 성인들 그리고 유아교육기관에서 교사 및 또래와의 놀이에 적극적으로 참여하면서 언어적 상호작용을 활발하게 하는 영유아들은 그렇지 않은 영유아들에 비해 언어 발달을 촉진시키는 데 좀 더 유리하다(오성숙·유민임, 2016). 양육자의 따뜻하고 애정적이며 충분한 신체적 접촉을 통해서 정서적으로 안정된 유아의 경우 대부분 정상적인 언어 발달이 가능하나, 정서적으로 불안정한 유아의 경우 대체로 말더듬, 필요 이상의 높은 음성이나 낮은 음성 등의 언어장애를 일으킬 가능성이 많다.

(4) 성별

언어 발달에 있어서 남아, 여아의 성 차이가 있다는 주장과 차이가 나타나지 않는다는 주장이 동시에 존재하기 때문에 차이가 난다고 단정하기는 어렵다. 그러나 영유아의 개인차와 관련된 요인들은 영유아의 언어 발달을 이해하기 위한 부분이므로 고려할 필요가 있다.

일반적으로는 언어 발달은 성별에 따라 차이를 보이는 것으로 알려져 있다(김경중·최인숙, 1989; 김경의 외, 2015; 오은숙·유민임, 2016). 남아와 여아에 대한 문화 관습적 기대, 호르몬과 뇌 구조의 차이로 인해 영유아기에는 여아가 남아보다 말하기 시작하는 시기와 문장 사용 시기가 더 빠르며, 사춘기까지는 어휘, 발음, 철자법, 문장 구성력, 문장 이해력, 언어 추리력에서 여아가 더 우수하다는 연구결과가 있다. 여아가 남아에 비하여 말하기 시작하는 시기와 문장을 사용하기 시작하는 시기가 빠르며, 조음과 언어의 유창성에도 더 우수하고 말을 많이 하는 것으로 밝혀졌으며, 말을 더디게 시작하는 어린이의 대부분은 남아로 보고되고 있다. 평균적으로 여아가 남아보다 언어획득이 빨리 이루어지는 경향이 있으며, 유전과 환경 모두 언어 발달에 큰 영향을 준다. 영유아들이 사용하는 문장의 길이, 언어 이해, 어휘 수, 언어의 양, 문장의 복잡성 등에서 여아가 남아보다 우수하다.

한편 성별에 따라 차이가 나타나지 않는다는 연구 결과(주영희, 1999; Dale, 1976; 엄태식·조정은, 2015 재인용)에 따르면 언어능력에서 남녀의 성차가 있다고 단정지을 수 없고, 다문화가정의 유아 언어 발달 실태조사(유승애, 2009) 결과, 성별에서는 언어영역의 듣기, 말하기 모두 차이가 없었으며, 유아의 언어 발달에 영향을 미칠 수 있는 환경 중 가정 내의 부모의 양육태도, 생활환경이 중요한 변인이라 하였다. 또한 초기의 언어 발달은 가족과의 상호접촉의 형태나 행동 유형에 많은 영향을 받는다. 특히 구어 발달은 사회적 맥락 속에서 의미 있는 경험과 상호작용을 통하여 가장 잘 발달할 수 있으며, 언어 발달의 중요한 시기인 유아기에 적절한 언어 환경조성이 무엇보다도 중요함을 보여 주고 있다. 이 과정에서 각 유아의 개인차와 관련된 다른 요인들도 함께 고려되어야 한다.

2) 가정환경 요인

(1) 가정의 사회·경제적 수준

사회·경제적 계층 간에 언어표현 양식의 차이, 가정의 사회·경제적 배경에 따른 도서 보유, 가정에서 부모, 형제자매 및 다른 성인들과 언어적 상호작용 유형과 태도 등에 따라 언어능력에 차이가 날 수 있는데, 이러한 요인들을 통합하여 설명해 줄 수 있는 대표적인 용어가 가정의 문해환경이다. 가정의 문해환경이란 영유아의 문해 발달에 영향을 주는 가정의 인적·물적 환경을 말하며, 언제, 얼마나 자주, 어떤 환경에서 영유아가 문해자료와 접하고 문해의 의미와 사용에 대해 인식하는지 결정하는 인간관계까지를 포괄한 의미이다. 즉, 언어활동에 몰입할 수 있는 기회를 제공하는 가정환경을 말한다.

문화실조환경도 언어장애의 원인이 되는데, 듣고 말할 기회가 적거나 언어가 제한되어 있는 환경에서는 언어학습이 적절하게 이루어질 수 없다. 또한 사회성 발달이 늦은 유아에게는 자기중심적인 언어가 많고, 집단 속에서의 상호작용에 참가하지 못해 언어 발달이 지체된다.

빈곤층의 유아는 중산층의 유아에 비해 문장의 길이가 짧고, 사용하는 어휘도 더 적다. 반면 중산층의 유아는 정교하며 복잡한 문법구조를 가진 문장을 사용하는 것으로 나타났다. 또한 빈곤층 어머니는 제한된 어법, 중산층 어머니는 정교한 어법을 사용하였다. 빈곤층 어머니는 설명을 하기보다는 명령, 통제, 지시를 많이 했으며, 주어진 상황에서 비효과적으로 문제를 처리하였다. 또한 유아의 반응을 주시하지 않고 행동을 규제하고 지시를 자주 사용하였다. 반면 중산층 어머니는 유아와 이야기를 나누거나 유아에게 책을 읽어 줄 때 모르는 단어가 나오면 이에 대해 유아가 쉽게 알아들을 수 있도록 풀어서 설명해 주는 정교한 어법을 사용하였다(이연섭·강문희, 2000). 또한 황현이(2005)의 연구결과를 보면 중산층 가정 아동의 언어능력은 저소득층 가정 아동의 언어능력보다 전반적으로 높게 나타났고, 중산층 가정이 저소득층 가정보다 높은 가정문해환경 점수를 나타내었다. 그리고 사회·경제적 수준이 높은 가정의 유아가 낮은 가정의 유아보다 언어 기능이 더 높았다는 주영희(1984)의 연구결과 언어 발달에 대한 가정의 사회·경제적 계층의 차이를 말해 주고 있다.

(2) 부모 및 형제와의 관계

부모는 항상 유아와 이야기하고 책을 읽어 주며 질문하고 설명해 줌으로써 유아와 끊임없는 대화를 나누는 상대이다. 유아는 가정에서 부모와 언어적 상호작용을 하면서 언어를 습득하고 계속 발전시켜 나간다. 부모와 접촉하는 시간, 부모가 자녀에게 사용하는 언어형태의 질적인 면, 언어강화 형태 등이 영유아의 언어 및 인지 발달에 영향을 준다. 유아가 부모와 어떤 언어적 상호작용을 하느냐에 따라 언어 발달은 빨라지기도 하고 늦어지기도 한다. 부모 가운데 어머니와 유아 언어 발달의 관계를 분석한 연구들에 의하면, 어머니가 자녀에게 질문을 많이 하고 응답에 대한 피드백을 많이 해 줄수록, 자녀의 질문에 대답을 많이 해 줄수록 유아의 언어능력이 더욱 발달되었다(이경렬, 2005). 또한 어머니가 말을 많이 하고 다양한 단어와 문법적 형태소를 사용할수록 유아의 단어 발달이 촉진되는 것으로 밝혀졌다(전효정 외, 2004).

김미영(2005)은 그림책을 활용한 부모의 언어적 상호작용으로 부모는 영유아에게 적절한 그림책을 선정하고, 그림책을 읽어 줄 때 영유아와 적절한 상호작용을 하며 그림책을 읽고 난 후 확장활동을 통해 영유아의 언어 발달을 촉진하는 것이 효과적이라고 하였다. 부모가 유아의 언어 발달을 위해 적절한 환경을 마련해 주고 여러 가지 놀이를 통해 언어지도를 해 나갈 때 유아의 언어는 그렇지 않은 가정에 비해 더 빨리 발달될 수 있다. 그러므로 부모는 다양한 상황에서의 언어 사용을 강조하고, 어휘 확장의 기회를 제공하고, 정확한 언어 사용을 강조하며, 부모 자신의 언어 질을 높이도록 노력해야 한다.

형제관계 변인도 유아의 언어 발달에 관계있는 것으로 형제 수나 출생순위, 형제간 연령차가 영유아의 언어 발달과 관계가 있는지에 관한 연구들을 살펴보면 다음과 같다. 형제가 있는 유아보다 형제가 없는 외딸이나 외아들의 언어 발달이 빠르다고 보는 경향이 있는데, 이는 형제가 없는 어린이의 경우 성인과 언어적 상호작용을 많이 하는 데 비해서 형제가 있는 유아는 형제끼리 언어 상호작용을 주로 하므로 언어 발달이 늦어진다고 본다. 이런 맥락으로 형제 수가 적은 경우는 성인과 언어적 상호작용을 많이 하므로 언어 발달이 빠르며, 형제 수가 많은 경우는 언어 발달 면에서 미숙한 형제와 언어적 상호작용의 기회를 많이 가지게 되므로 언어 발달이 느릴 수 있다는 것이다.

연령차가 적은 경우 동생은 언어습득에 있어 더 열등하다고 한다. 형제관계에 대한 일치된 결과는 보고되고 있지 않으나 우리나라 유아의 경우 형제가 있는 경우가 없는 경우보다 언어 표현력이 우수하다고 한다.

영유아의 언어 발달에 미치는 형제와 관련된 다양한 변인들의 영향력은 영유아의 언어적 상호작용을 할 기회를 많이 가질수록 언어능력의 발달이 촉진되고, 언어능력이 미숙한 연령차가 거의 없는 형제자매들과 주로 상호작용하거나 쌍둥이 형제들과 상호작용하는 기회가 많을수록 언어능력 발달이 지체된다는 것이다.

하지만 언어 발달과 유아의 개인변인인 유아가 외동인지, 형제가 있는지의 여부가 유아의 어휘력, 표현언어능력과 수용언어능력 등 모든 언어 발달에서 차이는 없다는 연구결과도 있다(고순옥, 2004).

3) 교육환경 요인

(1) 교사

유아교육의 교수활동은 대부분 교사의 언어행동에 의해서 이루어진다. 영유아교육기관에서 이루어지는 대부분의 상호작용이 영유아와 교사 사이에서 이루어지며, 이때 교사가 사용하는 언어는 영유아의 언어 발달에도 많은 영향을 미친다. 교사는 언어를 매개체로 하여 유아와 긴밀한 상호관계를 맺게 되고 학습활동을 지도한다. 그러므로 유아교육에서 교사의 언어행동, 즉 목소리, 발음, 어휘, 단어 선택, 문자구조 등은 유아의 언어학습에 살아 있는 모델 역할을 하게 된다. 특히 유아가 교사를 존경하고 애정을 가지는 경우에는 더욱 교사의 언어 모형을 따르게 된다.

교사가 사용하는 언어가 거칠고 너무 큰 음성으로 이야기하는 경우 유아의 정의적 측면에 영향을 미치게 되어 유아가 언어표현을 자제하게 되므로 언어 발달에 부정적인 영향을 미치게 된다. 반면에 부드럽고 조절된 음성을 사용하여 유아와 상호작용하는 경우 유아에게 좋은 언어모델이 되어 유아의 언어 발달에 긍정적인 영향을 미친다.

어린이집 교사의 언어와 영아의 언어 발달 간의 관계를 분석한 연구(김지연, 2005)에 의하면 교사가 설명하기와 지시적 요청을 많이 할수록 영아의 수용언어와 표현언어능력이 낮았다. 또한 영아들에게 질문을 많이 할수록 영아의 수용언어와 표현언어능력이 높았고, 교사가 영아와 대화를 주고받는 횟수가 많을수록 영아의 수용언어능력이 높은 것으로 나타났다. 이영미(2006)의 연구에서는 교사의 지시적 언어환경의 유아보다 비지시적 언어환경의 유아가 개인적 내러티브 구조 발달과 정신상태 용어에 긍정적인 영향을 준다는 것을 알 수 있었다. 교사의 언어 형태 유형에 영향을 주는 요인으로는 경력, 학력수준, 연령, 가치관 등이 있다.

(2) 교실환경

학급의 크기와 교수 – 학습방법 측면에서 살펴보면 다음과 같다. 학급의 크기가 작은 경우 긍정적 영향을 주며 크기가 증가할수록 대화가 줄어들게 되어 전체적인 언어적 상호작용에 참여하는 영유아들의 수도 줄어들 것이다. 또한 발달에 적합한 비지시적 읽기지도, 적극적·자발적으로 영유아가 참여하도록 장려하는 교수 – 학습방법이 효과적이다.

영유아교육기관의 언어환경을 효과적으로 구성하는 것과 적절한 교구를 제공하는 것은 영유아 언어교육의 가장 기초적이며 핵심적인 내용이다. 교실의 풍부한 문해환경은 가정의 문해환경 못지않게 영유아의 언어능력에 영향을 준다.

한 학급당 유아의 수가 적은 경우 유아의 언어 발달에 긍정적인 영향을 미친다. 학급의 크기가 클수록 유아와 교사, 유아와 유아 간에 대화가 줄어들어 전체적인 언어적 상호작용에의 참여 유아 수가 줄어 언어 발달을 저해하게 된다. 예를 들어, 학급 규모가 크면 교사는 교수–학습방법을 공식화·형식화시키고, 유아교육기관의 생활 규칙을 강조하며, 통제적·직접적인 교육방식을 많이 사용한다. 그러나 학급의 크기가 비교적 작은 경우에는 교사가 자유로운 분위기에서 유아를 구속하는 규칙들을 많이 강조하지 않음으로써 유아들로 하여금 자유롭게 언어활동을 탐색할 수 있도록 하여 결국 언어 발달에 긍정적 영향을 미치게 된다(이영석·이경영, 1995). 또 다른 연구에서도 작은 규모의 학급 교사들은 유아에게 개별적으로 반응하는 기회를 많이 가졌으며, 보다 여유를 가지고 유아와 상호작용하였다. 교수–학습행동 측면에서 작은 규모의 학급에서 온정적인 학습 분위기로의 점진적인 변화를 이루었으며, 유아와 교사의 상호작용 시간의 증가, 소외된 유아의 감소, 적극적으로 학습에 참여할 기회가 증가하였다. 학급운영 면에서도 작은 규모의 학급은 기다리기, 전이, 주의집중과 같은 활동의 시간이 감소함에 따라 교육활동 시간의 증가가 이루어져 학습의 밀도가 향상되었다(김영주, 2000).

영유아들의 언어 발달을 촉진시키기 위한 효율적인 교수–학습방법에 대한 연구는 구어 발달보다는 문어 발달을 위한 교수법에 집중되어 연구되고 있다.

그림책을 통해 아동의 수준과 발달에 부합하는 존재감 있는 언어를 활용한 초기 문자지도는 아동의 언어 지식 습득뿐만 아니라, 현실 세계에 대한 이해력까지 길러줄 수 있다. 그림책을 통해 자연스러운 언어 습득이 가능하며, 그림책을 활용한 초기 문자지도는 구어의 발달뿐만 아니라 자연스러운 상황 속에서 아동의 문어 발달을 가져온다는 것을 알 수 있었다. 또한 효과적인 초기 문자지도가 이루어지기 위해서는 교사와 아동 간 사회적 상호작용이 활발히 이루어지는 지도가 계획되어야 하며, 지도 과정에서 교사는 여러 가지 역할을 두루 수행할 수 있어야 한다(정미희, 2010).

(3) 또래관계

또래관계도 유아의 언어 발달에 영향을 주는 요인이 된다. 유아는 최초의 사회적 경험을 하는 유아교육기관에서 또래와의 상호작용을 통해 점차 자기중심적 언어에서 벗어나 사회적 언어를 습득하게 된다. 또래와 무엇인가를 같이 의논하고 계획을 세워보고 자기들의 경험을 평가해 보는 등의 활동을 통해서 사회적 언어가 발달하는 것이다.

2 TV매체와 지역사회환경 요인

1) 미디어와 컴퓨터

미디어와 컴퓨터가 영유아의 언어 발달에 미치는 영향에 대한 의견은 긍정적인 부분과 부정적인 부분이 공존하고 있다. 좋은 질의 프로그램은 언어 발달에 도움을 준다고 하는 주장도 있는 반면에, TV시청으로 인해 언어적 상호작용이 감소하게 되어 발달의 기회를 없애게 된다는 의견도 있다. 컴퓨터의 사용도 이와 동일한 양상을 나타내고 있다. 양질의 소프트웨어나 인터넷 사이트를 통해 언어 발달에 효과적으로 활용할 수도 있지만, 홀로 고립되어 다른 사람과 언어적 상호작용을 할 기회를 놓칠 수도 있기 때문이다.

과도한 미디어의 시청으로 인해 독해능력 부족, 듣기의 문제가 유발될 수 있고, 정확한 발음의 어려움, 보고 들은 것을 기억하거나 그 의미를 해독하는 것에 어려움을 느낄 수 있으며, 초인지적 인식의 발달에 방해를 받을 수 있다. 또한 가족과의 언어적 상호작용의 시간과 빈도 감소, 생활 경험이나 언어적 문제해결 연습 기회의 감소를 야기할 수 있다.

그러므로 미디어와 컴퓨터의 활용은 양질의 내용을 선택하는 것부터 시작하여 영유아와 충분히 상호작용할 수 있는 방향으로 이끌어서 고립되거나 상호작용이 줄어드는 단점을 보완해야 언어 발달을 돕는 환경의 역할을 담당할 수 있다.

2) 지역사회환경 요인

영유아를 위한 지역사회 자원 활용의 대표적인 예로 지역 어린이 도서관과 장난감 도서관을 들 수 있다. 현대사회에서 어린이에게 도서관은 단순한 독서를 위한 공간이라는 개념을 뛰어넘어 독서와 여러 가지 사회활동 및 놀이를 함께 체험할 수 있는 새로운 개념의 공간으로 변모하고 있다. 어린이 도서관은 많은 양의 도서를 소장하고 있을 뿐만 아니라 관련 프로그램을 운영하기 때문에 유아교육기관의 프로그램 참여 및 견학 장소로도 활용할 수 있다. 유아의 독서습관은 짧은 집중력으로 단시간에 책을 읽고 새로운 책을 읽기 위해 서가영역으로 이동하여 책을 탐색하여 독서영역으로 돌아가는 행위를 반복한다. 이와 같이 서가영역과 독서영역 사이의 왕복을 끊임없이 반복하므로 두 영역 사이의 거리가 가깝고 동선인 이동통로가 독서영역과 접하고 있어 아동이 쉽게 이용할 수 있도록 계획한다.

어린이 도서관은 각 유아교육기관의 독서교육 프로그램의 협력과 교류를 통해 부모들만의 힘으로 부족했던 독서교육을 보완해 준다. 부모들은 어린이의 독서 모델로 능동적인 독서습관이 발달될 수 있도록 자녀들과 함께 책을 읽고 토론하는 생활을 해야 한다. 또한 어린이 도서관은 부모의 독서교육을 받지 못하는 어린이들에게 독서교육을 제공해서 올바른 인격 형성을 해 나가도록 역할을 개선하고 발전시켜야 한다. 어린이의 발달단계 및 흥미를 고려한 도서선정 및 독서활동을 통한 계획적이고 구체적인 도서지도를 통해 어린이가 비판적, 해석적 사고능력과 문제해결을 위한 지식을 습득하여 어린이들이 미래에 당면하게 될 제반 문제들에 능동적으로 대처하고 해결할 수 있도록 가정, 학교, 사회의 지속적이고 적극적인 관심과 노력이 뒤따라야 할 것이다(이은주, 2008).

어린이 도서관의 활용은 다양한 테마를 통해 말하기를 유도할 수 있으며, 어린이의 특성과 맞물려 언변을 강화시키는 요인이 된다. 일방적으로 지식을 전달하는 방식이 아니고, 그룹형식으로 진행되기 때문에 능동적인 참여를 유도하고, 타인을 인지하며, 사회성을 갖추는 기반이 되어 자연스러운 정보탐색활동을 가능하게 한다(정사라, 2010).

어린이 도서관이 어린이교육의 첫 단계로써 독서 습관 형성 및 도서대여 등의 역할을 해왔으나, 최근 들어 사회적 요구 변화에 부응하고자 도서 및 장난감 대여의 역할을 포함하는 장난감 도서관에 대한 필요성이 제기되어 왔다.

장난감 도서관은 어린이 도서관에 비해 숫자나 시설 면에서 미흡한 실정이다. 언어활동에 이용되는 교구는 장난감 도서관을 통해 대여하여 사용할 수 있다. 장난감 도서관은 시립으로 운영되거나 기업 혹은 복지재단이 운영하고 있다. 서울 및 지방의 도시들을 중심으로 개설되어 있으며, 해당 지역의 장난감 도서관에 관한 정보는 육아종합지원센터를 통해 얻을 수 있다. 장난감 대여는 회원가입 후 무료로 가능하다.

3 언어 발달장애

1) 말 늦은 유아

(1) 정의

일반적으로 2세경이 되면 50개 정도의 낱말을 산출할 수 있는데, 표현언어능력을 기준으로 볼 때 전체 유아 중 15%는 이 기준에 미치지 못한다(Rescorla, 1989). 이러한 유아를 말 늦은 유아라 한다. 말 늦은 유아 중에서 반 이상은 3~4세에 일반유아들과 유사한 범주로 따라잡는 반면에 일부 유아들은 지속적으로 언어장애, 정서 및 행동장애 그리고 학습장애를 가질 위험이 높다. 말이 늦은 유아는 청력손실이 없고 반복적으로 중이염을 앓은 적이 없으며, 지적장애, 행동장애 및 신경장애가 없어야 하며 다음과 같은 경우에 해당된다.

첫째, 18~32개월에 단어조합을 못하거나 표현어휘능력이 또래의 10% 이하에 해당되는 경우, 둘째, 2세에 표현어휘수가 50개 미만이거나 단어를 조합하지 못하는 경우, 셋째, 18~23개월에 명료하게 발음하는 단어의 수가 10개 이하 혹은 24~34개월에 사용하는 단어의 수가 50개 미만이거나 단어조합을 못하는 경우이다.

(2) 언어적 특성

말 늦은 유아 중 대부분은 늦되는 아이로 연령이 높아지면서 일반아동의 언어능력과 비슷하게 된다. 이들은 일반아에 비해 의사소통 의도, 비언어적 몸짓 그리고 발성의 횟수가 적다. 이러한 말 늦은 유아들 중 이후에 언어장애를 가지게 되는 경우를 살펴보니 전언어기 옹알이 중 자음의 비율, 초기 진단 시 표현언어 수준, 24~38개월의 어휘량, 18~28개월에서의 언어이해능력 및 상징적 몸짓, 의사소통적 몸짓 등이 예측 요인으로 나타났다(Whitehurst et al., 1992; Thal et al., 1991; Thal & Tobias, 1992). 우리나라 말 늦은 유아들을 대상으로 언어 발달에 대한 예측 요인을 살펴본 연구(홍영훈·김영태, 2005)에서는 아동들의 의사소통 유형 수와 서로 다른 낱말 수가 후일 표현어휘 발달을 가장 정확하고 효율적으로 예측하는 것으로 나타났다.

(3) 언어지도방법

언어지체 원인을 정확히 파악하고 이에 따른 중재를 실시해야 한다(오성숙·유민임, 2016).

첫째, 의학적 치료가 필요한 경우 이비인후과, 소아과, 치과 등의 의학적 치료를 받는다.

둘째, 정서적 문제가 있을 경우 심리치료와 부모에 대한 상담과 정서적 지원을 한다.

셋째, 언어환경적 문제가 있을 경우 자연스러운 놀이상황을 조성해 주어 자연스럽게 말의 필요성과 언어 표현을 통한 즐거움을 경험할 수 있도록 반응적 언어환경을 지원한다.

넷째, 호흡, 발성, 조음기관 등의 기능장애가 있는 경우 발성기관의 기능훈련을 지원해준다.

2) 유창성장애(말더듬)

(1) 정의

흔히 말더듬은 언어의 비유창성으로 '말의 전진적인 진행이 운동신경적인 잘못으로 생긴 말소리, 음절 또는 낱말로 인하여 방해를 받거나 이러한 말소리, 음절 또는 낱말에 대한 사람의 반응으로 인하여 방해를 받을 때 생기는 현상'이다(오성숙·유민임, 2016). 향후 2~5세경 사이에 시작되는데 이 시기는 말하는 능력이 충분하지 못하며, 언어의 사용에 있어서 여러 가지 모순과 혼란 등이 생겨 언어의 절단이나 반복이 많이 나타난다. 그러나 이는 이 시기의 영유아들에게 공통적으로 나타나는 현상이고, 대부분 성숙하면서 저절로 없어진다(엄태식·조정은, 2015).

(2) 언어적 특성

① 첫음절의 반복상태

흔히 연발성이라고 불리고 주로 말더듬이 시작된지 얼마 안 되는 어린아이들에게서 나타난다. 타인의 눈에 잘 띄어 종종 놀림의 대상이 된다. 대표적인 말더듬 유형이라 볼 수 있으나 말더듬이 시작된지 얼마 안 됐고 경미한 말더듬이라 볼 수 있다.

② 부수적인 신체행동

자신의 말더듬을 인식한 상태이다. 일종의 말을 잘하기 위한 투쟁행동으로 볼 수 있으며 말더듬이 중간 정도 진행된 상태이다.

③ 회피행동

여러 번 또는 상당한 시간 동안 말더듬에 노출되어 있었고 타인에게 창피함을 당했을 때 나타난다. 자신의 말더듬을 완전히 인식하고 자신의 말더듬에 대해 사전에 두려움을 갖게 된다.

(3) 언어지도방법

말더듬이 영유아의 경우 자신이 더듬는다는 사실을 정확히 의식하지 못하는 특징이 있다. 따라서 영유아가 더듬는다는 것을 의식하지 않도록 지도하는 것이 원칙이며, 직접적으로 영유아를 치료하기보다는 주변의 언어환경을 개선하는 것이 필요하다(한유미 외, 2013). 말더듬 치료를 위해 먼저 부정적인 영향을 감소시키는 것으로 놀이치료를 통하여 억압되고 위축된 감정을 털어놓을 수 있는 기회를 주어야 한다. 치료자는 유아의 감정을 이해하고 수용하며, 자신의 감정을 음성으로 나타내거나 행동으로 표출할 수 있는 환경을 제공해야 한다.

말의 유창성을 증가시키기 위해서는 초기에 말을 더듬는 기간 동안에는 말을 적게 하도록 하고 유창하게 말을 할 때는 말을 더 많이 하도록 지도하고, 놀이치료 시간과 가정에 있을 때 혼잣말을 격려하고 소리내어 말하도록 격려한다. 또한 스트레스를 참는 인내심을 기르고 놀림, 거절, 긴장감 등에 대하여 무감각하도록 둔감치료를 병행하도록 한다.

3) 음성장애

(1) 정의

음성장애란 음성을 산출하는 기관의 기질적인 문제나 심리적인 문제 또는 성대의 잘못된 습관으로 인하여 강도, 음도, 음질 그리고 유동성 등이 성별, 연령, 체구와 사회적 환경들에 적합하지 않은 경우를 말한다(고은, 2014). 즉, 이 가운데 한 가지 이상이 정상범위에서 벗어날 때 음성장애가 있다고 한다. 말소리가 보통 사람들과 달라서 상대방에게 불쾌감을 주거나, 이야기의 내용이 충분히 전달되지 않고 소리의 구성요소인 음질, 높이, 세기, 지속시간 등에 이상이 있는 것으로, 대부분의 음성장애는 성대가 완전히 닫히지 않아 음의 진동이 제대로 이루어지지 않기 때문이며, 이 외에도 발성기구인 후두에 병변이 있는 경우, 전신질환에 의한 경우, 기능성 발성장애를 가진 경우 음성장애를 동반한다. 음성장애는 영유아보다 성인에게서 많이 나타나지만, 큰 소리로 말하는 영유아의 경우 성대에 무리가 생겨 쉰 소리가 나는 경우가 있다.

(2) 특징

주 증상은 쉰 목소리이며 성대결절의 경우 쉽게 음성이 피로해지며 고음에서 음성의 분열과 중복음이 있다. 성대폴립에서는 폴립의 크기와 위치에 따라 증세의 변화가 많아 거의 목소리의 변화가 없는 경우부터 폴립이 성대 사이로 돌출하여 거의 목소리를 내지 못하는 경우까지 다양하다.

발성장애의 경우 성대의 이상에 관련되는 경우가 있으므로, 쉰 목소리가 나오고, 말을 오래하거나 저녁때가 되면 목소리가 잘 안 나오고 목이 아프며, 평소에는 잘 나오던 고음이 잘 나오지 않거나, 목에 가래가 낀 것처럼 이물감이 있는데 가래도 잘 나오지 않는 등 이러한 증상이 오랜 기간 나타날 경우 성대 이상을 의심해 보아야 한다.

목소리의 질에 있어서 콧소리가 많이 나타나거나 숨이 새는 소리, 거친 소리, 쉰 소리를 나타낼 때는 반드시 정확한 진단이 필요하다.

(3) 언어지도방법

음성장애는 일반적으로 신체의 어딘가에 힘이 너무 많이 들어가 나쁜 발성을 하는 경우가 많으므로, 마음의 안정을 갖도록 하는 것이 좋은 발성습관을 기르는 기본 원리이다. 또한 호흡훈련을 통해 발성에 필요한 호흡조절능력을 개선하도록 한다(한유미 외, 2013). 유아의 음성관리의 주된 역할은 음성치료를 위한 선행적 평가단계라기보다는 후두질환의 유무 확인과 가능한 치료방법을 모색하는 것이다. 그 밖에도 가족대화기법을 훈련시킨다거나 부모교육, 감정표현법 등의 방법을 활용할 수 있다(고은, 2014).

CHAPTER 5

표준보육과정에서의 영아기 언어지도 내용

영유아기의 언어 발달은 울음소리의 분화로부터 시작되다가 옹알이 등의 음성과 몸짓을 사용하기 시작하며, 주의집중과 더불어 한 단어, 두 단어, 문장을 구사하는 순서로 발달이 이루어진다. 특히 영유아기의 급속한 어휘력 발달에 영향을 미치는 몸짓의 출현은 영아의 비언어적 의사소통의 도구로서 중요한 측면을 가지고 있다. 첫 단어가 나타나기 전부터 어휘 폭발이 있기 전까지의 영유아기에서 비언어적 의사소통의 수단과 기능은 영아의 어휘력 증진과 관계가 높으며, 교사나 성인이 이 시기의 영아에게 사용하는 언어적 행동도 어휘력 발달에 중요한 요인이 된다(보건복지부, 2013).

이 장에서는 효과적인 영유아기 언어지도를 위해 제4차 어린이집 표준보육과정 중 의사소통영역(0~1세, 2세)의 목표와 내용에 대해 살펴보고자 한다.

1 목표

1) 0~1세 의사소통영역의 목표

0~1세	의사소통능력의 기초를 형성한다. 1) 일상생활에서 듣기와 말하기를 즐긴다. 2) 읽기와 쓰기에 관련된 관심을 가진다. 3) 책과 이야기에 관심을 가진다.

0~1세 영아는 적극적 의사소통자로 비언어와 언어를 이용하여 자신의 생각, 느낌, 감정을 표현하고 상대방의 표현과 반응을 보고 들으며 소통한다. 또한 주변의 그림과 상징에 관심을 갖고, 자유롭게 끼적이기를 즐기며 책과 이야기에도 관심을 갖는다. 의사소통영역은 일상에서 영아가 자신의 의사를 상대방에게 전달하고, 상대방의 표현을 이해하는 과정에서 다른 사람과 소통하는 다양한 방식을 경험하면서 의사소통의 즐거움을 느끼며 의사소통능력의 기초를 형성하는 것을 목표로 한다. 이를 위하여 교사는 0~1세 영아가 자유롭고 편안하게 자신의 의사를 표정, 몸짓, 옹알이, 말소리, 말, 끼적이기 등 다양한 방식으로 표현할 수 있도록 하고, 책과 이야기에 관심을 갖고 자유롭게 즐기는 것을 지원하도록 한다.

① 일상생활에서 듣기와 말하기를 즐긴다.

듣기는 주변에서 들리는 여러 가지 소리 중 말소리를 구별하고 그 의미를 이해해가는 것을 포함한다. 이를 위해 소리 듣기에 우선 흥미를 보여야 하고, 소리와 말소리를 들을 때 그 소리가 어디서 시작하고 멈추는지, 높낮이는 같은지 다른지 등 말소리의 차이를 구분해야 한다. 말소리는 의미를 전달하는 것으로 그 소리의 의미는 현재 영아가 직접 경험하고 있는 것 중 하나를 나타낸다. 0~1세 영아는 눈앞에서 직접 벌어지고 있는 반복적인 경험과 그와 관련된 말소리의 의미를 연결해야 한다.

말하기는 자신이 느끼고 있는 감정이나 전달하고 싶은 욕구, 의도를 소리로 표현하되 다른 사람이 그 내용을 이해할 수 있는 것을 포함한다. 0~1세 영아는 자신의 생리적인 상태와 감정을 울음이나 얼굴표정, 눈길, 미소 짓기, 소리 내기, 말소리 등으로 표현한다. 이 시기의 영아는 상대방의 얼굴 표정에도 민감하여 그 표현에 대해서도 자신의 생각과 느낌을 반응한다.

0~1세 영아의 말하기는 서로 주고받는 대화의 구조에서 상대방이 말하는 것을 듣고 난 후 내 차례가 되었을 때 영아가 적절하게 표정이나 몸짓, 말소리로 이에 반응해야 한다. 0~1세 영아는 말소리를 조금씩 더 잘 조절하면서 소리를 내게 되고 한 단어로 표현하다가 점차 두 단어를 나열하여 표현할 줄 알게 된다.

② 읽기와 쓰기에 관련된 관심을 가진다.

쓰기는 자신의 느낌, 생각, 경험을 문자를 이용하여 나타내는 것이다. 쓰기에 대한 관심은 손목의 힘이 어느 정도 생기고 영아가 혼자 앉기 시작하는 6개월경 이후에 나타나기 시작하여 기회가 되면 무엇인가를 끊임없이 그리고 끼적거린다. 영아가 자연스럽게 끼적이기에 관심을 가지고 즐길 수 있도록 분위기를 조성해 주며 끼적거리기를 할 수 있는 안전한 자료를 마련해 주어야 한다.

③ 책과 이야기에 관심을 가진다.

문자 사회에 살고 있는 영아는 일상적으로 주변에서 환경 인쇄물과 영아용 짧은 그림책 등에 자연스럽게 노출이 된다. 인쇄물과 그림책은 문자를 지니고 있는 사회에서만 독특하게 경험하게 되는 표현물이다. 생후 0~1세 영아는 분유통에 그려진 아기 얼굴 그림이나 우유의 상표들에 조금씩 관심을 보이기 시작한다. 교사나 성인이 제공한 영아용 그림책의 그림에 관심을 보이고, 그 그림에 대해 말하면 그 내용을 주의하여 듣는다. 점차 영아는 자신이 흥미 있어 하는 친숙한 그림책을 반복적으로 보려고 시도하게 된다.

2) 2세 의사소통영역의 목표

2세	의사소통능력과 상상력의 기초를 기른다.
	1) 일상생활에서 듣기와 말하기를 즐긴다. 2) 읽기와 쓰기에 관심을 가진다. 3) 책과 이야기에 재미를 느낀다.

2세 영아는 의사소통 경험을 통해 일상의 기초적인 어휘를 습득하여 구어로 소통하는 능력이 향상되고 상징과 문자를 읽고 쓰며 문어로 소통하는 방식을 경험한다. 의사소통영역은 자신의 의사를 다른 사람에게 표현하여 전달하고, 상대방의 이야기를 듣고 말하며, 일상에서 읽기, 쓰기와 관련되는 경험에 관심을 가지며 책과 이야기를 즐기고 상상의 즐거움을 가질 수 있는 경험을 하는 것에 목표를 두고 있다. 교사는 2세 영아가 일상에서 자유롭고 편안하게 상대방에게 표정, 몸짓, 말로 의사를 표현하는 기회를 제공하고, 다른 사람과 소통하는 것을 격려하고, 영아가 읽고 쓰는데 관심을 가질 수 있는 다양한 그림과 사물의 상징이 담긴 인쇄물 등을 충분히 제공하며, 책과 이야기에서 자유로운 상상을 즐길 수 있도록 지원한다.

① 일상생활에서 듣기와 말하기를 즐긴다.

2세 영아는 다른 사람의 말을 주의 깊게 집중하여 듣는 능력이 향상된다. 영아 자신의 어휘력이 많이 증진되었고 문장 이해능력도 높아진 것이 다른 사람의 말을 듣고 이해하는 것의 기초가 된다. 또한 다른 사람의 이야기를 정확하게 듣기 위해서는 말하는 사람의 내용뿐 아니라 눈길이나 표정, 손짓 그 밖에 주위의 분위기를 종합하여 듣고 있는 내용과 의미를 판단해야 한다. 2세 영아의 경우에는 이러한 능력 역시 향상되어 가면서 다른 사람의 말을 듣는 것이 무엇인지를 판단하여야 한다. 특히 영유아기에는 무엇보다도 상대방이 이야기하는 동안 말하는 사람의 눈과 입에 시선을 고정하고, 중간에 이야기를 끊거나 방해하지 않고 끝까지 듣는 태도를 기르는 것이 필요하다.

말하기는 자신이 전달하고자 하는 의도를 다른 사람들이 이해할 수 있도록 단어를 체계적으로 조직하여 적절하게 표현하는 어려운 과정이다. 이러한 말하기는 소리 내기, 즉 의미 있는 발음을 만들어 내는 것을 기초로 한다. 2세 영아는 새롭게 듣고 알게 된 단어가 매우 급증하는 시기로 영아는 빠르게 습득된 단어를 음성으로 바꾸어 발음하는 데 많은 힘을 기울이게 된다. 영아의 말하기는 생활 속에서 이루어지는 자연스러운 대화를 통해 향상되므로, 편안하고 수용적인 분위기와 자유롭게 말할 기회를 제공해야 한다.

② 읽기와 쓰기에 관심을 가진다.

쓰기는 자신의 느낌, 생각, 경험을 문자를 이용하여 나타내는 것이다. 쓰기에 대한 관심은 종이에 무엇인가를 끊임없이 끼적거리는 과정을 거치면서 자연스럽게 이루어진다. 2세 영아의 경우 그림과는 다른 짧거나 긴 직선이나 곡선을 사용하여 끼적이기를 한다. 그리고 자신이 끼적인 것에 대해 마치 글자를 쓴 것처럼 이름을 붙인다. 이러한 글자 형태 끼적이기는 이후의 내용 쓰기에 기초를 이루는 중요한 과정이다. 영아가 좋아하는 낱말, 관심 있는 글자나 경험한 사건 등에 대해 그림이나 끼적거리기로 표현하고, 그것을 명명하거나 설명할 수 있도록 기회를 자주 제공하고 격려한다.

③ 책과 이야기에 재미를 느낀다.

2세 영아는 그림책에 많은 관심을 보이며 글의 내용에 대해 교사가 대화를 해주거나 읽어 주기를 기대한다. 그림책을 즐겁게 읽어 본 경험이 많을수록 그림책에 대한 영아의 흥미는 높아지고, 이런 영아는 그림책을 더 접하려고 한다. 구어와 문어는 영아에게 그동안 얼마나 노출이 되었으며 얼마나 바람직한 질로 상호작용이 이루어졌는가가 관건이다. 따라서 그림책이나 환경 인쇄물을 접할 때는 글의 내용을 정확하게 이해하거나 글자 습득에 주의를 기울이기보다 영아가 그림책과 관련된 대화를 재미있어 하고, 그림책을 보는 행위 자체를 즐기도록 하는 데 중점을 두어야 한다.

2 의사소통영역의 내용구성

1) 0-1세 의사소통영역의 내용

표 5-1 0~1세 의사소통영역의 내용체계

내용범주	내용
듣기와 말하기	• 표정, 몸짓, 말과 주변의 소리에 관심을 갖고 듣는다. • 상대방의 이야기를 들으면서 말소리를 낸다. • 표정, 몸짓, 말소리로 의사를 표현한다.
읽기와 쓰기에 관심 가지기	• 주변의 그림과 상징에 관심을 가진다. • 끼적이기에 관심을 가진다.
책과 이야기 즐기기	• 책에 관심을 가진다. • 이야기에 관심을 가진다.

(1) 듣기와 말하기

'듣기와 말하기'는 영아가 다른 사람의 표정, 몸짓, 말 등에 관심을 갖고 보고 들으며, 표정, 몸짓, 말소리로 자신의 의사를 표현하는 내용이다.

① 표정, 몸짓, 말과 주변의 소리에 관심을 갖고 듣는다.

0~1세 영아가 주변 사람의 표정과 몸짓에 관심을 가지고 반응하며, 주변에서 들리는 말소리와 소리에 관심을 보이면서 다양한 말과 소리에 주의를 기울여 들으며 소통하는 내용이다.

② 상대방의 이야기를 들으면서 말소리를 낸다.

0~1세 영아가 주변에서 말하는 이야기에 주의를 기울여 들으면서 다양한 발성과 옹알이로 반응하고 점차 적극적으로 말소리를 내며 소통하는 내용이다.

③ 표정, 몸짓, 말소리로 의사를 표현한다.

0~1세 영아가 표정과 몸짓의 비언어적인 방법을 포함하여 점차 말소리와 같은 언어적인 방법으로 표현하게 되면서 소통의 방식을 다양하게 활용하여 의사를

표현하는 내용이다.

영아 경험의 실제(뻥튀기 탐색하기)

교사는 뻥튀기를 통에 담고 투명 비닐을 씌운 후 비닐에 구멍을 뚫어두었다. 재후, 은서, 정윤이가 투명비닐 아래에 뻥튀기가 있는 것을 보고 통 주변으로 모여 앉는다. 재후가 손을 뻗어 뻥튀기를 잡으려고 하자 정윤이는 재후의 행동을 바라본다. 재후는 의도대로 뻥튀기가 잡히지 않자 옆에 있는 교사를 물끄러미 바라본다.

정윤이도 비닐 위에 손을 올리고 무엇인가를 손으로 집어 입 속에 넣는 행동을 한다. 재후는 정윤이의 몸짓을 유심히 살펴보다가 정윤이가 집었던 비닐 위를 물끄러미 바라보고 손으로 짚어보며 그 곳에는 아무것도 없다는 것을 확인한다. 그때 정윤이는 자신의 입 속에 뻥튀기가 없다는 것을 울음으로 표현하고, 재후는 정윤이의 표정을 관심있게 바라본다.(재후 14개월, 정윤 10개월)

영아경험 이해

- 재후는 정윤이가 보이는 표정과 몸짓에 관심을 가지고 보고 들었다.
- 재후와 정윤이는 다양한 표정, 몸짓, 울음으로 자신의 의사를 표현하였다.
- 재후와 정윤이는 자신의 신체를 이용하여 대소근육을 조절하며 뻥튀기를 잡으려고 시도했다.
- 재후와 정윤이는 뻥튀기를 함께 탐색하는 과정에서 반에서 함께 지내는 또래에게 관심을 가졌다.

교사지원

- 일과
  - 영아가 또래와 함께 새로운 환경에서 탐색할 수 있는 시간을 가질 수 있도록 하였다.
- 자료
  - 영아가 주변 사물을 안전하고 즐겁게 탐색할 수 있도록 뻥튀기를 교실에 제공하였고, 자유로운 탐색을 지원하기 위하여 큰 통에 다양한 뻥튀기를 넣어 영아들이 통 주변에 앉아서 편하게 탐색할 수 있도록 하였다.
  - 영아들이 뻥튀기를 새롭게 탐색해보는 것을 지원하기 위하여 통 안에 뻥튀기를 넣고 비닐을 덮어서 제공하였다. 이러한 자료 제공 방법을 통해 쉽게 부서지는 자료인 뻥튀기를 탐색 후 정리가 용이하게 하여 제약이 없도록 하였고, 새로운 방식의 탐색기회를 제공하였다.
- 상호작용
  - 영아가 비닐에 덮인 뻥튀기를 탐색하는 과정에서 일어나는 표정, 몸짓, 울음과 같은 비언어적 의사소통과정을 의미있게 관찰하고 기록하였다.
  - 영아가 교사를 바라보는 몸짓, 몸짓과 울음으로 표현하는 의사를 민감하게 이해하고 영아를 안아주며 달랜 후 비닐에 있는 구멍을 이용하여 뻥튀기를 꺼낼 수 있는 방법을 알려주었다.

출처: 보건복지부(2020). 제4차 어린이집 표준보육과정 해설서.

(2) 읽기와 쓰기에 관심가지기

'읽기와 쓰기에 관심가지기'는 영아가 주변의 그림과 상징에 관심을 가지고, 자유롭게 끼적이기에 관심을 가지는 내용이다.

① 주변의 그림과 상징에 관심을 가진다.

0~1세 영아가 자신의 주변의 친숙한 그림이나 표지판, 상표와 같은 주변의 친숙한 상징에 관심을 가지는 내용이다.

② 끼적이기에 관심을 가진다.

0~1세 영아가 손에 무엇인가를 쥐고 벽이나 바닥면에 끼적이기를 시도하며 의도적으로 움직여 어떤 결과가 나타나는 것에 관심을 가지는 내용이다.

영아 경험의 실제(나도 써볼게요)

설아가 낮은 교구장 맨 위 칸에 골판지를 길게 붙여둔 끼적이기 공간에 끼적이기를 한다. 설아는 골판지에 색연필로 다양한 선을 그리면서 자신이 내는 소리를 듣는다.

영아경험 이해

- 설아는 골판지에 색연필로 선을 그으며 소리가 나는 것을 우연히 발견하고 소리에 관심을 가지고 들었다.
- 설아는 자신의 이름 글자(설아)에 관심을 가지고 동그라미를 반복해서 끼적이며 주변의 그림과 상징에 관심을 가졌다.
- 설아는 골판지 위에 끼적이며 의도적으로 움직이면서 소리를 내거나 표현하면서 끼적이기에 관심을 가졌다.
- 설아는 교사의 끼적이기를 모방하며 선을 긋는 것을 즐겼다.

교사지원

- 공간
  - 교실에 낮은 교구장을 활용하여 끼적이기 공간을 마련하였고, 영아가 자유롭게 끼적일 수 있도록 하였다.
- 자료
  - 끼적이기 공간인 교구장 맨 위 칸에 긴 골판지를 붙여 제시하고, 아래 칸에는 작은 크기의 골판지, 영아가 손에 쥘 수 있는 크기의 다양한 색연필을 제공하였다.
  - 영아가 자신의 것을 표시할 수 있도록 얼굴사진 스티커를 제공하였다.
- 상호작용
  - 영아와 함께 골판지에 끼적이고, 소리가 나자, 이를 말로 표현하였다.

예) "이게 무슨 소리지?"라고 말하며 영아가 관심을 가질 수 있도록 하고, 영아와 소리에 대한 관심을 공유할 수 있도록 하였다.

- 영아가 끼적인 종이 뒷면에 영아의 이름을 써주고, 무엇을 하고 있는지를 말로 설명하였다. 예) "선생님이~ 이름 써주는 거야."

영아가 교사를 따라 동그라미를 그리자, 이를 다시 말로 표현해주었다.

예) "설아도 선생님처럼 뒷면에 쓰고 싶었구나. 동그라미가 이렇게 많구나."

영아가 상징(이름글자)에 관심을 가지고 글자와 비슷한 형태의 끼적이기로 표현하는 과정을 가까이에서 지켜보았다.

출처: 보건복지부(2020). 제4차 어린이집 표준보육과정 해설서.

(3) 책과 이야기 즐기기

'책과 이야기 즐기기'는 영아가 책과 이야기에 관심을 가지는 내용이다.

① 책에 관심을 가진다.

0~1세 영아가 다양한 형태의 책을 탐색하는 경험을 하며 책에 대한 관심을 가지고 책과 자신의 경험을 관련짓고 상징행동을 하며 상상해보면서 책에 대한 선호가 생기는 내용이다.

② 이야기에 관심을 가진다.

0~1세 영아가 이야기를 자주 접하게 되면서 점차 자신이 좋아하는 이야기에 대한 선호가 생기게 되는 것과 관련되는 내용이다.

영아 경험의 실제(책을 읽어보아요)

서우는 바닥에 앉아 책을 거꾸로 넘기다가 거울을 발견한다. 거울을 바라보고, 웃고, 손가락으로 가리키고, 가까이 들여다본다. 서우는 시선을 옮겨 거울 옆 페이지를 본다. 그리고 강아지 그림을 가리키며 웃는다. 책장을 넘겨, 다른 페이지에서 다시 강아지 그림을 가리킨다. 다시 책장을 넘겨 전 페이지 그림을 본 후 교사를 바라보고 옹알이를 한다(서우 18개월).

영아경험 이해

- 서우는 책에 있는 그림(강아지)에 관심을 보이고, 손가락으로 가리키고, 교사를 응시하였다. 그리고 교사에게 옹알이를 하며 표정, 몸짓, 말소리로 자신의 의사를 표현하며 소통을 시도하였다.

- 서우는 책 속 거울에 비친 자신의 모습을 발견하고, 손가락으로 얼굴을 가리키고, 얼굴을 가까이 들여다보며 책을 다양한 방식으로 탐색하고 책에 관심을 가졌다.
- 서우는 거울 속에 비친 자신의 모습을 보고, 손가락으로 거울에 비친 얼굴을 가리키고, 자신의 얼굴에 자세히 들여다보며 자신을 인식한다.

교사지원

- 공간
  - 영아가 자유롭고 편안하게 책을 즐길 수 있는 푹신한 매트가 깔린 공간을 마련하였다.
- 자료
  - 거울이 있는 그림책을 제공하였다.
- 상호작용
  - 영아의 행동을 말로 바꾸어 표현해주었다.
    예) "여기 서우 얼굴이 보이네~"라고 말하였다.
    영아가 그림책을 읽는 과정을 따라가며 반응하였다.
    예) 영아가 강아지 그림을 가리키면 "강아지 그림이네~ 멍멍~"이라고 말하였다.
    책을 보는 영아의 시선, 손짓, 몸짓, 표정에 주목하고, 그 의미를 영아에게 말해준 후 다시 영아의 반응을 살피며 소통하였다.

출처: 보건복지부(2020). 제4차 어린이집 표준보육과정 해설서.

2) 2세 의사소통영역의 내용

표 5-2 2세 의사소통영역의 내용체계

내용범주	내용
듣기와 말하기	• 표정, 몸짓, 말에 관심을 갖고 듣는다. • 상대방의 이야기를 듣고 말한다. • 표정, 몸짓, 단어로 의사를 표현한다. • 자신의 요구와 느낌을 말한다.
읽기와 쓰기에 관심 가지기	• 주변의 그림과 상징, 글자에 관심을 가진다. • 끼적이며 표현하기를 즐긴다.
책과 이야기 즐기기	• 책에 관심을 가지고 상상한다. • 말놀이와 이야기에 재미를 느낀다.

(1) 듣기와 말하기

영아가 다른 사람의 표정, 몸짓, 말에 관심을 갖고 듣고, 상대방의 이야기를 듣고 말하며, 표정, 몸짓, 단어로 자신의 의사를 표현하며, 자신의 요구와 느낌을 자유롭게 말하는 내용이다.

① 표정, 몸짓, 말과 주변의 소리에 관심을 갖고 듣는다.

2세 영아가 상대방의 표정, 몸짓, 말에 관심을 갖고 적극적으로 들으며, 상대방의 생각과 의도를 파악하고, 다양한 말과 소리의 차이에 관심을 가지고 듣는 내용이다.

② 상대방의 이야기를 듣고 말한다.

2세 영아가 상대방의 말 혹은 이야기를 듣고 반응하며 자신의 느낌, 생각을 상대방에게 말하는 경험을 하는 내용이다.

③ 표정, 몸짓, 단어로 의사를 표현한다.

2세 영아가 표정과 몸짓의 비언어를 포함하여 단어 혹은 말로 자신의 의사를 표현하여 상대방과 소통하는 경험을 하는 내용이다.

④ 자신의 요구와 느낌을 말한다.

2세 영아가 상대방에게 자신의 요구와 느낌을 자유롭고 편안하게 말하는 경험을 하는 내용이다.

영아 경험의 실제(서우의 이야기)
서우가 '괜찮아' 동화책의 고슴도치를 가리키며 "따거 고스"라고 말한다. 책장을 넘기자 얼룩말과 타조가 나온다. 교사: 서우야 타조처럼 할 수 있어? 서우: 응. 타조오(다리를 쭈욱 뻗는다) 교사: 다리가 짧아서 못 뛰겠어. 서우: (일어나서 다리를 길게 빼며) 아니야. 타조를 흉내 내며 넘어지지 않게 중심을 잡는다. 2주 후 서우: 떠언땡님! 쌍어! 배! 교사: 서우가 상어랑 배 그렸어? 서우: 아이 빼앰!

교사: 상어랑 뱀! 이름 적어줘야지!
서우가 다시 그림을 그린다.
교사: 하트야?
서우: 아니 땅어.
교사: 상어 입은?
서우: 요기
콕콕 찍어 그림을 그려준다.(서우 25개월)

영아경험 이해

- 서우는 그림책의 그림을 가리키고 단어로 말하였다. 서우는 타조처럼 움직일 수 있냐는 교사의 말을 듣고, 타조의 긴 다리를 표현하기 위하여 한 발을 뻗어 몸으로 표현하였다. 서우는 교사의 요구를 듣고 타조처럼 다리를 길게 만들기 위해 한 손을 책상에 짚고 몸의 균형을 잡고 발을 뻗었다.
- 서우는 상어와 뱀을 그림으로 표현하고 명명하였고 교사가 뱀을 배라고 하자 다시 뱀으로 들리도록 소리를 조절하여 말하였다. 서우는 그림을 그려 자신이 무엇을 표현하고 있는지를 말하고, 상어 입을 그리는 등 교사의 요구를 그림으로 그려 반영하였다.
- 서우는 교사에게 자신이 무엇을 하는지를 단어로 말하고 상배방이 이해하도록 하는 소통의 모습을 보였다. 3개월 후 서우는 교사의 요구에 따라 반응하는 소통의 과정을 경험하였다.
- 서우는 그림책에 있는 타조의 움직임을 표현하며 관심을 가졌다.

교사지원

- 공간
  -영아가 모든 공간에서 자유롭게 의사소통을 경험할 수 있도록 지원하였다.
- 자료
  - 영아가 관심을 가질 수 있는 그림책, 쓰기도구(종이, 사인펜 등)를 제공하였다.
- 상호작용
  - 영아의 표정, 몸짓, 언어 등에 관심을 기울이고 따뜻하게 반응하였다.

영아의 반응을 따라가며 예측하여 언어화하고, 영아의 반응을 기다리며 영아가 인지하는지를 확인하였다. 예를 들어, 영아가 그림을 그릴 때에는 그림을 명명해주고 영아가 인지하는지를 확인하였다.

출처: 보건복지부(2020). 제4차 어린이집 표준보육과정 해설서.

(2) 읽기와 쓰기에 관심 가지기

영아가 주변의 그림과 상징, 글자에 관심을 가지고, 이를 활용하여 자유롭게 끼적이며 표현을 즐기는 내용이다.

① 주변의 그림과 상징, 글자에 관심을 가진다.

2세 영아가 주변 인쇄물의 그림이나 표지판, 상표와 같은 상징, 자신의 이름과 같이 친숙한 글자에 관심을 가지며 상징 읽기를 시도하는 내용이다.

② 끼적이며 표현하기를 즐긴다.

2세 영아가 다양한 쓰기 도구를 이용하여 의도적으로 끼적이며 이를 상징화하며 표현하는 것에 관심을 갖고 즐기는 내용이다.

영아 경험의 실제(어떤 소방차를 좋아하니?)

점심을 먹은 후 현서가 '어떤 소방차를 좋아하니?!' 책을 읽고 있다.
승윤: 현서야, 내가 읽어줄게.
현서: 어..... 그럼 같이 볼까?
민재: 나도 나도.
셋이 모여 책을 함께 읽는다.
승윤: 이건 대장차야. 맨 앞에서 가지~
현서: 이건? 여기는 뭐 하는 거야?
승윤: 이건 소방헬리콥터.
민재는 옆에서 친구들의 이야기를 들으면서 현서와 함께 손가락으로 가리키며 그림을 살펴본다.

다음 날,
지호는 소방차 책을 가져와 소방차 사진을 찾아 펼쳤다. 지호는 연습장을 가져온 뒤 말한다.
지호: 지호 소방차 그릴래.
그러고는 빨간 색연필을 꺼내들고 연습장을 펼치며 어디에 그릴지 적당한 곳을 찾는다. 지호는 책에 있는 소방차를 한 번 보고 나서 연습장을 보면서 끼적이기를 반복한다.

경완: 경완이도 소방차 하고 싶어요.
교사: 그럼 경완이가 그려볼래?
경완: 싫어, 선생님이가 해줘요.
교사: 그럼 같이 그려볼까?
교사가 끼적인 흔적 위에 경완이가 더 끼적이며 말한다.
경완: 물이 윙윙 나가고 있어요.

현서는 교사에게 자신의 끼적이기를 설명해준다.

현서: 이건 펌프차야. 펌프차로 불 끄는 걸 도와주는 거야. 어, 이건! 사이렌!
교사: 이건?
현서: 이건 물탱크. 여기에 물이 가득 들어 있는 거고!
이건 연결하는 호스, 이건 바퀴들이야.
교사: 아! 물탱크 차구나! 자세하게 그렸네. 그럼 맨 아래에 있는 이건 뭐야?
현서: 이건 주차장이야. 다른 소방차들도 출동해야 해.
(경완, 지호, 민재 35개월, 현서 37개월, 승윤 40개월)

영아경험 이해

- 승윤이, 현서는 상대방의 질문을 듣고 소방차에 대해 알고 있는 것이나 자신이 표현한 것을 말하며 소통하였다.
- 경완이는 교사의 질문을 듣고 자신의 요구와 느낌을 말하였다.
- 영아들은 소방차 책에 나오는 그림과 상징에 관심을 가지고 함께 읽었다.
- 영아들은 소방차 책에 관심을 가지고 소방차의 특징과 기능에 대해서 상징화하여 상상하며, 의도적으로 끼적여 다양한 방식으로 표현하였다.
- 지호, 경완, 현서는 소방차에 관심을 가지고 자신의 방식으로 소방차를 끼적이기로 표현하며 자신이 좋아하는 것을 경험하였다.
- 현서는 소방차에 대해 반복적으로 탐색하기를 즐겼다.

교사지원

- 자료
  - 영아들이 옆 반에서 가져온 소방차 책에 관심이 있다는 것을 알게 되어, 소방차 사진 자료를 제공하였다.
- 일과
  - 바람을 주제로 일과를 구성하였으나, 영아들이 소방차에 관심을 보이자 소방차 이야기를 일과에 포함하여 운영하였다.
- 상호작용
  - 영아의 요구에 반응하고, 영아와 함께 끼적이기를 하며 영아의 끼적이기를 지원하였다. 영아가 끼적인 것에 관심을 가지고 영아가 표현한 것을 그대로 글자로 옮겨 써 주었다. 그림이 훼손되지 않도록 글자를 적어주었다.
    영아의 끼적이기에 적극적으로 반응하여 영아가 편안하게 끼적이기를 계속할 수 있도록 격려하였다.

출처: 보건복지부(2020). 제4차 어린이집 표준보육과정 해설서.

(3) 책과 이야기 즐기기

영아가 다양한 책과 이야기에 관심을 가지고 상상하기를 즐기며, 말놀이와 이야기 짓기에 재미를 느끼는 내용이다.

① 책에 관심을 가지고 상상한다.

2세 영아가 주변의 다양한 책을 보는 것을 즐기며 책의 내용을 자유롭게 상상하는 내용이다. 영아는 선호하는 책이 생기고, 책을 만들기도 하며 책 보기를 즐기게 되는 내용이다.

② 말놀이의 이야기에 재미를 느낀다.

2세 영아가 다양한 표현의 말과 이야기 짓기를 즐기면서 말과 이야기의 변화에 재미를 느끼게 되는 내용이다.

영아 경험의 실제(재후의 이야기 짓기)

교사: (주사기를 들고 있는 재후에게) 아이스크림 맛이 있어서~ 라고 노래를 부른다.
재후는 주사기를 바닥에 던지고 배를 만지며 인상을 찌푸린다.
재후: (옷을 올려 배를 보여주며) 아파.
교사: 재후 배 아파? 주사 맞을까?
재후: (울먹이며) 아파.
하며 배를 만진다. 교사는 재후의 표정이 너무 진지하여 아픈지 다시 물어보자, 재후는 장난치듯 웃으며 노래를 따라 부른다.

8개월 후,
재후는 오이를 꼬치에 꽂아본다.
재후: 뾰조뾰조해.
재후: (오이 꼬치를 아래로 돌리며) 해파리야. 오이 해파리!
재후는 꼬치에 오이를 꽂아본다.
교사: 해파리 본 적 있어?
재후: 아니. 그런데 해파리 독 있어~
(오이 하나가 꼬치에서 떨어지자) 독이 없어져서 해파리 죽었다.
교사가 해파리를 살려달라고 말하자 재후는 다시 오이를 꼬치에 꽂고 살아났다고 이야기를 짓는다.

영아경험 이해
• 재후는 이야기를 몸짓으로 표현하며 가상놀이를 즐겼다. 상상과 실제를 넘나드는 가상의 이야기 짓기를 즐겼다. • 재후는 다양한 매체를 활용하여 주변의 사물을 가작화하여 이야기 짓기를 즐기고 있었다. 재후는 변형된 사물에서 새로운 이야기를 떠올리고 하는 방식으로 이야기 짓기를 이어갔다. 재후는 교사와 함께 상상 이야기를 주고받는 경험을 하였다. • 영아는 주사기를 이용하여 병원놀이를 하며 배가 아프다는 가상 상황에 따라 상상의 표현을 하였다. • 영아는 오이와 꼬치로 자신에게 익숙한 동물인 해파리를 자유롭고 창의적으로 표현하였다.
교사지원
• 자료 - 영아에게 주사기 등 병원놀이 자료를 제공하였다. - 영아가 자유롭게 탐색하며 놀이 할 수 있는 매체(적당한 크기의 식재료, 꼬치 등)를 제공하였다. • 상호작용 - 영아가 다양한 공간에서 상상하여 이야기 짓는 것에 호응하였다. - 영아와 함께 상상의 이야기 짓기에 참여하였다.

출처: 보건복지부(2020). 제4차 어린이집 표준보육과정 해설서.

CHAPTER 6

표준보육과정에서의 영아기 언어지도 실제

1 0~1세

1세 눈은 어디 있나?

활동목표

■ 운율이 있는 소리와 동요를 즐겨 듣는다.

(예술경험 - 아름다움 찾아보기 - 아름다움에 관심을 가진다.)

■ 노래의 노랫말에 관심을 가진다.

(의사소통 - 듣기와 말하기 - 표정, 몸짓, 말과 주변의 소리에 관심을 갖고 듣는다.)

활동자료

카세트

활동방법

1. 교사는 영아와 마주보고 앉아 노래를 부른다.
   - 눈은 어디 있나? 여기.
   - 코는 어디 있나? 여기.
   - 입은 어디 있나? 여기.
   - 귀는 어디 있을까? 여기.

2. 노래를 부르며, 영아의 신체 부분 중 노랫말에 나오는 신체 부분을 손으로 짚어 본다.
   - ○○이 코는 어디 있나요?
   - 이번에는 ○○이 귀를 손으로 짚어 보세요.

3. 교사가 불러 주는 노래에 맞추어 영아가 자신의 신체 부분을 탐색하도록 한다.

1차시 동물소리 나는 그림책을 보아요

활동목표

- 그림책에서 나오는 소리에 관심을 가진다.

(의사소통 - 듣기와 말하기 - 표정, 몸짓, 말과 주변의 소리에 관심을 갖고 듣는다.)

- 그림책에서 나오는 동물소리를 표현해 본다.

(의사소통 - 듣기와 말하기 - 상대방의 이야기를 들으면서 말소리를 낸다.)

활동자료

동물소리가 나는 그림책

활동방법

1. 동물소리가 나는 그림책을 탐색한다.
   - 이것은 무슨 책일까요? 선생님과 함께 봅시다.
   - 그림책에 어떤 그림이 그려져 있나요?
   - 그래요, 강아지 그림이 그려져 있네요.

2. 그림책을 보며 소리가 나는 부분을 눌러 동물의 소리를 들어 본다.
   - 여기를 누르니 소리가 나네요. ○○이도 눌러 볼까요?
   - 어떤 소리가 나나요?

3. 그림책을 다시 보며 들리는 소리를 흉내 내어 본다.
   - 그림책을 다시 볼까요?
   - (동물의 소리를 들으며) ○○아, 이 소리를 따라해 볼까요?

1회 종이에 끼적여요

활동목표

- 팔 전체를 이용하여 끼적이기를 한다.

(신체운동 - 신체활동 즐기기 - 대소근육을 조절한다.)

- 쓰기도구를 잡고 끼적이기를 시도한다.

(의사소통 - 읽기와 쓰기에 관심 가지기 - 끼적이기에 관심을 가진다.)

활동자료

큰 종이(전지, 큰 달력종이 등), 다양한 쓰기도구(크레파스, 색연필, 사인펜, 립스틱 등)

활동방법

1. 한 장의 큰 종이를 살펴보고 만져보며 탐색한다.
   – 여기에 커다란 종이가 있네요.
   – 종이를 만져 볼까요?

2. 다양한 쓰기도구를 탐색한다.
   – 여기에 크레파스가 있네요. 색연필도 있고요.
   – ○○는 크레파스를 골랐네요.
   – 종이 위에 그림을 그려 볼까요?

3. 영아가 하고 싶은 쓰기도구를 골라 끼적이기를 해 본다.
   – 종이 위에 자기가 그리고 싶은 것을 그려 보세요.
   – 종이 위에 여러 가지 모양들이 생겼네요.

4. 팔 전체를 이용하여 마음껏 끼적이기를 한다.
   – 이번엔 커다란 그림을 그려 볼까요?

– ○○는 팔을 크게 움직여서 커다란 동그라미를 그렸네요.

5. 다른 종류의 종이에도 끼적이기를 해 본다.

1차 가족사진을 보아요

활동목표

- 가족사진을 보고 가족에게 관심을 가진다.

(사회관계 - 더불어 생활하기 - 다른 사람의 감정과 행동에 관심을 가진다.)

- 가족의 명칭(엄마, 아빠, 언니, 오빠 등)을 듣고 따라 말해 본다.

(의사소통 - 듣기와 말하기 - 상대방의 이야기를 들으면서 말소리를 낸다.)

활동자료

가족사진

활동방법

1. 영아가 자유롭게 볼 수 있는 벽면 또는 바닥에 가족사진을 붙여 놓는다.

2. 교실의 벽면이나 바닥에 있는 가족사진을 탐색해 본다.
   – 여기에 ○○반 친구들의 가족사진이 있네요.
   – 누구의 사진인지 같이 볼까요?

3. 가족사진을 함께 살펴본다.
   – 이 가족은 누구의 가족일까요?
   – ○○의 가족사진이군요.
   – 사진 속에 ○○이는 어디 있나요?
   – ○○이 아빠는 어디 있을까요?
   – ○○이 엄마도 찾아 볼까요?

4. 가족사진을 보며 '엄마', '아빠', '언니', '오빠'를 말해 본다.
   – (○○이 엄마의 사진을 가리키며) "엄마"라고 불러 볼까요?

– 이번엔 “아빠”도 불러 보아요.

– ○○이 가족이 보고 싶을 때는 여기에서 가족사진을 보아요.

1차 내 사진을 보아요

활동목표

- 사진에서 자신의 모습을 찾는다.

(사회관계 - 나를 알고 존중하기 - 나를 인식한다.)

- 사진 속의 상황에 대해 몸짓이나 말로 표현해 본다.

(의사소통 - 듣기와 말하기 - 표정, 몸짓, 말소리로 의사를 표현한다.)

활동자료

영아의 놀이사진

활동방법

1. 영아의 모습이 담긴 사진을 보면서 이야기를 나눈다.
   - 여기 사진이 있네요.
   - 사진 속에 누가 있는지 볼까요?
   - 누구인가요?
   - 사진 속에 ㅇㅇ가 있네요.

2. 사진 속에서 친구와 놀이하는 자신의 모습을 보며 이야기 나눈다.
   - ㅇㅇ는 어디 있을까요?
   - 붕붕~ 자동차를 타고 있군요.
   - ㅇㅇ와 ㅁㅁ가 함께 놀고 있네요.

3. 사진 속에 놀이하는 모습을 언어적으로 표현할 수 있도록 격려한다.
   - 사진 속에서 ㅇㅇ는 무엇을 하고 있을까요?
   - ㅇㅇ가 가지고 노는 것은 무엇일까요? 공이네요.
   - ㅁㅁ는 어디 있는지 손으로 가리켜 볼까요?

1차 내가 좋아하는 음식

활동목표

- 마트전단지 속의 그림에 관심을 갖고 탐색한다.

(의사소통 - 읽기와 쓰기에 관심가지기 - 주변의 그림과 상징에 관심을 가진다.)

- 좋아하는 음식을 생각하여 말할 수 있다.

(의사소통 - 듣기와 말하기 - 표정, 몸짓, 말소리로 의사를 표현한다.)

활동자료

마트 전단지, 안전가위, 풀

활동방법

1. 마트 전단지를 탐색하며 영아와 이야기 나눈다.
   - 이게 뭘까요?
   - 음식들이 많이 있네요.
   - 사과도 있고, 생선도 있군요.

2. 마트 전단지에서 내가 좋아하는 음식을 찾아 이야기 나눈다.
   - ○○이는 어떤 음식을 좋아하나요?
   - 과일을 좋아하는군요.
   - 전단지에서 ○○이가 좋아하는 과일을 찾아 볼까요?

3. 내가 좋아하는 음식을 가위로 오려 본다.
   - 전단지에서 ○○이가 좋아하는 음식을 가위로 오려 볼까요?
   - ㅁㅁ이는 무엇을 오리고 있나요?

4. 가위로 오린 음식을 접시모양 종이에 풀로 붙여 본다.
- ○○이는 접시에 딸기를 담았네요.

2 2세

2세 과일 사진책 보기

활동목표

- 그림책에 관심을 갖고 읽어 본다.

(의사소통 - 책과 이야기 즐기기 - 책에 관심을 가진다.)

- 책 속에 있는 과일 이름을 말해 본다.

(의사소통 - 듣기와 말하기 - 표정, 몸짓, 말소리로 의사를 표현한다.)

활동자료

여러 가지 과일 사진책

활동방법

1. 과일 사진책을 보며 과일에 대해 이야기 나눈다.
   - 과일 사진책이 있네요.
   - 어떤 과일들이 있나요?
   - ○○이가 먹어 본 과일이 있나요?
   - ○○이는 어떤 과일을 좋아해요?
   - 귤은 어떤 맛이 날까요?

2. 사진책 속의 과일에 대한 수수께끼를 풀어 본다.
   - 이것은 빨갛고 점이 많이 있어요. 어떤 과일일까요?
   - ○○이는 딸기라고 생각하는네요. 정말 딸기인지 함께 살펴볼까요?

2차시 여름에 먹는 음식

활동목표

■ 여름 음식에 관심을 가지고 명칭을 말할 수 있다.

(의사소통 - 듣기와 말하기 - 표정, 몸짓, 말소리로 의사를 표현한다.)

■ 시원한 여름 음식을 감각으로 인식할 수 있다.

(신체운동 - 감각과 신체 인식하기 - 감각적 자극에 반응한다.)

활동자료

여름 음식사진

활동방법

1. 다양한 여름 음식사진을 자유롭게 탐색한다.
   - 맛있는 음식이 많이 있네요.
   - ○○이는 무엇을 보고 있나요?
   - 수박을 보고 있었군요.
   - ○○이는 수박을 먹어본 적이 있나요?
   - 어떤 맛이었나요?

2. 영아들이 좋아하는 여름 음식을 말해 본다.
   - ○○이는 여기 그림에 있는 음식 중 어떤 음식을 제일 좋아하나요?
   - 아이스크림을 좋아하는군요.
   - 어떤 맛이었나요?
   - △△는 어떤 음식을 좋아하나요?
   - 시원한 과일화채를 좋아하는군요.

2차 자연물 탐색

활동목표

■ 자연물을 보며 이야기해 본다.

(의사소통 - 듣기와 말하기 - 표정, 몸짓, 말소리로 의사를 표현한다.)

■ 여러 가지 자연물을 만져 보고 탐색해 본다.

(자연탐구 - 탐구과정 즐기기 - 사물과 자연 탐색하기를 즐긴다.)

활동자료

자연물 실물재료(여러 가지 나뭇잎, 솔방울, 도토리, 밤 등), 바구니

활동방법

1. 영아가 자연물에 관심을 보이면 함께 살펴본다.
   - ○○아, 나뭇잎이 있네요.
   - 바구니에 또 무엇이 있는지 우리 함께 볼까요?

2. 바구니에 담긴 자연물의 모양, 색깔 등의 특징에 대해 살펴보며 이야기 나눈다.
   - ○○아, 이것은 무슨 나뭇잎일까요?
   - 색이 연두색인 것도 있고 노란색인 것도 있네요.
   - 이 나뭇잎은 빨간색이네, 잎이 어떤 모양인 것 같나요?
   - 잎 모양이 뾰족뾰족하게 생겼군요.

3. 자연물을 직접 보고, 만져 보며 느낌을 이야기해 본다.
   - ○○아, 은행잎을 손으로 만져 보니 느낌이 어떤가요?
   - 까칠까칠한 느낌이구나. 그럼 도토리는 어떻게 생겼나요?
   - 동그랗고 모자를 쓴 것 같은 모양이네요.

2차시

친구에게 전화해요

활동목표

- 전화기를 이용하여 상상놀이를 한다.

(예술경험 - 창의적으로 표현하기 - 모방 행동을 즐긴다.)

- 전화기를 통해 친구에게 하고 싶은 말을 표현해 본다.

(의사소통 - 듣기와 말하기 - 표정, 몸짓, 말소리로 의사를 표현한다.)

활동자료

전화기(실물전화, 휴대폰, 모형전화 등. 단, 선이 있는 전화는 선을 자른 후 제공하기)

활동방법

1. 전화기를 자유롭게 탐색한다.
   - 따르릉~ 전화기네요.
   - 전화기로 누구에게 전화를 해 본 적 있나요?

2. 친구에게 전화하는 놀이를 한다.
   - 누구하고 전화하고 싶어요?
   - ○○는 ㅁㅁ하고 통화를 하고 싶군요.
   - ㅁㅁ하고 통화를 해 볼까요? ㅁㅁ한테 무슨 말을 하고 싶어요?
   - ㅁㅁ는 ○○에게 무슨 말을 하고 싶나요?

3. 교사도 함께 참여하여 영아가 전화놀이를 지속할 수 있도록 한다.
   - 여보세요~ ○○군요. 선생님이에요.
   - 지금 뭐하고 있어요?

CHAPTER 7

누리과정에서의 유아기 언어지도 내용

유아기는 구어 사용능력이 급격히 확장되고, 문어 사용에 대한 흥미와 능력이 발달하는 시기이므로, 영유아기에 주로 많이 사용되었던 표정이나 몸짓 등의 비언어적 표현이 줄어들게 된다. 영아기에는 주변 생활에서 경험한 다양한 사물이나 사건들에 대한 이야기를 이해하고 또 이를 적합한 어휘로 표현하는 것이 중요하다. 유아기 언어교육을 효과적으로 지도하기 위해서는 국가수준의 교육과정에서 제시하고 있는 연령별 언어교육의 성격, 목표 및 내용에 기초하는 것이 바람직하다. 이 장에서는 2019 개정 누리과정 해설서에서 언어교육과 관련이 있는 의사소통영역의 목표, 내용구성에 대해 살펴보고자 한다(2019 개정 누리과정 해설서, 2019).

1 목표

일상생활에 필요한 의사소통능력과 상상력을 기른다.

의사소통영역의 목표는 유아가 일상생활에서 다른 사람의 말이나 이야기를 듣고 말하기를 즐기며, 주변의 상징을 읽고 글자와 비슷한 형태로 써보기에 관심을 가지며, 다양한 책과 이야기를 통해 상상하기를 즐기는데 있다. 교사는 유아가 자신의 느낌과 생각을 적절하게 말하는 경험을 통해 바른 언어생활을 할 수 있도록 돕는다. 또한 유아가 아름다운 우리말이 담긴 책과 이야기에 흥미를 가지고 언어가 주는 재미와 상상을 충분히 즐길 수 있도록 지원할 수 있다.

1) 일상생활에서 듣고 말하기를 즐긴다.

의사소통을 위해서는 먼저 다른 사람의 말을 주의 깊게 듣는 태도와 그 내용을 이해하는 능력, 자신의 의도를 낱말과 문장을 사용하여 전달하는 능력이 매우 중요하다. 유아는 성인에 비해 주의집중 시간이 짧아 말소리의 강약을 조절하는 등의 집중하여 들을 수 있는 환경을 마련해 주면서 일상생활 속에서 경험하고 있는 것들을 자유롭고 편안하게 말로 표현할 수 있도록 지원해 주어야 한다. 유아가 낱말과 문장으로 말하되, 상황에 맞게 바른 태도로 듣고 말하는 능력을 기르도록 한다.

2) 읽기와 쓰기에 관심을 가진다.

유아기는 주변 환경에서 글이 있는 인쇄물이나 그림책을 누군가가 읽어 주는 것을 듣게 되면서 글자와 책에 친숙해지고 쓰인 글을 누군가 말로 변환해서 전달해주는 과정이 반드시 필요하다. 또한 유아가 주변에서 성인의 쓰기 모델을 자주 접하면서 말과 글의 관계를 자연스럽게 알고 가장 친숙한 자신의 글자를 써보는 것을 즐기도록 하며, 자신의 생각과 느낌, 경험을 글자와 비슷한 형태나 글자로 나타내는 과정에 중점을 두고 쓰기에 관심을 가지도록 한다.

3) 책이나 이야기를 통해 상상하기를 즐긴다.

일상생활과 관련된 친근한 인쇄물이나 글자들을 접하거나 그림책이나 동시, 동요 등의 내용을 자주 들으며 즐거움을 경험하여 읽기에 흥미를 가지도록 한다. 유아가 끝말잇기, 수수께끼, 스무고개 등 다양한 말놀이를 즐기도록 하며 자신의 경험, 생각, 상상을 기초로 새로운 이야기를 만드는 과정을 즐기도록 한다.

2 의사소통영역의 내용구성

1) 의사소통영역의 내용범주

내용범주	내용
듣기와 말하기	• 말이나 이야기를 관심 있게 듣는다. • 자신의 경험, 느낌, 생각을 말한다. • 상황에 적절한 단어를 사용하여 말한다. • 상대방이 하는 이야기를 듣고 관련해서 말한다. • 바른 태도로 듣고 말한다. • 고운 말을 사용한다.

내용범주	내용
읽기와 쓰기에 관심 가지기	• 말과 글의 관계에서 관심을 가진다. • 주변의 상징, 글자 등의 읽기에 관심을 가진다. • 자신의 생각을 글자와 비슷한 형태로 표현한다.
책과 이야기 즐기기	• 책에 관심을 가지고 상상하기를 즐긴다. • 동화, 동시에서 말의 재미를 느낀다. • 말놀이와 이야기 짓기를 즐긴다.

출처: 2019 개정 누리과정 해설서(2019).

- 유아의 듣고 말하는 경험이 분리되지 않음을 고려하여 기존 누리과정의 '듣기'와 '말하기'를 '듣기와 말하기'로 제시하였다.
- 유아의 읽고 쓰는 경험이 분리되지 않음을 고려하여 기존 누리과정의 '읽기'와 '쓰기'를 '읽기와 쓰기에 관심가지기'로 제시하였다.
- 유아가 동화와 동시, 말놀이와 이야기 짓기 등 일상에서 자연스럽게 문학을 즐기는 경험에 중점을 두어 '책과 이야기 즐기기' 내용범주를 새롭게 제시하였다.

2) 내용

(1) 듣기와 말하기

'듣기와 말하기'는 유아가 다른 사람의 말이나 이야기를 관심 있게 듣고, 자신의 경험, 느낌, 생각을 상황에 적절한 단어를 사용하여 말하고, 고운 말을 사용하는 내용이다.

① 말이나 이야기를 관심 있게 듣는다.

유아가 다른 사람이 하는 말과 흥미로운 주제, 익숙한 경험이 담긴 이야기에 관심을 가지며 듣는 내용이다.

② 자신의 경험, 느낌, 생각을 말한다.

유아가 상대방에게 자신의 경험, 느낌, 생각을 자유롭게 말하는 내용이다.

③ 상황에 적절한 단어를 사용하여 말한다.

유아가 때와 장소, 대상과 상황을 고려하여 적절한 단어와 문장을 선택하여 말하는 내용이다.

유아 경험의 실제

유아가 친구들에게 동물원에 놀러갔던 이야기를 신나고 재미있게 들려준다.
유아는 "나는 호랑이다. 어흥!"하며 눈을 크게 뜨고, 목소리를 굵고 거칠게 한다.
이어 원숭이에 대한 이야기를 할 때는 가늘고 날카로운 음성으로 바꿔 말한다.
옆에서 이야기를 듣던 유아들이 원숭이 동작과 목소리를 흉내내며 웃는다.

유아들이 병원 놀이를 한다. 의사 역할을 하는 유아가
"어디가 아파서 오셨어요?"라고 묻자 환자 역할을 하는 유아가
"의사 선생님, 배가 너무 아파요."라고 말하며 배를 움켜쥔다.
의사가 진찰을 한 후 옆에 있던 간호사 역할을 하는 유아가
"이쪽으로 오세요. 주사 맞아야 합니다."라고 말한다.

출처: 2019 개정 누리과정 해설서(2019).

④ 상대방이 하는 이야기를 듣고 관련해서 말한다.

유아가 다른 사람이 이야기하는 내용을 듣고 말하는 사람의 생각, 의도, 감정을 고려하여 말하는 내용이다.

⑤ 바른 태도로 듣고 말한다.

유아가 말하는 사람에게 주의를 기울이며 듣는 내용이다. 말을 끝까지 듣고, 자신의 의견을 말하는 내용이다.

⑥ 고운 말을 사용한다.

유아가 일상생활에서 자주 쓰는 유행어, 속어, 신조어, 상대방을 비난하는 말을 사용하지 않고, 우리말을 바르게 사용하는 내용이다.

유아 경험의 실제

유아들이 자신이 가장 좋아하는 음식에 대해 서로 이야기를 나누고 있다.
수정이가 "나는 아이스크림이 좋아. 왜냐하면 시원하고 달콤...."하고 말을 끝내기도 전에 옆에 있던 우진이가 "나는 짜장면!"하며 끼어든다.
그때 수정이가 "야! 내가 말하고 있잖아. 내 말 아직 안 끝났거든. 기다려 봐."라고 말하며 "아이스크림은 달콤해. 딸기 아이스크림이 제일 좋아. 넌?"

유아가 선생님에게 웃음참기놀이를 하자고 제안한다. 선생님이 유아에게 웃음 참기놀이의 방법을 물어보자, 유아는 자신이 생각한 웃음참기놀이의 방법을 또박또박 설명한다.
유아 : 그건 ....음.... 서로 웃기게 해서 안 웃으면 되는 거예요.
교사 : 어머. 정말 재미있겠는데! 여기 친구도 함께 해도 될까?
유아 : 네. 같이 하면 더 재밌어요.
교사 : 그럼 동생에게 웃음참기놀이를 어떻게 하는지 설명해 줄래?
유아 : 준서야, 서로 웃기게 해서 안 웃으면 되는 거야. 웃음을 참아야 돼.
알겠지? 선생님, 이제 우리 시작해요.

출처: 2019 개정 누리과정 해설서(2019).

(2) 읽기와 쓰기에 관심 가지기

'읽기와 쓰기에 관심 가지기'는 유아가 말과 글의 관계에 관심을 가지고, 주변의 상징, 글자 등을 읽으며, 자신의 생각을 글자와 비슷한 형태로 표현해 보는 내용이다.

① 말과 글의 관계에 관심을 가진다.

유아가 일상에서 말이 글로, 글이 말로 옮겨지는 것에 관심을 갖는 내용이다.

② 주변의 상징, 글자 등의 읽기에 관심을 가진다.

유아가 일상에서 자주 보는 상징(표지판, 그림문자 등)이나 글자 읽기에 관심을 가지는 내용이다. 유아가 상징이나 글자에는 사람들의 생각과 감정, 정보가 담겨 있다는 것을 이해하는 내용이다.

③ 자신의 생각을 글자와 비슷한 형태로 표현한다.

유아가 자신의 생각이나 말을 끼적거리거나 글자나 비슷한 선이나 모양, 글자와 비슷한 형태로 표현하는 내용이다.

유아 경험의 실제
유아들이 음식점놀이를 하고 있다. 유아가 "선생님, 우리 지금 가게 만들 건데 '김밥가게' 어떻게 적어요? 하며 선생님에게 도움을 요청한다. 선생님은 유아가 잘 볼 수 있도록 보드판에 천천히 '김밥가게' 글자를 크게 적는다. 유아는 보드판의 글자를 보며 천천히 따라 적는다. 유아가 교실 입구의 비상구 표시등을 가리키며 "저것 봐! 사람이 초록 색깔이야. 이렇게 하고 있어." 하며 비상구 사람의 모습을 흉내낸다. 함께 이야기를 나누던 유아는 "나는 저거 알아. 저거는 불날 때 저쪽으로 빨리 피하라는 말이야."라고 말한다.

출처: 2019 개정 누리과정 해설서(2019).

(3) 책과 이야기 즐기기

'책과 이야기 즐기기'는 유아가 다양한 책에 관심을 가지고 상상하며, 동화, 동시에서 말의 재미를 느끼고, 말놀이와 이야기 짓기를 즐기는 내용이다.

① 책에 관심을 가지고 상상하기를 즐긴다.

유아가 책에 흥미를 가지며 책 보는 것을 즐기고 상상하는 즐거움을 경험하는 내용이다.

② 동화, 동시에서 말의 재미를 느낀다.

유아가 동화와 동시를 자주 들으며 우리말의 재미와 아름다움을 느끼는 내용이다.

③ 말놀이와 이야기 짓기를 즐긴다.

유아가 끝말잇기, 수수께끼, 스무고개 등 다양한 말놀이를 즐기는 내용이다. 자신의 경험, 생각, 상상을 기초로 새로운 이야기를 만드는 과정을 즐기는 내용이다.

유아 경험의 실제

유아가 여러 책을 한꺼번에 쌓아 두고 읽는다.
다른 유아가 와서 "내가 좋아하는 공룡책 여기 있어?"하며 책을 찾는다.
유아가 책장을 넘기며 공룡 이름 맞추기를 하다가 브라키오사우루스가 나오자
"와! 정말 길다. 여기서 여기 끝까지 미끄럼 타면 진짜 재미있겠다."
"그런데 여기까지는 어떻게 올라가지?"하며 낄낄낄 웃는다.

서은이가 친구들에게 이야기를 한다.
서은 : 그 공주님이 사는 성에는 아~주 유명한 사다리가 있어. 그런데 그 사다리는 하늘까지 올라가고, 또 하늘을 넘어가지고~
하영 : 우주도 넘어?
서은 : 어. 우주에 우주까지도 넘는대.
유아들 : 헤엑~~

3세 반에서 교사가 동시를 읽어 주자 유아들이 서로 "꼬불꼬불?"이라고 말하며 까르르 웃는다. 그리고 유아들은 리본 막대를 휘두르며 "꼬불꼬불"하며 서로 까르르 웃는다.

출처: 2019 개정 누리과정 해설서(2019).

반대말놀이
끝없이 이어지는 아이들의 이야기

유아들이 모여 채운이가 풍부한 상상력을 발휘한 반대말놀이를 듣고 있다. 채운이는 운율과 리듬을 실어 자신이 생각해낸 반대말 놀이를 신나게 진행한다. 이에 친구들이 맞장구를 치며 함께 놀이를 진행한다.

채운　우리 모두 다같이 모여모여♬ 반대말 놀이를 해보자♪~ 뚱뚱하다 뚱뚱 (뚱뚱하다는 몸짓을 나타내며) 날~씬하다 날씬 (날씬하다는 몸짓을 나타내며)

수안　♪~높다 높아 (높다는 몸짓을 나타내며) ♬~낮다 낮아 (낮다라는 몸짓을 나타내며)

아이들 아하하하 약약이 뭐야~

서현　♪~키가 크다 크다 (크다라는 몸짓을 나타내며) ♬~키가 작다 작아 (작다라는 몸짓을 나타내며)

채운　♪~똥이 굵다 (굵다는 몸짓을 나타내며)

다온　♬~똥이 작다작아 (작다라는 몸짓을 나타내며)

채운　♪~똥이 작다고? 크크 난 똥이 얇다라고 할거야~!

아이들 아하하하 내 똥은 염소똥인데~ 똥이래 크크크크

서현　♪~조용하다 (작은목소리로 손가락을 입에 대면서) ♬~시끄럽다 (큰 목소리로 몸짓을 크게하며)

아이들 아이고 시끄러워라~ 하하하 조용하다 시끄럽다 ~♪

채운　♪~젊다 젊어 (젊다라는 몸짓을 나타내며) ♬~늙었다 (늙었다는 몸짓을 나타내며)

아이들 하하하 너무 재밌어~

5개 영역의 통합적 이해

신체운동·건강

• 신체활동 즐기기

▸ 신체움직임을 조절한다. - 유아들은 반대말놀이에 나오는 단어의 뜻을 몸짓으로 표현할 때 자신의 신체 움직임을 조절함.

의사소통

• 듣기와 말하기

▸ 말이나 이야기를 관심 있게 듣는다. - 유아들은 채운이가 반대말놀이를 신나게 하자 적극적으로 들음.

▸ 자신의 경험, 느낌, 생각을 말한다. - 유아는 자신의 느낌, 생각을 친구들 앞에서 말함.

▸ 상황에 적절한 단어를 사용하여 말한다. - 유아들은 적절한 단어를 사용하여 반대말놀이를 함.

▸ 상대방이 하는 이야기를 듣고 관련해서 말한다. - 유아들은 서로 이야기를 듣고 맞장구치며 관련하여 말함.

• 읽기와 쓰기에 관심 가지기

▸ 말과 글의 관계에 관심을 가진다. - 유아는 자신의 반대말을 종이에 적어 종종 보면서 이야기를 이어감.

▸ 자신의 생각을 글자와 비슷한 형태로 표현한다. - 유아들 반대말을 종이에 글자로 표현함.

• 책과 이야기 즐기기

▸ 말놀이와 이야기 짓기를 즐긴다. - 유아들은 나름대로 의미있는 말을 찾아 말놀이를 즐김.

사회관계

- 더불어 생활하기

▸ 친구와 서로 도우며 사이좋게 지낸다. - 유아들은 채운이의 말에 맞장구치며 즐겁게 대화를 나누는 좋은 관계에 있음.

▸ 서로 다른 감정, 생각, 행동을 존중한다. - 유아들은 서로의 반대말 이야기를 재미있게 들음.

예술경험

- 창의적으로 표현하기

▸ 신체, 사물, 악기로 간단한 소리와 리듬을 만들어본다. - 유아들은 음의 고저와 장단을 살려 낱말의 뜻에 따라 높고 긴 소리 또는 소리를 낮추기도 하면서 반대말 놀이를 하고 신체로도 만들어 냄.

출처: 2019 개정 누리과정 해설서(2019). 재구성

CHAPTER 8

누리과정에서의 유아기 언어지도 실제

1 활동

〈동시-3세〉

<table>
<tr><td>생활주제</td><td>나와 가족</td><td>주 제</td><td>소중한 나</td><td>소주제</td><td colspan="3">나의 특별함에 관심 가지기</td></tr>
<tr><td>활 동 명</td><td>다섯 살</td><td>활동형태</td><td>대소집단</td><td>활동유형</td><td>동시</td><td>연 령</td><td>3세</td></tr>
<tr><td>활동목표</td><td colspan="7">• 동시를 듣고 즐긴다.
• 1부터 5까지 수량에 관심을 가진다.
• 1부터 5까지 셀 수 있다.</td></tr>
<tr><td>누리과정 관련요소</td><td colspan="7">• 의사소통 : 책과 이야기 즐기기 – 동화, 동시에서 말의 재미를 느낀다.
• 자연탐구 : 생활 속에서 탐구하기 – 물체를 세어 수량을 알아본다.</td></tr>
<tr><td>활동자료</td><td colspan="7">• 동시판, 노래, 선생님의 사진, 손가락 스티커, 숫자 스티커</td></tr>
<tr><td>활동방법</td><td colspan="4">활 동 내 용</td><td colspan="3">수 업 연 구</td></tr>
<tr><td>도 입</td><td colspan="4">• 유아의 흥미를 유발한다.
– 이 사진 속 사람은 누구일까요?
– 이 사진 속 사람은 바로 선생님이에요.
– 사진 속 선생님은 5살이에요. 선생님도 개구리반 친구들처럼 5살일 때가 있었어요.
• 오늘의 활동에 대해 이야기 나눈다.
– 오늘 선생님이 준비한 동시는 다섯 살이라는 동시에요.</td><td colspan="3"></td></tr>
<tr><td>전 개</td><td colspan="4">• 동시를 들려준다.
– 동시를 듣고 어떤 생각이 나나요?
– 동시 속 친구는 몇 살인가요?
– 여러분과 같은 다섯 살이에요.
• 동시를 다양한 방법으로 읽고 이야기 나눈다.
– 선생님이 읽고 따라 읽어 보아요.
– 어떤 숫자들이 나왔나요?
– 그럼 선생님이 동시를 한 줄씩 읽어 줄게요. 숫자들이 나오면 손을 들고 나와서 붙여 보도록 해요.
• 하나와 일이 같음에 대해 이야기 나눈다.
– 친구들과 함께 다 채워 보았어요. 그런데 하나와 일은 같은 말일까요?</td><td colspan="3">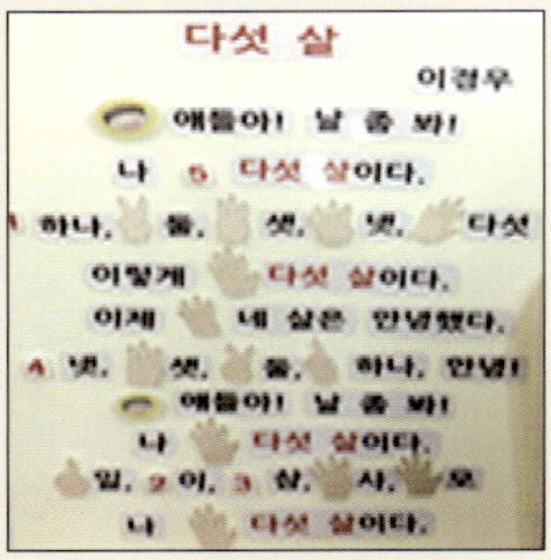

• 활동 시 유의점
– 동시를 외우기보다는 다섯 살이 된 모습을 유아가 소중하게 생각할 수 있도록 격려한다.</td></tr>
</table>

	– 왜 그렇게 생각하죠? – 우리 손으로 나타내 볼까요. • 신체로 나타내며 동시를 함께 읽어 본다.	– 동시를 읽을 때 음악을 틀어 편안한 분위기를 조성한다.
마무리	• 오늘의 활동목표에 대해 이야기 나눈다. – 우리 오늘 동시를 배웠는데 기억나는 단어가 있나요? – 그럼 우리 손가락으로 5까지 세어볼까요? – 이번에는 다른 이름으로 세어보면서 손가락으로 5까지 그려 보아요. – 오늘 다섯 살이라는 동시를 들어보니 어땠어요? – 그럼 선생님이 동시판은 언어영역에 두도록 할게요. • 확장활동에 대해 안내한다. – 다음 시간에는 5살이 된 나를 그려보는 미술 활동을 해 볼 거에요.	
활동 평가	• 동시를 듣고 즐기는지 관찰을 통해 평가한다. • 1에서 5까지 관심을 가지는지 언어적 상호작용 및 관찰을 통해 평가한다. • 1에서 5까지 세는지 언어적 상호작용 및 관찰을 통해 평가한다.	

〈동시-4세〉

생활주제	건강과 안전	주 제	즐거운 운동과 휴식	소주제	적절하게 운동하기		
활 동 명	어떻게 움직일까요?	활동형태	대소집단	활동유형	동시	연 령	4세
활동목표	• 동시를 다양한 방법으로 듣고 이해한다. • 다른 사람의 이야기를 주의 깊게 듣는다. • 신체의 각 부분의 특성을 이해하고 활용하여 움직일 수 있다.						
누리과정 관련요소	• 의사소통 : 책과 이야기 즐기기 - 동화, 동시에서 말의 재미를 느낀다. • 의사소통 : 듣기와 말하기 - 바른 태도로 듣고 말한다. • 신체운동·건강 : 신체활동 즐기기 - 신체를 인식하고 움직인다.						
활동자료	동시판, 보드마카, 음원파일						

활동방법	활 동 내 용	수 업 연 구
도 입	•「깡깡총 체조」 사전활동에 대해 회상한다. – 지난 시간에 어떤 노래를 불러보았나요? – 함께 불러 볼까요? – 어떤 신체부위가 나왔는지 기억나나요? • 오늘 할 활동에 대해 소개한다. – 오늘은 다른 신체이름이 나오는 동시 '어떻게 움직일까요?'라는 동시에 대해 이야기 나눠 볼게요.	
전 개	• 오늘 할 활동에 대한 약속을 정한다. – 친구들이 동시를 잘 들으려면 어떻게 해야 할까요? – 우리 방금한 약속을 잘 지켜 동시를 들어 보도록 해요. • 동시를 읽어 준다. – 먼저 눈을 감고 들어 볼까요? – 여러분, 동시 잘 들었나요? 이번에는 눈을 뜨고 동시판을 보면서 들어 볼까요? – 눈을 감고 들었을 때와 눈을 뜨고 들었을 때 어떤 점이 달랐나요? • 동시를 다양한 방법으로 읽어본 후 이야기 나눈다. – 이번에는 동시를 읽어 볼게요. 선생님이 한 줄씩 읽으면 친구들도 따라 읽어요.	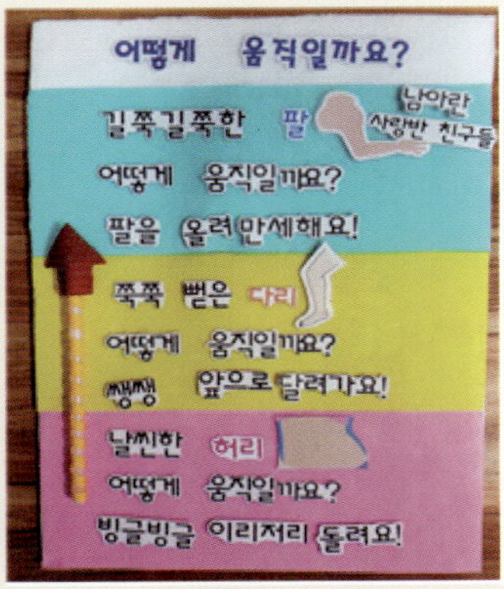

	– 이번에는 처음부터 끝까지 다 같이 읽어요. – 이제 몸을 움직이면서 읽어 볼까요? – 동시에서 어떤 신체부위가 있었나요? – 우리 동시를 읽으면서 몸으로 표현해 볼까요?	
마무리	• 오늘의 활동목표에 대해 이야기 나눈다. – 동시활동에서 어떤 부분이 가장 재밌었나요? – 어떤 신체부위가 나왔나요? – 다 같이 신체를 움직이면서 손을 씻으러 가보도록 해요. • 확장활동에 대해 이야기 나눈다. – 다음 시간에는 키 크는 체조 신체활동을 할 거에요.	
활동평가	• 동시를 다양한 방법으로 듣고 이해하는지 언어적 상호작용을 통해 평가한다. • 다른 사람의 이야기를 끝까지 듣는지 관찰을 통해 평가한다. • 신체의 각 부분의 특성을 이해하고 활용하여 움직이는지 관찰을 통해 평가한다.	

〈동시-5세〉

<table>
<tr><td>생활주제</td><td>건강과 안전</td><td>주 제</td><td>깨끗한 나와 환경</td><td>소주제</td><td colspan="3">나를 깨끗이 하기</td></tr>
<tr><td>활 동 명</td><td>손 씻기가 좋아요</td><td>활동형태</td><td>대소집단</td><td>활동유형</td><td>동시</td><td>연 령</td><td>5세</td></tr>
<tr><td>활동목표</td><td colspan="7">• 동시를 다양한 방법으로 듣고 이해한다.
• 동시 속의 의성어, 의태어를 재구성할 수 있다.
• 자신의 생각을 적극적으로 표현하는 태도를 가진다.</td></tr>
<tr><td>누리과정 관련요소</td><td colspan="7">• 의사소통 : 책과 이야기 즐기기 – 동화, 동시에서 말의 재미를 느낀다.
• 의사소통 : 듣기와 말하기 – 자신의 경험, 느낌, 생각을 말한다.</td></tr>
<tr><td>활동자료</td><td colspan="7">• 동시판, 그림자료, 카드, 매직, 손 씻기 순서판</td></tr>
<tr><td>활동방법</td><td colspan="3">활 동 내 용</td><td colspan="4">수 업 연 구</td></tr>
<tr><td>도 입</td><td colspan="3">• 사전활동에 대해 이야기 나눈다.
– 지난 시간에 무엇을 했었나요?
– 제목이 무엇이었는지 기억하나요?
– 감기벌레가 어떻게 하면 집을 짓는다고 했나요?
– 그럼 몸을 깨끗이 하기 위해서는 어떻게 해야 할까요?
• '손 씻기가 좋아요' 동시를 소개한다.
– 이번 시간에는 '손 씻기가 좋아요'라는 동시를 감상할 거에요.</td><td colspan="4"></td></tr>
<tr><td>전 개</td><td colspan="3">• 동시를 듣기 전에 약속을 정한다.
– 어떤 자세로 동시를 감상하는 것이 좋을까? 함께 약속을 정해 보아요.
• '손 씻기가 좋아요' 동시를 읽는다.
– 선생님이 동시를 들려줄게요. 잘 들어 보아요.
– 이번에는 우리 친구들이 선생님과 함께 동시를 읽어 보도록 해요.
• '손 씻기가 좋아요' 동시를 읽고 난 후, 올바르게 손을 씻는 방법에 대해 이야기 나눈다.
– 친구들은 언제 손을 씻나요?
– 어떻게 손을 씻나요?
• '손 씻기가 좋아요' 동시의 다양한 표현을 찾아본다.</td><td colspan="4">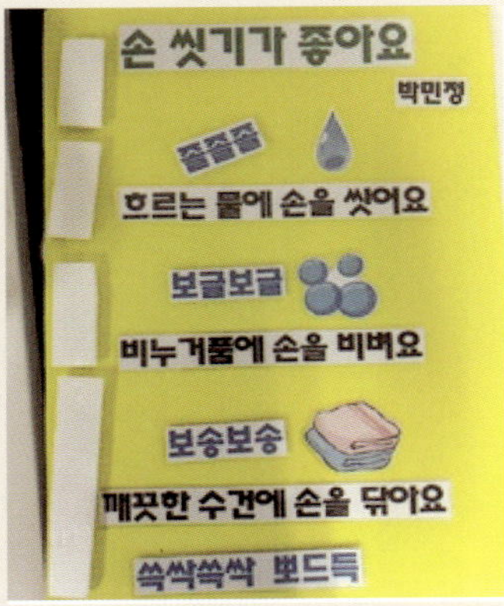
</td></tr>
</table>

	– 동시에서 어떤 표현들이 있었나요? – 물소리를 어떻게 표현했나요? – 비누거품을 어떤 소리로 표현했나요? – 깨끗한 수건을 어떻게 표현했나요? – 손을 닦는 모습을 어떻게 표현했나요? • '손 씻기가 좋아요' 동시를 재구성해 본다. – 이번에는 동시의 다양한 표현들을 직접 우리가 한 번 바꾸어 보아요. • 재구성한 동시를 함께 읽어 본다. – 친구들의 생각을 모아 만든 동시를 함께 읽어 보아요.	
마무리	• 오늘 활동목표에 대해 평가한다. – 오늘 우리가 어떤 활동을 했었나요? – 올바르게 손을 씻는 방법을 알 수 있었나요? – 동시에서 나타난 표현들을 다양하게 바꿀 수 있었나요? – 친구들의 생각대로 동시의 표현을 바꾸어 보니 어땠나요? • 확장활동에 대해 소개한다. – 다음 시간에는 우리 몸을 깨끗이 하는 물건 낱말카드를 찾아보는 게임을 할 거예요.	
활동 평가	• 올바르게 손 씻는 방법을 아는지 언어적 상호작용을 통해 평가한다. • 언어로 다양하게 표현할 수 있는지 언어적 상호작용을 통해 평가한다. • 우리말의 재미를 느끼는지 관찰과 언어적 상호작용을 통해 평가한다.	

〈동화-3세〉

<table>
<tr><td>생활주제</td><td>건강과 안전</td><td>주 제</td><td>안전한 놀이와 생활</td><td>소주제</td><td colspan="3">안전하게 놀이하기</td></tr>
<tr><td>활 동 명</td><td>궁금해? 조심해!</td><td>활동형태</td><td>대소집단</td><td>활동유형</td><td>동화</td><td>연 령</td><td>3세</td></tr>
<tr><td>활동목표</td><td colspan="7">• 동화를 다양한 방법으로 듣고 즐긴다.
• 실내에서 안전하게 놀이하는 방법을 안다.
• 자신의 느낌, 생각, 경험을 말할 수 있다.</td></tr>
<tr><td>누리과정 관련요소</td><td colspan="7">• 의사소통 : 책과 이야기 즐기기 - 동화, 동시에서 말의 재미를 느낀다.
• 신체운동·건강 : 안전하게 생활하기 - 일상에서 안전하게 놀이하고 생활한다.
• 의사소통 : 듣기와 말하기 - 자신의 경험, 느낌, 생각을 말한다.</td></tr>
<tr><td>활동자료</td><td colspan="7">안전송 음원, 부직포 동화자료</td></tr>
<tr><td>활동방법</td><td colspan="3">활 동 내 용</td><td colspan="4">수 업 연 구</td></tr>
<tr><td>도 입</td><td colspan="3">• 사전활동을 회상한다.
– 우리 지난 시간에 불렀던 노래를 다시 불러 보아요.
– 차를 탈 때 어떤 행동들이 위험했나요?
– 차를 탈 때 어떻게 해야 안전하게 탈 수 있었나요?
• 오늘 할 활동을 소개한다.
– 오늘은 실내놀이에서 안전하고 즐겁게 노는 ‘궁금해? 조심해?’라는 동화를 들려줄 거에요.</td><td colspan="4">•튼튼맨 영상(안전하게 차타기)
</td></tr>
<tr><td>전 개</td><td colspan="3">• 동화 표지를 보며 이야기 나눈다.
– 우리 한 번 동화책 표지를 볼까요?
– 이 친구는 무엇을 하고 있는 것 같나요?
– 표정은 어때요?
– 우리가 한 번 주인공의 이름을 정해 볼까요?
• 동화를 듣기 전에 약속에 대해 이야기 나눈다.
– 동화를 잘 듣기 위해서는 어떤 약속을 지켜야 할까요?
– 그럼 우리 함께 만든 약속을 잘 지키면서 동화를 들어 보아요.
• 동화를 읽어 준다.
• 동화를 듣고 이야기를 나눈다.
– 동화를 잘 들어 보았나요?</td><td colspan="4">
</td></tr>
</table>

	- 이 동화 속에 어떤 위험한 상황들이 있었나요? - 그런 상황을 경험해 본 친구 있나요? - 그런 상황에서 어떻게 했나요?	• 활동 시 유의점 - 동화에 대한 집중력을 높일 수 있도록 동화 장면에 어울리는 배경음악을 사용한다. - 동화를 모든 유아가 잘 보고 들을 수 있도록 둥근 원모양으로 앉아서 감상한다.
마무리	• 활동목표에 대해서 이야기 나눈다. - 동화를 잘 들어 보았나요? - 이 동화 속에 어떤 위험한 장면들이 나왔나요? - 그 상황에 어떻게 하면 좋을까요? - 얘들아, 너희들이 실내에서 안전하게 놀이하려면 어떤 규칙을 지키면 좋을까요? • 확장활동에 대해 소개한다. - 다음 시간에는 우리가 더 안전하게 놀 수 있고 지낼 수 있는 안전체험장에 견학을 가 볼 거에요.	
활동 평가	• 동화를 다양한 방법으로 듣고 즐기는지 관찰을 통해 평가한다. • 실내에서 안전하게 놀이하는 방법을 아는지 언어적 상호작용을 통해 평가한다. • 자신의 느낌, 생각, 경험을 말하는지 언어적 상호작용을 통해 평가한다.	

〈동화-4세〉

<table>
<tr><td>생활주제</td><td>건강과 안전</td><td>주 제</td><td>깨끗한 나와 환경</td><td>소주제</td><td colspan="3">나를 깨끗이 하기</td></tr>
<tr><td>활 동 명</td><td>목욕하기 싫어</td><td>활동형태</td><td>대소집단</td><td>활동유형</td><td>동화</td><td>연 령</td><td>4세</td></tr>
<tr><td>활동목표</td><td colspan="7">• 동화를 다양한 방법으로 듣고 즐긴다.
• 목욕을 해야 하는 필요성에 대해 안다.
• 목욕을 실천하는 태도를 가진다.</td></tr>
<tr><td>누리과정 관련요소</td><td colspan="7">• 의사소통 : 책과 이야기 즐기기 - 동화, 동시에서 말의 재미를 느낀다.
• 신체운동·건강 : 건강하게 생활하기 - 자신의 몸과 주변을 깨끗이 한다.</td></tr>
<tr><td>활동자료</td><td colspan="7">• '목욕하기 싫어' 동화책, 궁금이 상자, 비누</td></tr>
<tr><td>활동방법</td><td colspan="3">활 동 내 용</td><td colspan="4">수 업 연 구</td></tr>
<tr><td>도 입</td><td colspan="3">• 궁금이 상자로 주의집중을 한다.
- 궁금이 상자에 어떤 물건들이 있을 것 같아요?
- (상자를 흔들어본다)어떤 소리가 들리나요?
- 멋지게 앉아있는 ○○이가 나와서 손으로 만져 볼까요?
- 만져 보니 어떤 느낌이 들어요?
- 이번에는 예쁘게 앉아 있는 □□이가 나와서 냄새를 맡아 볼까요?
- 우리 친구들이 말한 게 맞는지 다 같이 확인해 볼까요?
- 이 비누는 어디에 사용하나요?
- 우리 몸은 왜 씻어야 하나요?
• 오늘의 활동에 대해 소개한다.
- 오늘은 선생님이 목욕하기 싫어하는 친구에 관한 동화를 들려 줄 거에요.</td><td colspan="4"><비누가 든 궁금이 상자>
</td></tr>
<tr><td>전 개</td><td colspan="3">• 동화를 듣기 전에 약속을 정한다.
- 우리가 동화를 들을 때 어떤 약속을 지키면 좋을까요?
- 약속을 지키면서 동화를 들어 보아요.
• 동화를 들려 준다.
- 우리 그림만 한 번 더 보도록 해요.
• 동화를 듣고 이야기를 나눈다.</td><td colspan="4">• 활동 시 유의점
- 동화를 집중해서 들을 수 있도록 동화를 다 듣고 질문하도록 한다.</td></tr>
</table>

	– 어떤 내용이 기억나나요? – 친구들이 왜 양 친구와 놀지 않았을까요? – 목욕을 하지 않는 양의 모습은 어땠나요? – 깨끗하게 씻은 양 친구를 보니깐 친구들은 기분이 어때요? – 우리 친구들이 양 친구처럼 씻지 않으면 어떻게 될까요? – 목욕을 하고 나면 어떤 느낌이 드나요? – 기분이 어때요?	 
마무리	• 오늘 활동의 목표에 대해 이야기 나눈다. – 동화를 잘 들었나요? – 우리가 목욕을 꼭 해야 하는 이유가 무엇일까요? – 우리 친구들이 집에 가서 몸을 깨끗하게 하기 위해 어떻게 하면 좋을까요? – 깨끗하게 목욕하는 방법이 있을까요? • 확장활동에 대해 소개한다. – 우리 다음 시간에는 목욕 타월로 우리 가족을 만들어 볼 거에요. 다음 시간까지 장갑모양 목욕 타월을 꼭 가지고 오도록 해요.	
활동 평가	• 동화를 다양한 방법으로 듣고 즐기는지 관찰을 통해 평가한다. • 목욕을 해야 하는 필요성에 대해 아는지 언어적 상호작용을 통해 평가한다. • 목욕을 실천하는 태도를 가지는지 관찰을 통해 평가한다.	

〈동화-5세〉

<table>
<tr><td>생활주제</td><td>나와 가족</td><td>주 제</td><td>가족의 생활과 문화</td><td>소주제</td><td colspan="3">가족의 생활 알기</td></tr>
<tr><td>활 동 명</td><td>세상에서 가장 특별한 집</td><td>활동형태</td><td>대소집단</td><td>활동유형</td><td>동화</td><td>연 령</td><td>5세</td></tr>
<tr><td>활동목표</td><td colspan="7">• 우리 주변에 다양한 입체도형이 있다는 것을 안다.
• 방향에 따라 입체도형의 모양이 달라짐을 구별할 수 있다.
• 바른 자세로 동화를 감상하는 태도를 가진다.</td></tr>
<tr><td>누리과정 관련요소</td><td colspan="7">• 의사소통 : 책과 이야기 즐기기 - 동화, 동시에서 말의 재미를 느낀다.
• 자연탐구 : 생활 속에서 탐구하기 - 물체의 위치와 방향, 모양을 알고 구별한다.</td></tr>
<tr><td>활동자료</td><td colspan="7">'세상에서 가장 특별한 집' 동화</td></tr>
<tr><td>활동방법</td><td colspan="3">활 동 내 용</td><td colspan="4">수 업 연 구</td></tr>
<tr><td>도 입</td><td colspan="3">• 주의집중을 위해 '색종이놀이' 손유희를 한다.
• '살기 좋은 우리 집' 사전활동을 회상하며 이야기를 나눈다.
- 집에 대해 이야기를 나눴는데 기억나나요?
- 집에는 어떤 것들이 필요하다고 했었나요?
- 집이 왜 소중하다고 했었나요?
• 오늘 할 활동에 대해 안내한다.
- 특별한 집을 찾은 친구의 이야기 '세상에서 가장 특별한 집' 동화를 들려줄 거예요.</td><td colspan="4"><색종이놀이>
동그라미 하나에 동그라미 더하면
눈사람 눈사람
세모블록 하나에 세모블록 더하면
나비 나비
네모블록 하나에 네모블록 더하면
기차 기차
세모블록 하나에 세모블록 더하면
마름모 마름모</td></tr>
<tr><td>전 개</td><td colspan="3">• 동화를 감상할 때 지켜야 할 약속에 대해 이야기 나눈다.
- 동화를 감상할 때 우리가 지켜야 할 약속이 어떤 것이 있을까요?
• '세상에서 가장 특별한 집' 동화를 들려준다.
• '세상에서 가장 특별한 집' 동화를 듣고 이야기를 나눈다.
- 소라게는 새로운 집을 찾았나요?
- 소라게의 새로운 집을 찾아주려고 도움을 준 바다 친구들은 누구였나요?
- 꽃게는 어떤 모양 집을 찾아 주었나요?
- 둥근 기둥 집은 보는 방향에 따라 모양이 어떻게 달랐나요?
- 소라게가 둥근 기둥 모양 집을 왜 마음에 들</td><td colspan="4">• 활동 시 유의점
- 유아들이 바른 자세로 동화를 감상할 수 있도록 한다.
- 주변 사물과 도형을 연관지어 생각할 수 있도록 한다.

</td></tr>
</table>

	어 하지 않았을까요? – 우리 주변에 둥근 기둥 모양처럼 생긴 물건이 무엇이 있을까요? – 불가사리는 어떤 모양 집을 찾아 주었나요? – 상자 집은 보는 방향에 따라 모양이 어떻게 달라졌나요? – 소라게가 상자 모양 집을 왜 마음에 들어 하지 않았나요? – 우리 주변에 상자 모양처럼 생긴 물건이 무엇이 있을까요? – 바다 거북이는 어떤 모양 집을 찾아 주었나요? – 둥근 뿔 집은 보는 방향에 따라 모양이 어떻게 달라졌나요? – 소라게가 둥근 뿔 모양 집을 왜 마음에 들어 했나요? – 우리 주변에 둥근 뿔 모양처럼 생긴 물건이 무엇이 있을까요?	  
마무리	• 오늘 활동목표에 대해 이야기를 나눈다. – 모두 약속을 지키면서 동화를 들었나요? – 어떤 동화를 들었나요? – 동화에 어떤 모양들이 나왔었나요? – 소라게의 새 집은 어떤 모양이었나요? – 위에서 보면 어떤 모양이었나요? – 옆에서 보면 어떤 모양이었나요? – 주변에서 오늘 보았던 모양들이 있을까요? – 우리 주변에서 찾아 보도록 합시다. • 다음 시간의 활동에 대해 안내한다. – 내일은 다양한 모양의 물건들로 나만의 특별한 집 만들기를 할 거에요.	
활동 평가	• 우리 주변에 다양한 입체도형이 있다는 것을 아는지 언어적 상호작용을 통해 평가한다. • 방향에 따라 입체도형의 모양이 달라짐을 구별하는지 언어적 상호작용을 통해 평가한다. • 바른 자세로 동화를 감상하는 태도를 가지는지 관찰을 통해 평가한다.	

〈이야기 나누기-3세〉

<table>
<tr><td>생활주제</td><td>건강과 안전</td><td>주 제</td><td>깨끗한 나와 환경</td><td>소주제</td><td colspan="3">안전과 건강</td></tr>
<tr><td>활 동 명</td><td>깨끗한 손이 좋아요</td><td>활동형태</td><td>대소집단</td><td>활동유형</td><td>이야기 나누기</td><td>연 령</td><td>3세</td></tr>
<tr><td>활동목표</td><td colspan="7">• 손에 세균이 많음을 알고 손씻기에 관심을 가진다.
• 자신의 느낌, 생각, 경험을 말할 수 있다.
• 스스로 몸을 깨끗이 하는 태도를 가진다.</td></tr>
<tr><td>누리과정 관련요소</td><td colspan="7">• 신체운동·건강 : 건강하게 생활하기 - 질병을 예방하는 방법을 알고 실천한다.
• 의사소통 : 듣기와 말하기 - 자신의 경험, 느낌, 생각을 말한다.</td></tr>
<tr><td>활동자료</td><td colspan="7">• 그림자료(세균), 사진자료(손 씻는 방법, 손), 실물자료(돋보기)</td></tr>
<tr><td>활동방법</td><td colspan="3">활 동 내 용</td><td colspan="4">수 업 연 구</td></tr>
<tr><td>도 입</td><td colspan="3">• 더러운 손 사진으로 주의집중을 시킨 후 사전 활동에 대해 회상한다.
- 어떤 사진이에요?
- 돋보기로 잘 관찰해 볼까요?
- 무엇이 보이나요?
- 세균은 그냥 눈으로 보았을 때 보이지 않아요.
- 보이지 않는 세균은 어떻게 없앨 수 있을까요?
• 오늘 활동에 대해 소개한다.
- 우리 손에 보이지 않는 세균을 없앨 수 있는 방법에 대해 이야기를 나누어 볼 거에요.</td><td colspan="4">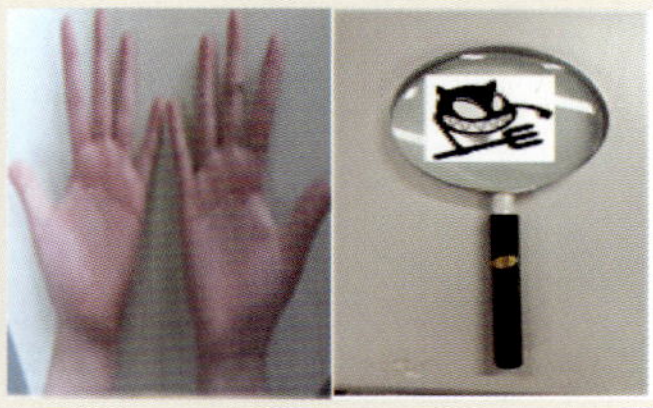</td></tr>
<tr><td>전 개</td><td colspan="3">• 경험에 대해 이야기 나눈다.
- 우리 친구들 자신의 손을 한 번 관찰해 보아요.
- 우리 손에는 세균이 있을까요?
- 세균은 어디서 왔을까요?
- 세균은 어떤 것을 좋아할까요?
• 세균을 없애는 방법에 대해 이야기 나눈다.
- 세균을 어떻게 하면 없앨 수 있을까요?
- 우리의 손을 보호하려면 어떻게 하면 좋을까요?
• 손을 바르게 씻는 방법에 대해 이야기 나눈다.
- 손을 깨끗하게 씻으려면 무엇이 필요할까요?
- 어떻게 씻으면 깨끗하게 씻을 수 있을까요?
• 손을 바르게 씻는 방법대로 함께 해 본다.</td><td colspan="4">• 손을 깨끗이 씻는 방법
1. 손에 물을 충분히 적신다.
2. 비누를 묻혀 손을 구석구석 씻는다.
3. 손바닥을 씻는다.
4. 손등을 씻는다.
5. 손깍지를 끼고 씻는다.
6. 손마디를 씻는다.
7. 손가락을 씻는다.
8. 손톱 밑을 씻는다.
9. 거품을 헹군다.
10. 물기를 닦는다.</td></tr>
</table>

	– 손바닥도 씻고, 손등도 씻고, 손깍지도 씻고, 손마디도 씻고, 손가락도 씻고, 손톱 밑도 씻을 수 있지요. 우리 그럼 씻고 나서는 어떻게 해야 하나요? – 우리 친구들 세균이 비누에 아직 묻어 있기 때문에 물로 깨끗이 헹구어 주어야 해요. – 우리 행구고 나서는 어떻게 해야 할까요? – 왜 물기를 닦아야 한다고 했나요?	
마무리	• 활동목표에 도달하였는지 확인한다. – 손에는 무엇이 살고 있다고 했나요? – 세균을 없애기 위해서는 어떻게 해야 할까요? – 손을 깨끗하게 하기 위한 방법에는 무엇이 있었나요? • 확장활동을 안내한다. – 다음 시간에는 우리 손을 깨끗하게 도와주는 손 세정제를 만들어 보는 과학활동을 할 거에요.	
활동 평가	• 손에 세균이 많음을 알고 손씻기에 관심을 가지는지 관찰을 통해 평가한다. • 자신의 느낌, 생각, 경험을 말하는지 언어적 상호작용을 통해 평가한다. • 스스로 몸을 깨끗이 하는 태도를 가지는지 관찰을 통해 평가한다.	

〈이야기 나누기-4세〉

<table>
<tr><td>생활주제</td><td>건강과 안전</td><td>주 제</td><td>맛있는 음식과 건강</td><td>소주제</td><td colspan="3">바르게 먹기</td></tr>
<tr><td>활 동 명</td><td>영양이 가득한 콩에 대해 알아보아요.</td><td>활동형태</td><td>대소집단</td><td>활동유형</td><td>이야기 나누기</td><td>연 령</td><td>4세</td></tr>
<tr><td>활동목표</td><td colspan="7">• 콩으로 만들어진 음식을 안다.
• 콩에 대한 자신의 느낌, 생각, 경험을 말할 수 있다.
• 콩에 대한 긍정적인 마음을 가진다.</td></tr>
<tr><td>누리과정 관련요소</td><td colspan="7">• 신체운동·건강 : 건강하게 생활하기 - 몸에 좋은 음식에 관심을 가지고 바른 태도로 즐겁게 먹는다.
• 의사소통 : 듣기와 말하기 - 자신의 경험, 느낌, 생각을 말한다.</td></tr>
<tr><td>활동자료</td><td colspan="7">• '내가 좋아하는 음식이에요' 게시판, 콩 융판, 된장찌개, 두유, 두부, 콩고기, 유부초밥 그림카드</td></tr>
<tr><td>활동방법</td><td colspan="3">활 동 내 용</td><td colspan="4">수 업 연 구</td></tr>
<tr><td>도 입</td><td colspan="3">• 간단한 손유희로 주의집중을 시킨다.
• 사전활동에 대해 이야기를 나눈다.
– 앞에 그래프를 보세요.
– 우리 친구들이 가장 좋아하는 음식 재료는 무엇이었나요?
– 우리 친구들이 가장 나중에 먹고 싶은 음식 재료는 무엇이었나요?
• 오늘 활동에 대해 소개한다.
– 콩으로 만든 음식들 중에 어떤 음식이 있는지 함께 이야기를 나누어 볼 거에요.</td><td colspan="4">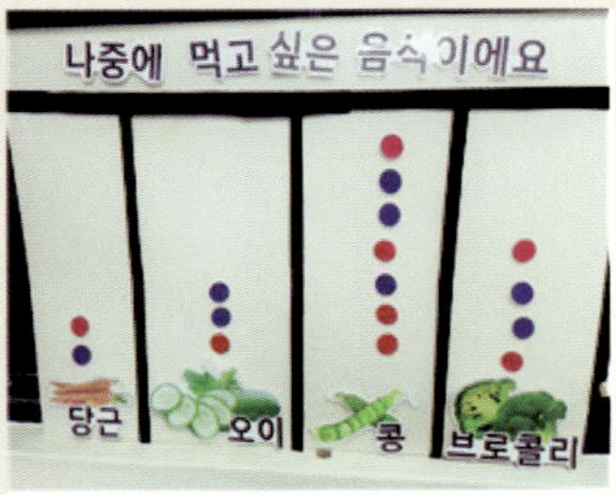
</td></tr>
<tr><td>전 개</td><td colspan="3">• 콩의 역할에 대해 이야기 나눈다.
– 콩 하면 어떤 생각이 나나요?
– 콩을 먹어본 적은 있나요?
– 먹어봤다면 먹고 어떤 맛이었나요?
– 먹었을 때 어떤 느낌이 들었나요?
– 콩은 왜 먹어야 할까요?
• 콩으로 만든 음식에는 무엇이 있을지 이야기 나눈다.
– 콩으로 만든 음식에는 어떤 것이 있을까요?
– 먹어보았을 때 맛이 어떠했나요?
• 콩으로 만든 음식에 대해 사진을 보며 이야기</td><td colspan="4">• 활동 시 유의점
– 선생님이 준비한 그림자료 제시 이전에 유아들의 생각을 많이 들어주도록 한다.

</td></tr>
</table>

	나눈다. – (그림카드를 꺼내며) 어떤 음식인가요? – 혹시 집에서 먹어본 친구 있나요? – 어떤 맛이었나요? – 된장찌개에서도 콩을 본 적 있나요? – 된장찌개에 맛을 내는 가장 중요한 된장이 콩으로 만들었어요. 그리고 한 가지가 더 있는데 무엇일까? – 우리 친구들이 좋아하는 두부도 콩으로 만들었어요. – (그림카드를 꺼내며)다음 음식을 알아볼까요? – 어떤 음식인가요? – 콩고기에요. – 어떤 맛일 거 같아요? – 콩고기는 돼지나 소를 구운 고기가 아니라 콩을 갈아서 만든 콩스테이크랍니다. – 혹시 먹어 본 친구 있나요? – 어떤 맛이었나요? – ○○이가 말한 것처럼 콩고기도 그냥 고기처럼 정말 맛있는 음식이었구나. – (그림카드를 꺼내며) 다음 음식은 무엇일까요? – 어제 간식으로 먹은 두부과자와 두유에요. – 두부과자와 두유는 어떤 맛이었나요? – 친구들이 맛있게 먹은 과자와 두유도 콩으로 만들었어요.	   
마무리	• 활동목표에 도달하였는지 확인한다. – 우리 어떤 이야기를 해 보았나요? – 콩으로 만든 어떤 음식들이 있었나요? – 된장찌개, 콩고기, 두부과자, 두유, 유부초밥 말고 또 생각나는 음식이 있나요? – 콩으로 만든 음식 중에서 어떤 음식을 좋아하나요? – 콩은 우리에게 어떤 도움을 주나요? • 확장활동을 안내한다. – 다음 시간에는 유부초밥을 만들어 볼 거에요.	
활동 평가	• 콩으로 만들어진 음식을 아는지 언어적 상호작용을 통해 평가한다. • 콩에 대한 자신의 느낌, 생각, 경험을 말하는지 언어적 상호작용을 통해 평가한다. • 콩에 대한 긍정적인 마음을 가지는지 관찰 및 언어적 상호작용을 통해 평가한다.	

〈이야기 나누기-5세〉

<table>
<tr><td>생활주제</td><td>우리나라</td><td>주 제</td><td>우리나라의 자랑거리</td><td>소주제</td><td colspan="3">우리나라가 궁금해</td></tr>
<tr><td>활 동 명</td><td>우리나라의 전통음식에 대해 알아 보아요</td><td>활동형태</td><td>대소집단</td><td>활동유형</td><td>이야기 나누기</td><td>연 령</td><td>5세</td></tr>
<tr><td>활동목표</td><td colspan="7">• 우리나라의 전통 음식에 대해서 안다.
• 자신의 느낌, 생각, 경험을 적절한 낱말과 문장으로 말할 수 있다.
• 다른 사람의 이야기를 주의 깊게 듣는 태도를 가진다.</td></tr>
<tr><td>누리과정 관련요소</td><td colspan="7">• 사회관계 : 사회에 관심 갖기 - 우리나라에 관심 갖고 이해하기
• 의사소통 : 듣기와 말하기 - 자신의 경험, 느낌, 생각을 말한다.
• 의사소통 : 듣기와 말하기 - 바른태도로 듣고 말한다.</td></tr>
<tr><td>활동자료</td><td colspan="7">• 시청각자료('윤식당'), 음식사진자료(김치, 불고기, 잡채, 비빔밥, 떡국)</td></tr>
<tr><td>활동방법</td><td colspan="4">활 동 내 용</td><td colspan="3">수 업 연 구</td></tr>
<tr><td>도 입</td><td colspan="4">• '엄마별 아빠별'로 주의를 집중시킨다.
• '윤식당' 영상을 보며 이야기 나눈다.
– '윤식당' 영상에서 어떤 내용들이 나왔나요?
– 영상에서 나왔던 음식은 어떤 것이 있나요?
– 영상에서 '윤식당' 음식을 먹으러 온 손님들의 반응은 어땠나요?
– '윤식당' 음식 중에서 가장 많이 팔린 음식순위가 있었는데, 어떤 음식이 제일 많이 나갔나요?
• 오늘 할 활동을 소개한다.
– 오늘은 우리나라를 알리기 위한 전통 음식에는 어떤 것이 있을지 이야기 나누어 보아요.</td><td colspan="3"></td></tr>
<tr><td>전 개</td><td colspan="4">• 음식그림자료를 보여 주며 우리나라 음식에 대해서 이야기 나눈다.
– 우리나라에서만 먹어 볼 수 있는 음식은 어떤 것이 있을까요?
– 우리나라 음식 중 자랑하고 싶은 음식에는 어떤 것이 있을까요?
– (사진을 보여 주며) 이 음식은 어떤 음식일까요?
– 불고기를 먹어 본 적이 있나요?
– 고기를 소스에 재웠다가 구워 먹는 음식은</td><td colspan="3">• 활동 시 유의점
– 유아가 자신의 생각을 잘 표현할 수 있도록 발문 후 기다려 준다.
– 유아가 상상력을 펼쳐 이야기 할 수 있도록 도와 준다.</td></tr>
</table>

	세계에서 불고기가 유일하대요. - (사진을 보여 주며) 이 음식을 알고 있는 친구 있나요? - ○○○이는 잡채를 먹었을 때 어떤 느낌이 들었나요? - (사진을 보여 주며) 이 음식은 무엇일까요? - 이것은 떡국이에요. - 떡국은 언제 먹는 음식일까요? - 설날에 왜 떡국을 먹어야 하는지 아는 친구 있나요? - (사진을 보여 주며) 이것은 어떤 음식인 것 같나요? - 이것은 비빔밥이에요. - 혹시 먹어 본 친구 있나요? - 먹었을 때 어떤 맛이 났나요? - 비빔밥을 먹으면 어떤 점이 좋을까요? - (사진을 보여 주며) 마지막으로 이것은 우리나라 사람들이 제일 좋아하는 음식인데 어떤 음식인 것 같나요? - 이 음식은 우리나라에서 제일 많이 먹는 김치예요. - 우리나라에서 어떻게 해서 김치라는 음식이 생겨났을까요?	     • 김치 : 옛날에 채소가 곡물에 비해서 저장하기가 힘든 재료라서 생각해 내다가 채소를 소금에 절여서 저장하거나 각종 양념을 발라 새로운 맛을 내서 천연 발효시켜서 만든 음식이 김치예요. • 비빔밥 : 한 해의 마지막 날 음식을 남긴 채 새해를 맞지 않기 위해 남은 밥에 반찬을 모두 넣고 비벼서 밤참으로 먹었던 풍습으로부터 비빔밥이 유래했다는 설이 있어요. • 떡국: 새해의 첫날이므로 밝음의 표시로 흰색 떡을 사용하였고, 옛날에 사용하던 돈을 엽전이라 하는데 둥글게 썬 떡의 모양이 엽전과 비슷해서 사람들이 부자되기를 소망하여 먹었다는 이야기가 있어요.
마무리	•오늘 목표에 대해서 이야기 나누며 마무리한다. - 오늘 이야기 나눈 우리나라를 알리기 위한 전통음식에는 어떤 것이 있었나요? - 혹시 오늘 이야기 나눈 음식 외에도 우리나라를 알리기 위한 전통음식으로 생각나는 음식이 더 있나요? - 친구들은 이야기 나눈 많은 음식들 중에서	

	제일 먹고 싶은 음식이 어떤 것인가요? – 만약에 우리나라에 다른 나라 친구들이 놀러 온다면 대접해주고 싶은 음식이 있나요? • 다음에 할 활동을 안내한다. – 다음 시간에는 오늘 알아본 우리나라 전통음식 중에서 비빔밥을 만들어 보는 활동을 해 볼 거예요.	
활동 평가	• 우리나라의 전통 음식에 대해서 아는지 언어적 상호작용을 통해 평가한다. • 자신의 느낌, 생각, 경험을 적절한 낱말과 문장으로 말하는지 관찰을 통해 평가한다. • 다른 사람의 이야기를 끝까지 주의 깊게 듣는지 관찰을 통해 평가한다.	

〈동극-3세〉

<table>
<tr><td>생활주제</td><td>동식물과 자연</td><td>주 제</td><td>동물과 우리의 생활</td><td>소주제</td><td colspan="3">동물이 주는 이로움을 생활 속에서 경험하기</td></tr>
<tr><td>활 동 명</td><td>'아기돼지 삼형제'
동극을 해요</td><td>활동형태</td><td>대소집단</td><td>활동유형</td><td>동극</td><td>연 령</td><td>3세</td></tr>
<tr><td>활동목표</td><td colspan="7">• 동화를 다양한 방법으로 듣고 즐긴다.
• 동화내용을 극놀이할 수 있다.
• 친구들과 함께 하는 태도를 가진다.</td></tr>
<tr><td>누리과정 관련요소</td><td colspan="7">• 의사소통 : 책과 이야기 즐기기 - 동화, 동시에서 말의 재미를 느낀다.
• 예술경험 : 창의적으로 표현하기 - 극놀이로 경험이나 이야기를 표현한다.
• 사회관계 : 더불어 생활하기 - 친구와 서로 도우며 사이좋게 지낸다.</td></tr>
<tr><td>활동자료</td><td colspan="7">• 배경판, 돼지집 모형, 돼지머리띠, 늑대머리띠, 가마솥모형, 굴뚝모형, 아기돼지 삼형제 손유희</td></tr>
<tr><td>활동방법</td><td colspan="4">활 동 내 용</td><td colspan="3">수 업 연 구</td></tr>
<tr><td>도 입</td><td colspan="4">• '아기돼지 삼형제' 노래로 주의를 집중시킨다.
• 사전활동을 회상한다.
– 지난 시간에 어떤 동화를 들었나요?
– 동화를 듣고 어떤 활동을 하였나요?
– 우리가 이 소품들을 왜 만들었나요?
– 동극을 하기 위해서 소품을 만드는 미술활동을 했어요.
– 친구들이 만든 소품들로 동극을 하면 어떤 기분이 들까요?
• 오늘 할 활동을 소개한다.
– 오늘은 친구들이 만든 소품으로 '아기돼지 삼형제' 동극을 해볼거에요.</td><td colspan="3"></td></tr>
<tr><td>전 개</td><td colspan="4">• 동극을 시작하기 전 약속에 대해 이야기 나눈다.
– 동극을 시작하기 전에 지켜야 할 약속들이 필요할까요?
– 오늘은 어떤 조가 동극을 하기로 했나요?
– 약속을 지키면서 친구들에게 동극을 보여 줄 수 있나요?
– 동극을 관람하는 친구들은 어떤 약속을 해야 할까요?</td><td colspan="3">• 활동 시 유의점
– 유아가 자신의 생각을 잘 표현할 수 있도록 발문 후 기다려준다.
– 유아가 상상력을 펼쳐 이야기할 수 있도록 도와 준다.</td></tr>
</table>

	– 약속을 잘 지키면서 동극을 관람할 수 있나요? • '아기돼지 삼형제' 동극을 시작한다. – 다람쥐 조 친구들, 역할은 지난 시간에 다 정해 보았지요? – 준비가 다 되었나요? – 그럼 이제 다람쥐 조 친구들의 동극을 보도록 하자~	
마무리	• 동극을 끝난 후 이야기를 나눈다. – 다람쥐 조 친구들은 앞으로 나와서 역할을 소개해 보아요. – 다람쥐 조 친구들은 역할소품을 바구니에 넣고 다시 자리로 들어가도록 해요. – 오늘 다람쥐 조 친구들이 동극활동을 해 보았는데 어땠나요? – 관람하는 친구들은 다람쥐 조가 동극을 하는 걸 보니 어땠나요? – 약속을 잘 지키면서 동극을 했나요? – 멋지게 동극을 해 준 다람쥐 조에게 박수를 쳐주도록 해요. – 약속을 잘 지키면서 관람해 주었나요? – 열심히 잘 관람해 준 친구들에게도 박수를 쳐주도록 해요. • 오늘의 활동목표에 대해 이야기 나눈다. – '아기돼지 삼형제' 동극에서 가장 기억에 남는 내용은 어떤 것인가요? – 우리 친구들이 '아기돼지 삼형제' 동화를 동극으로 잘 표현해 주었나요? – 동극에 대해 더 하고 싶은 이야기가 있나요? – 다른 역할들을 해 보고 싶은 친구들은 선생님이 소품을 역할영역에 놓아 둘 테니까 자유선택활동 시간에 해 보도록 하자. • 다음에 할 활동을 안내한다. – 다음 시간에는 우리가 한 동극처럼 재미난 뮤지컬을 보러 갈 거에요.	
활동 평가	• 동화를 다양한 방법으로 듣고 즐기는지 관찰을 통해 평가한다. • 동화내용을 극놀이하는지 관찰을 통해 평가한다. • 친구들과 함께 하는 태도를 가지는지 관찰을 통해 평가한다.	

〈동극-4세〉

<table>
<tr><td>생활주제</td><td>건강과 안전</td><td>주 제</td><td>맛있는 음식과 영양</td><td>소주제</td><td colspan="3">바르게 먹기</td></tr>
<tr><td>활 동 명</td><td>'와, 맛있다'
동극을 해요</td><td>활동형태</td><td>대소집단</td><td>활동유형</td><td>동극</td><td>연 령</td><td>4세</td></tr>
<tr><td>활동목표</td><td colspan="7">• 다른 사람의 생각을 존중해야 함을 안다.
• 친구들과 협동하여 즐겁게 동극으로 표현할 수 있다.
• 동극을 바르게 관람하는 태도를 가진다.</td></tr>
<tr><td>누리과정 관련요소</td><td colspan="7">• 사회관계 : 더불어 생활하기 - 약속과 규칙의 필요성을 알고 지킨다.
• 예술경험 : 창의적으로 표현하기 - 극놀이로 경험이나 이야기를 표현한다.
• 의사소통 : 듣기와 말하기 - 바른 태도로 듣고 말한다.</td></tr>
<tr><td>활동자료</td><td colspan="7">• 동화 '와, 맛있다.'(박종환, 그림말, 2012), 동극에 필요한 소품(동극용 머리띠, 토마토·피망·당근·버섯·양상추·샐러드 그림), 소품 보관용 바구니, 환경판, 교사용, 해설 유아용 대본</td></tr>
<tr><td>활동방법</td><td colspan="3">활 동 내 용</td><td colspan="4">수 업 연 구</td></tr>
<tr><td>도 입</td><td colspan="3">• 손유희로 유아를 집중시킨다.
- (너하고 나는 친구 되어서 사이좋게 지내자~ 새끼손가락 고리 걸고 꼭꼭 약속해!)
• 사전활동에 대해 이야기 나눈다.
- 우리 지난 미술 시간에 무엇을 했는지 기억나나요?
- 무엇을 만들었나요?
- 왜 만들었나요?
• 오늘 활동에 대해 소개한다.
- 오늘은 우리가 열심히 만든 동극 재료들을 가지고 동극을 해볼거에요.</td><td colspan="4"><table>
<tr><th>가사</th><th>설명</th></tr>
<tr><td>너하고 나는</td><td>양손 검지로 반대쪽과 나를 가리킨다.</td></tr>
<tr><td>친구 되어서</td><td>오른쪽부터 한 팔씩 옆으로 내민다.</td></tr>
<tr><td>사이좋게 지내자</td><td>두 팔을 흔든다.</td></tr>
<tr><td>새끼손 가락</td><td>양손의 새끼손가락을 내민다.</td></tr>
<tr><td>고리걸 - 고</td><td>두 새끼손가락을 고리 건다.</td></tr>
<tr><td>꼭꼭</td><td>오른쪽부터 새끼 손가락을 낸다.</td></tr>
<tr><td>약속해</td><td>음에 맞춰 박수를 세 번 친다.</td></tr>
</table></td></tr>
</table>

전 개	• 동극을 할 때 지켜야 할 약속을 정한다. – 등장인물을 맡은 친구들은 어떤 약속을 지키면 좋을까요? – 그렇다면 동극을 보는 친구들은 어떻게 해야 할까요? • 동극을 한다. – 자, 우리 각자 맡은 역할을 열심히 해 보도록 해요. – (동극 시작 전에 유아들이 무대 앞에서 먼저) "저희의 동극 제목은 '와, 맛있다' 입니다. 지금부터 동극을 시작하겠습니다." – (동극이 끝난 후) 우리 곰 역할을 맡은 ○○이부터 앞으로 차례대로 나와서 자신의 역할을 소개하며 인사하도록 해요.	 
마무리	• 동극을 한 후 이야기 나눈다. – 역할을 맡은 친구들의 모습은 어땠나요? – 관객들의 태도는 어떠했나요? – 역할을 한 후의 느낌은 어땠나요? • 오늘의 활동목표에 대해 평가한다. – 동극의 어떤 부분이 가장 재미있었나요? – 동극을 더 재미있게 하려면 어떻게 하면 좋을까요? – 어떤 부분이 가장 기억에 남았나요? • 확장활동에 대해 안내한다. – 우리 다음 시간에는 노래를 개사해 볼 거예요.	• 활동 시 유의점 – 소품들은 유아와 협의하여 함께 준비한다. – 평가 후 유아들의 흥미에 따라 역할을 바꾸어 동극을 해 볼 수 있도록 한다. – 유아들이 자신의 역할에 집중할 수 있도록 한다.
활동 평가	• 다른 사람의 생각을 존중해야 함을 아는지 언어적 상호작용을 통해 평가한다. • 친구들과 협동하여 즐겁게 동극으로 표현하는지 관찰을 통해 평가한다. • 동극을 바르게 관람하는 태도를 가지는지 관찰을 통해 평가한다.	

〈동극-5세〉

생활주제	건강과 안전	주 제	안전한 놀이와 생활	소주제	위험한 상황 대처하기		
활 동 명	'늑대와 세 마리 아기 염소' 동극을 해요	활동형태	대소집단	활동유형	동극	연 령	5세
활동목표	• 위험한 상황 시 도움을 요청하는 방법을 안다. • 자신이 맡은 역할의 대사를 차례를 지키며 말하는 태도를 가진다. • 동화내용을 이해하고 극놀이로 표현할 수 있다.						
누리과정 관련요소	• 신체운동·건강 : 안전하게 생활하기 - 안전사고, 화재, 재난, 학대, 유괴 등에 대처하는 방법을 경험한다. • 의사소통 : 듣기와 말하기 - 상황에 적절한 단어를 사용하여 말한다. • 예술경험 : 창의적으로 표현하기 - 극놀이로 경험이나 이야기를 표현한다.						
활동자료	• 등장인물 귀, 배경, 집						

활동방법	활 동 내 용	수 업 연 구
도 입	• 손유희로 주의집중을 한다. • 동극을 하기 전 사전활동을 회상한다. - 우리가 동극을 하기 위해 어떤 준비를 했었나요? - 무엇을 만들었나요? • 오늘의 활동에 대해 소개한다. - ○○반, 오늘은 첫 번째 동극조가 동극을 하는 날이에요. - 우리가 동극을 할 동화는 어떤 동화였나요?	
전 개	• 동극을 하며 지켜야 할 약속을 정한다. - 그럼 우리가 재미있게 동극을 하려면 어떤 약속들이 필요할까요? - 동극을 관람하는 친구들은 어떤 약속이 필요할까요? • 유아들이 동극을 한다. • 동극 역할을 맡은 유아들을 소개한다. - 동극 역할을 맡은 유아들 자기소개해 볼까요? - 동극을 봐주셔서 감사합니다.	 

마무리	• 동극에 대해 평가한다. – 친구들과 함께 동극을 해 보니 어떤 느낌이 들었나요? – 힘든 점은 없었나요? • 오늘의 활동목표에 대해 이야기 나눈다. – 동극을 한 친구들이 약속을 지키며 잘했나요? – 동화에서는 어떤 위험한 상황이 있었나요? – 우리 친구들은 염소와 같은 상황일 때 어떻게 해야 할까요? – 친구들과 협력해서 동극을 하니까 어떤 기분이 들었나요? • 확장활동에 대해 이야기한다. – 다음 시간에는 위험한 상황에서 어떻게 행동해야 하는지 이야기 나누기를 해볼 거에요.	• 활동 시 유의점 – 소품들은 유아와 협의하여 함께 준비한다. – 평가 후 유아들의 흥미에 따라 역할을 바꾸어 동극을 해 볼 수 있도록 한다. – 유아들이 자신의 역할에 집중할 수 있도록 한다.
활동 평가	• 위험한 상황 시 도움을 요청하는 방법을 아는지 언어적 상호작용을 통해 평가한다. • 자신이 맡은 역할의 대사를 차례를 지키며 말하는 태도를 가지는지 관찰을 통해 평가한다. • 동화내용을 이해하고 극놀이로 표현하는지 관찰을 통해 평가한다.	

2 자유놀이

〈언어영역-3세〉

<table>
<tr><td>생활주제</td><td>우리 동네</td><td>주 제</td><td>우리 동네 사람들</td><td>소주제</td><td colspan="3">우리 동네 사람들이 하는 일 관심 가지기</td></tr>
<tr><td>활 동 명</td><td>어디일까요?</td><td>활동형태</td><td>자유선택활동</td><td>영 역</td><td>언어영역</td><td>연 령</td><td>3세</td></tr>
<tr><td>활동목표</td><td colspan="7">• 다양한 직업에 대한 낱말에 관심을 가진다.
• 직업에 따라 사람들이 하는 일이 다름을 안다.
• 직업에 따라 필요한 옷차림과 도구를 구별할 수 있다.</td></tr>
<tr><td>누리과정 관련요소</td><td colspan="7">• 의사소통 : 읽기와 쓰기에 관심 가지기 - 말과 글의 관계에 관심을 가진다.
• 사회관계 : 사회에 관심 가지기 - 내가 살고 있는 곳에 대해 궁금한 것을 알아본다.</td></tr>
<tr><td>활동자료</td><td colspan="7">• 직업인형, 기관사진판, 직업낱말카드</td></tr>
<tr><td>활동방법</td><td colspan="3">활 동 내 용</td><td colspan="4">수 업 연 구</td></tr>
<tr><td>도 입</td><td colspan="3">• 사전활동을 회상한다.
– 어제 어디를 다녀왔나요?
– 우리 동네에서 어떤 것들을 보았는지 영상으로 한 번 볼까요?
• 새 교구를 소개한다.
– 우리 동네 여러 기관에 관련된 ‘어디일까요?’라는 교구를 준비해 왔어요.
– 어떤 교구인지 함께 보도록 해요.</td><td colspan="4"><영상 - 살기 좋은 동네가 되었어요.>

</td></tr>
<tr><td>전 개</td><td colspan="3">• 교구를 탐색한다.
– (기관사진 교구판을 보여 주며) 여긴 어디일까요?
– 뭐하는 곳일까요?
– 그럼 어떤 사람들이 있는지 한 번 볼까요?
– (직업 인형을 보여 주며) 이 사람은 어떤 옷을 입고 있나요?
– 어디서 일하는 사람인지 알 수 있나요?
– ○○에서 일하는 옷을 입고 있는 사람을 찾아서 여기에 붙여 봐요.
• 교구를 활동해 본다.
– 이번에는 ○○반 친구들이 이 교구를 해 볼까요?</td><td colspan="4"></td></tr>
</table>

	– 활동을 하고 싶은 친구들은 손을 들어 보아요. – ○○이가 나와서 기관카드를 골라 보세요. – 여기는 어디일까요? – 여기서 일하는 사람은 누구인지 낱말카드에서 뽑아 볼까요? – (낱말카드를 보여 주며) ○○이가 뽑은 낱말카드에 뭐라고 적혀 있나요? – 직업인형에서 ○○이 누구인지 찾아 볼까요? – (완성된 교구판을 보여 주며) 그럼 이 사람이 어디서 일하는 누구인지 읽어 볼까요? – 친구들, 이제 어떻게 하는 교구인지 알 수 있나요? • 교구를 활동할 때 지켜야 할 약속을 정한다. – 이 교구를 사용할 때 어떤 약속을 지키면 좋을까요? – 우리 친구들이 정한 약속을 잘 지키면서 활동을 할 수 있나요?	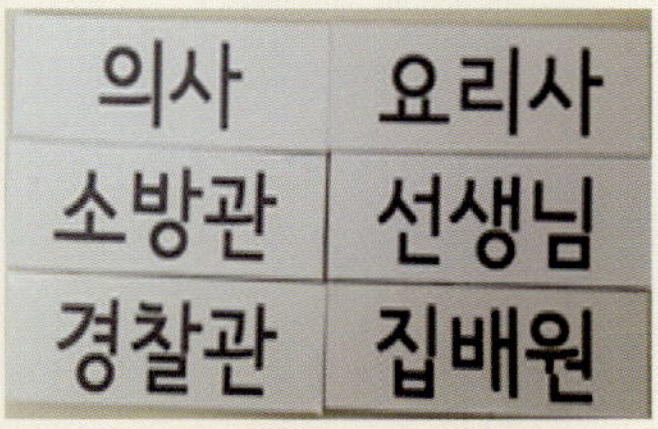
마무리	• 활동목표에 대해 이야기를 나눈다. – 친구들 어디일까요?라는 교구에 어떤 기관들이 있었나요? – ○○에서 일하시는 분을 누구라고 했나요? – ○○은 어떤 일을 하나요? – 친구들, 이 교구는 어디에 두는 것이 좋을까요? – 그럼 이 교구를 언어영역에 둘 테니까 해 보고 싶은 친구는 자유선택활동시간에 해 보도록 해요.	
활동 평가	• 다양한 직업에 대한 낱말에 관심을 가지는지 관찰을 통해 평가한다. • 직업에 따라 사람들이 하는 일이 다름을 아는지 언어적 상호작용을 통해 평가한다. • 직업에 따라 필요한 옷차림과 도구를 구별할 수 있는지 언어적 상호작용을 통해 평가한다.	

〈언어영역-4세〉

<table>
<tr><td>생활주제</td><td>동식물과 자연</td><td>주 제</td><td>궁금한 동식물</td><td>소주제</td><td colspan="3">관심 있는 동식물 탐구하기</td></tr>
<tr><td>활 동 명</td><td>깃발을 꽂아 보아요</td><td>활동형태</td><td>자유선택활동</td><td>영 역</td><td>언어 영역</td><td>연 령</td><td>4세</td></tr>
<tr><td>활동목표</td><td colspan="7">• 동물과 관련된 낱말의 뜻을 이해한다.
• 동물 이름을 정확하게 발음할 수 있다.
• 교구방법, 교구 사용 시 지켜야 할 약속을 지키는 자세를 가진다.</td></tr>
<tr><td>누리과정 관련요소</td><td colspan="7">• 의사소통 : 읽기와 쓰기에 관심 가지기 - 주변의 상징, 글자 등의 읽기에 관심을 가진다.
• 사회관계 : 더불어 생활하기 - 약속과 규칙의 필요성을 알고 지킨다.</td></tr>
<tr><td>활동자료</td><td colspan="7">• 깃발을 꽂아 보아요 교구(깃발, 상자, 뽑기 볼)</td></tr>
<tr><td>활동방법</td><td colspan="3">활 동 내 용</td><td colspan="4">수 업 연 구</td></tr>
<tr><td>도 입</td><td colspan="3">• ‘오리가족’ 손 유희를 통해 주의를 집중시킨다.
• 사전활동에 대해 회상한다.
- 지난 시간에 읽었던 책 기억하나요?
- 그 책 속에 어떤 동물들이 나왔나요?
- 자유선택활동 시간 때 선생님이 준비해 놓은 동물사진과 이름들이 있는 교구를 보았나요?
• 교구를 소개한다.
- 오늘 선생님이 새로운 교구를 소개해 보려고 해요.
- ○○이가 언어영역에서 본 교구를 가져다 줄 수 있나요?</td><td colspan="4">
</td></tr>
<tr><td>전 개</td><td colspan="3">• 교구를 탐색하며 이야기 나눈다.
- (궁금이 상자를 보여 주며) 이것은 무엇일까요?
- 안에 무엇이 들어있을까?
- 누가 나와서 꺼내어 볼까요?
- (교구박스를 보여 주며) 이것은 무엇일까요?
- 무엇이 보이나요?
- 읽을 수 있겠나요?
- 선생님을 따라 읽어 볼까요?
- (깃발을 보여 주며) 무엇이 보이나요?</td><td colspan="4">
</td></tr>
</table>

	– 다 같이 어떤 그림과 글자가 있는지 함께 보도록 해요. • 교구 사용방법에 대해 이야기 나눈다. 1. 궁금이 상자에서 자음이 적힌 공을 뽑는다. 2. 공에 적혀 있는 자음을 깃발에서 찾는다. 3. 찾은 깃발의 표시된 단어와 같은 단어를 단어판에서 찾는다. 4. 깃발을 단어판에 꽂는다. • 유아들이 나와 직접 교구를 사용해 본다. – 친구들이 이해하기 쉽게 친구들이 나와서 직접 해 보도록 해요. – 어떻게 사용하는지 알 수 있겠나요? • 교구를 사용하면서 지켜야 할 약속을 정한다. – 이 교구를 친구랑 사이좋게 사용하려면 어떤 약속이 필요할까요? – 앞으로 우리가 정한 약속을 지키면서 교구를 사용하도록 해요.	 
마무리	• 오늘 활동목표에 대해 이야기를 나눈다. – 오늘 했던 활동 중에서 나온 동물 이름 낱말들 잘 이해했나요? – 어떤 동물들이 나왔는지 다시 한 번 다 같이 읽어볼까요? – 이 교구를 해 보지 못한 친구들도 있으니 선생님이 교구를 언어영역에 놔둘 거에요. 자유선택활동 시간 때 해 보도록 해요. • 확장활동을 소개한다. – 다음 시간에는 동물 친구들을 꾸며 보는 활동을 해 볼 거에요.	
활동 평가	• 동물과 관련된 낱말의 뜻을 이해하는지 언어적 상호작용을 통해 평가한다. • 동물 이름을 정확하게 발음하는지 관찰을 통해 평가한다. • 교구방법, 교구 사용 시 지켜야 할 약속을 지키는 자세를 가지는지 관찰을 통해 평가한다.	

〈언어영역-5세〉

<table>
<tr><td>생활주제</td><td>봄·여름·가을·겨울</td><td>주 제</td><td>여름</td><td>소주제</td><td colspan="3">더운 여름 나기</td></tr>
<tr><td>활 동 명</td><td>나는 무엇일까요?</td><td>활동형태</td><td>자유선택활동</td><td>영 역</td><td>언어영역</td><td>연 령</td><td>5세</td></tr>
<tr><td>활동목표</td><td colspan="7">• 여름에 필요한 물건에 대해 안다.
• 소근육을 조절하여 낚시를 할 수 있다.
• 친구와 협동하여 놀이하는 태도를 가진다.</td></tr>
<tr><td>누리과정 관련요소</td><td colspan="7">• 의사소통 : 읽기와 쓰기에 관심 가지기 - 주변의 상징, 글자 등의 읽기에 관심을 가진다.
• 사회관계 : 더불어 생활하기 - 약속과 규칙의 필요성을 알고 지킨다.
• 신체운동·건강 : 신체활동 즐기기 - 신체 움직임을 조절한다.</td></tr>
<tr><td>활동자료</td><td colspan="7">• 낚싯대, 낱말카드, 활동판</td></tr>
<tr><td>활동방법</td><td colspan="3">활 동 내 용</td><td colspan="4">수 업 연 구</td></tr>
<tr><td>도 입</td><td colspan="3">• 고기잡이 손유희를 통해 주의집중을 한다.
• 여름에 필요한 것들에 대해 회상한다.
- 여름 하면 어떤 것이 생각나나요?
- 여름에 필요한 물건에는 어떤 것이 있나요?
- 여름에 먹는 과일에는 어떤 것이 있나요?
• 오늘의 활동에 대해 이야기 나눈다.
- 오늘 선생님이 여름에 생각나는 단어가 들어간 교구를 하나 소개해 줄 거예요.</td><td colspan="4"><손유희>
고기를 잡으러 바다로 갈까나
고기를 잡으러 강으로 갈까나
이 병에 가득히 넣어가지고요
라라라라 라라라라 손 무릎에</td></tr>
<tr><td>전 개</td><td colspan="3">• 교구를 탐색한다.
- 여기에는 어떤 교구들이 있을까요?
- 어떤 교구가 있는지 다 같이 알아보도록 해요.
• 활동판을 보며 이야기 나눈다.
- 다 같이 제목을 한 번 읽어 볼까요?
- 어떤 그림들이 있는지 한 번 보도록 해요.
- 이건 어떤 그림일까요?
- 어떤 단어가 있는지 보도록 해요.
- 낱말들을 다 같이 읽어 보아요.
- 선생님이 낱말을 읽으면 따라 읽어 보아요.
- (낱말들을 보여 주며) 함께 읽어 볼까요?
• 낚싯대를 보며 이야기 나눈다.
- (낚싯대를 들고) 이건 어떻게 하는 걸까요?</td><td colspan="4"></td></tr>
</table>

	– 밑에 무엇이 달려 있나요? – 이 교구는 밑에 달린 자석을 이용하여 사용하는 교구에요. • 교구 사용방법에 대해 이야기 나눈다. 1. 가위·바위·보로 이긴 사람이 원하는 활동판을 선택한다. 2. 낚싯대를 이용하여 낱말을 들어올린다. 3. 선택한 활동판 사진과 낱말이 똑같으면 붙이고 다를 경우 낱말을 내려놓는다. 4. 가장 먼저 활동판을 완성하면 우승! • 교구를 함께 해본다. – 선생님을 도와줄 친구 있나요? – 어떻게 하는 교구인지 이해할 수 있나요? • 교구를 하면서 지켜야 할 약속을 정한다. – 교구를 가지고 활동하면서 지켜야 할 약속에는 어떤 것들이 있을까요?	
마무리	• 오늘의 활동목표에 대해 이야기 나눈다. – 오늘 어떤 낱말 친구들이 나왔나요? – 어려웠던 낱말이 있었나요? – 낚싯대를 사용할 때 어려운 부분이 있었나요? – 이 교구를 할 때 어떤 약속이 필요했나요? – 이 교구를 언어영역에 둘 테니까 해보고 싶은 친구는 자유선택활동 시간에 해보도록 해요.	
활동 평가	• 여름에 필요한 물건에 대해 아는지 언어적 상호작용을 통해 평가한다. • 소근육을 조절하여 낚시를 하는지 관찰을 통해 평가한다. • 친구와 협동하여 놀이하는 태도를 가지는지 관찰을 통해 평가한다.	

CHAPTER 9

언어교육 접근법

영유아를 대상으로 이루어지는 언어교육은 다양한 접근 방식으로 이루어지고 있다. 영유아 언어교육은 철학적 배경과 접근 방식에 따라 발음중심 접근법, 총체적 접근법, 균형적 접근법으로 나누어 볼 수 있다. 각 접근법은 각각의 장단점이 있으므로 최상의 어느 한 가지 지도방법은 없다. 각 접근법에 따른 지도방법보다는 교사의 역할이 더 중요한 차이를 일으키는 요인이며, 교사의 열의, 수업계획능력이 보다 중요한 것으로 논의되고 있다(Vacca et al, 2000). 영유아 언어교육에 있어 가장 중요한 변인이 되는 교사는 유아에 적합한 언어교육을 계획하고 지도하기 위해 각 접근법에 대한 이해가 우선되어야 하므로, 이 장에서는 발음중심 접근법, 총체적 접근법, 균형적 접근법에 대한 배경과 특성, 교수방법을 중심으로 살펴보고자 한다.

1 발음중심 접근법

1) 배경

발음중심 접근법은 1960년대 행동주의이론에 근거한 접근법으로 부호중심 접근법이라고도 한다. 발음중심 접근법은 영유아들에게 글자를 말소리로 바꾸는 발음지도를 강조하여 자모체계, 자소·음소(글자와 말소리)의 대응 관계, 철자법, 읽기 과정에서 자·모 체계에 대한 지식의 적용방법들을 강조하여 가르치는 지도방법이다.

발음중심 접근법은 행동주의에 기초한 접근방법으로서 로크(Locke)와 손다이크(Thorndike)가 대표적인 학자이다. 발음중심 교수법은 문자 언어, 즉 읽기·쓰기의 강화와 반복적인 모방 연습을 필요로 하며, 위계적이고 체계적으로 가르쳐야 한다는 입장이다. 읽기를 처음 배우는 영유아들에게 읽기에 필요한 가장 기초적인 지식과 기술을 먼저 습득하게 하여 처음 보는 글자도 읽을 수 있도록 하는 것이 목표이다. 기초적인 지식과 기술이라는 것은 자·모 체계, 자소·음소(글자와 말소리)의 대응 관계, 철자법, 읽기 과정에서 자·모 체계에 대한 지식의 적용 방법이다. 이 지도법은 특히 읽기에 어려움을 느끼고 글을 처음 배우는 영유아에게 적합하다고 보는 이론이다(Harris & Hodge, 1995).

그림 9-1 자음과 모음을 조합하여 낱말 만들기

2) 특성

영유아의 자발적인 선택이나 참여보다는 교사가 주도적으로 학습을 계획하여 알려주는 성인중심의 교수법이라는 특징이 있으며, 무엇보다 체계적이고 단계적인 계획이 중요하므로 적절한 모델링과 강화를 통한 직접적인 교수방법이 가장 좋다고 보는 입장이다. 이 접근법에 의하면 영유아는 언어모델을 모방, 강화, 반복, 연습하는 경험을 꼭 필요로 하며, 언어를 배우는 과정에서 강화가 중요한 역할을 한다고 본다. 발음중심 교수법을 주장하는 사람들은 읽기를 가르치기 시작하는 처음부터 글자와 말소리의 관계를 가르치며 매우 직접적인 방법으로 체계적으로 가르쳐야 한다고 주장한다(Chall, 1967; Flesch, 1955). 또한 영유아의 동기를 생각하면서 가르칠 수 있으며, 그 방법 또한 여러 가지로 재미있게 가르칠 수 있다고 본다. 그리고 반복적인 연습과 지루하고 재미없는 학습이라는 비판에 대해서는 지나친 편견이라고 주장한다(이차숙, 2004).

3) 교수방법

발음중심 접근법의 교수방법은 다음과 같은 특징이 있다.

첫째, 글자의 올바른 해독과 부호화에 기초하여 직접적으로 읽기·쓰기교육을 하며, 읽기나 쓰기에 대한 동기유발이나 태도는 그리 중요하지 않다(김소양, 1995; 이경화 외, 2014).

둘째, 위계적이고 반복적인 훈련으로 읽기·쓰기가 숙달되게 한다. 위계적인 기능 학습을 강조하므로 이를 지도하기 위해 글의 작은 단위에서 시작하여 큰 단위로 진행되는 상향식 접근(bottom-up approach) 방식을 취한다. 문자언어학습의 방향은 낱자의 습득에서 시작하여 낱말, 문장, 이야기 순으로 진행된다. 영유아가 글자를 말소리로 바꾸어 읽을 수 있도록 자모체계를 가르치고, 글자를 해당 말소리로 바꾸어 해독할 수 있도록 지도한다(한유미 외, 2010; Reutzel & Cooter, 2008).

셋째, 글자 – 말소리의 대응원리를 강조하며 자·모음자의 결합원리, 낱자와 소리의 대응, 낱자 이름 알기, 음소 인식하기, 낱자의 음가 알기, 음소의 대치, 탈락 등과 같은 지도에 중점을 둔다(이영자, 2009; 이지현 외, 2009; 이차숙, 2004).

넷째, 쓰기교육은 듣기와 말하기지도가 충분히 이루어지고 읽기를 학습한 이후에 실시한다. 영유아가 쓰기에 대한 준비가 갖추어지면 글자 베껴쓰기, 반복적 쓰기, 예쁜 글씨와 맞춤법교육을 시키며, 점차 어려운 낱자와 낱말을 쓰고, 평가를 위해 받아쓰기를 한다.

다섯째, 교사가 학습을 계획하여 알려주는 성인중심 교수법을 사용한다. 또한 문자언어에 대한 단계적인 교수계획, 모델링과 강화를 통한 직접적인 교수방법이 가장 효과적이라고 본다. 개별 영유아의 동기나 적성에 관심을 두지 않으므로 주로 대집단 교수활동이 이루어진다.

여섯째, 평가는 주로 성인중심의 획일적인 표준화 평가가 이루어진다(이경화 외, 2014). 읽기나 쓰기의 과정보다는 결과물을 중심으로 평가하며 결과물이 성인수준의 표준적 수준에 도달하였는지 여부를 판단한다.

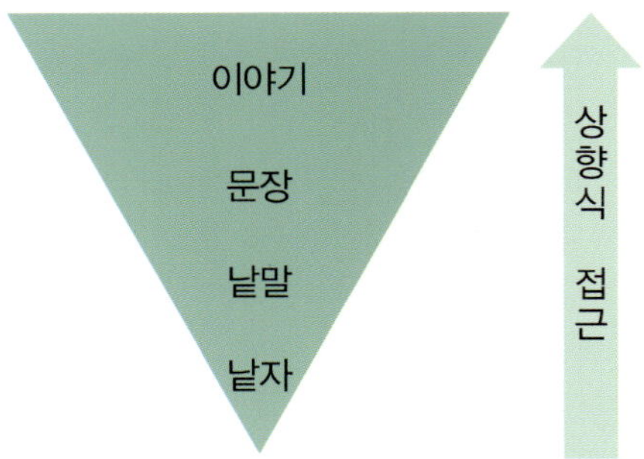

그림 9-2 발음중심 접근법(상향식 접근법)

4) 장점과 단점

장점은 자소와 음소의 대응 규칙을 체계적으로 지도할 수 있다는 점이다. 이 과정에서 철자에 유의하게 되므로 맞춤법 학습과 바른 글자 쓰기지도에 도움이 되고, 습득한 규칙을 활용하여 새로운 낱말을 읽고 쓸 수 있다.

단점은 너무 분석적이고 논리적인 접근으로 영유아들이 언어규칙을 배우는 데 어려움을 느낄 수 있다. 또한 영유아의 생활 맥락에서 벗어난 반복적인 읽기, 베끼기를 통해 학습의 흥미유발을 저해할 수 있다. 자소–음소의 대응이 지나치게 강조되어 받침 있는 음절이나 연음이 되는 낱말 읽기에 오히려 어려움이 따를 수 있다. 글의 의미보다는 문자 자체에 더 큰 관심을 두므로 낱자와 낱말 읽기가 가능해도 그 의미 파악이 불가능한 경우가 발생한다.

발음중심 접근법의 특징은 영유아들이 매우 명시적·체계적인 방법을 통해 미리 정해진 순서대로 글자와 말소리의 관계를 배우게 하고, 또 글을 읽을 때 글자와 말소리의 관계를 기억했다가 그 관계를 적용하여 읽기를 해 나갈 수 있도록 지도하는 것이다.

표 9-1 발음중심 교수법활동의 예

<table>
<tr><td>활동명</td><td colspan="6">자음 익히기</td></tr>
<tr><td>시간</td><td colspan="2">25분</td><td>대상 연령</td><td>5세</td><td>차시</td><td>13/20</td></tr>
<tr><td colspan="2">활동목표</td><td colspan="5">• 'ㅅ'과 'ㅈ'을 바르게 읽을 수 있다.</td></tr>
<tr><td colspan="2">활동형태</td><td colspan="5">이야기 나누기</td></tr>
<tr><td colspan="2">활동자료</td><td colspan="5">지혜동산(문자지도 책), 자석글자</td></tr>
<tr><td rowspan="3">단계</td><td>도입(5분)</td><td colspan="5">• 'ㅅ'과 'ㅈ'이 들어 있는 물건이 무엇이 있는지 수수께끼를 낸다.
– 우리가 아는 글자 중에서 'ㅅ'과 'ㅈ'이 들어 있는 글자를 이야기 해 볼까요?</td></tr>
<tr><td>전개(15분)</td><td colspan="5">• 아는 글자 중 'ㅅ'과 'ㅈ'이 들어 있는 글자를 자석글자를 이용하여 만든다.
– 지혜동산에 있는 단어 중에서 'ㅅ'과 'ㅈ'을 찾아 동그라미 해 보아요.
• 각자의 자리에서 'ㅅ'과 'ㅈ'이 들어 있는 단어를 찾아 읽으면서 바르게 따라 써 본다.
– 'ㅅ'과 'ㅈ'의 쓰는 순서를 알아보고, 읽으면서 써 보아요.</td></tr>
<tr><td>마무리(5분)</td><td colspan="5">• 수업에 대한 정리와 평가를 한다.
– 'ㅅ'과 'ㅈ' 글자의 생김새를 살펴보고 구분해 보아요.</td></tr>
</table>

2 총체적 접근법

1) 배경

총체적 접근법은 1960년대부터 시작하여 1980년대부터 번성하였고, 구성주의와 상호작용주의이론에 근거하고 있으며, 발음중심 접근법과 상반되는 입장이다. 발음중심 접근법이 영유아로 하여금 무의미하게 반복적이고 기계적으로 읽고 쓰게 한다는 비판에서 시작되었다. 발음중심 교수법이 글자의 최소 단위에서 시작하는 학습이라면 총체적 접근법은 영유아의 흥미와 욕구를 중심으로 한 의미 있는 상황에서 이야기 전체의 의미를 습득하는 것을 중요하게 본다.

총체적 접근법은 한 가지 이론에 근거한 접근법이 아니라 전통적인 언어교육의 대안으로 다양한 학자들의 이론을 기반으로 아동중심철학 등 다양한 유아교육 교수이론의 영향을 받아 통합적으로 발전하였다. 이는 17세기 코메니우스(Comenius)를 사조로 루소(Rousseau), 페스탈로치(Pestalozzi), 프뢰벨(Proebel) 등이 주장한 아동중심 교육사상의 영향을 받았으며, 구성주의 피아제(Piaget), 사회적 상호작용주의 비고츠키(Vygotsky), 경험주의 듀이(Dewey), 기능주의 언어학자 할리데이(Halliday)의 영향을 받아 영유아의 흥미와 직접경험에 의한 교육을 강조하였다. 또한 사회적 상호작용주의이론의 영향을 받아 언어활동에서 사회적 상호작용을 매우 중요하게 여긴다. 굿맨(Goodman, 1986)은 영유아의 경험을 강조하는 방법으로 언어교육을 해야 하며, 영유아들은 단순하면서도 작은 단위의 것들을 가장 잘 학습할 수 있다고 생각하지만, 오히려 의미 있는 상황에서 내적 동기유발이 될 때 가장 잘 배울 수 있고 즐겁게 익힐 수 있다고 하였다.

2) 특성

총체적 접근법의 언어교육은 작은 단위, 즉 음소나 낱자에서 배우기 시작하여 문장이나 이야기를 배우는 것이 아니라 먼저 의미 있는 큰 부분을 두고 이해하고 싶은 욕구와 영유아의 사전 정보에서 출발하여 그것을 예측하고 수정하면서 영유아 스스로 작은 단위까지 배우도록 해야 한다는 것이다. 이런 의미에서 총체적 언어교육 접근법을 하향식 접근으로 위에서 아래로의 접근(top-down approach) 또는 내부에서 외부로 향한 접근법(inside-out approach)이라고 할 수 있다(박혜경, 1991).

'총체적'이라는 용어의 의미는 언어의 기본 단위를 '의미'로 보고, 언어교육은 언어의 네 가지 영역(듣기, 말하기, 읽기, 쓰기)을 구분하여 따로 가르치는 것이 아니라 총체적으로 가르친다(박혜경, 1991; 이영자·이지현, 2009). 언어교육은 교과의 통합을 나타내는 것으로 모든 교과들과 통합하여 가르쳐야 하며, 관점의 통합을 뜻하는 것으로, 총체적 접근법은 언어에 대한 관점, 교사와 학습자에 대한 관점, 학습의 관점을 통합해 주는 하나의 방식이다(Brown, 1994; Goodman, 1986). 영유아들은 말하기와 듣기를 실생활에서 사용하면서 읽기와 쓰기도 미숙하지만 의미를 전달하기 위해서 사용해 봄으로써 언제 문자를 사용하는 것인지, 구어와는 무엇이 다른지 배우게 된다(박혜경 외, 1999). 총체적 접근법에서 언어는 철자를 읽어내는 것이 중요한 것이 아니라 언어를 통해 다른 사람과 원활하게 의사소통을 하고 다른 사람의 사고를 이해하고 자신의 사고를 글로 표현하는 의미 과정이다(이영자, 2009). 총체적 접근법에서는 발음중심 접근법과는 다르게 철자와 맞춤법을 잘 알지 못하더라도 글의 내용을 파악하고 다른 사람에게 의미를 전달할 수 있도록 읽기와 쓰기에 흥미를 가지도록 하는 것을 목표로 한다(정현진, 2018). 그러므로 자·모음의 원리를 이해하기 어려울지라도 글의 의미를 이해하려고 노력하며 읽기 행동을 보이는 것을 진정한 읽기라고 본다(김선영, 2013).

그림 9-3 **그림책을 활용한 총체적 언어교육 접근법의 예**

3) 교수방법

총체적 접근법에 의한 언어교육을 통해 영유아들은 능동적이며 구성적인 학습활동과 실제적이고 의미 있는 학습활동을 한다. 영유아들은 다양한 흥미영역에서 통합된 언어활동을 전개해나가고 활발한 상호작용을 한다(임양금, 2005). 여기서 부모나 교사는 흥미로운 자료를 제공해 주고, 이야기를 들려주며 영유아의 사고를 자극하는 역할을 하면서 자신의 사고를 언어로 나타내 보이는 언어 사용의 모델이 되어야 한다.

총체적 접근법에서 효과적인 언어교육을 위한 전략은 다음과 같다.

첫째, 영유아에 대해서 끊임없는 관심을 가지는 일이 중요하다. 영유아의 언어학습은 언어교육에 필요한 물리적 환경이 얼마나 풍부하냐에 있지 않고, 그러한 환경을 어떻게 다루면서 살아가는지를 시범해 보이고, 또 영유아가 그런 환경을 잘 이용할 수 있도록 도와주는 성인의 도움에 달려 있다.
둘째, 가능하다면 영유아에게 말하고 들을 수 있는 기회를 많이 허락하는 것이 좋다.
셋째, 영유아들에게 그림책을 많이 보여 주고 또 그림책에 관심을 가지도록 유도하는 것이 좋다. 그림은 실제 사물이 아닌 사물의 표상이다. 따라서 그림책을 보는 것은 사물에 대해 영상적 표상이 이루어지는 것을 대체하고, 그 영상적 표상을 다시 언어적 상징으로 대체하는 정신 작용을 하는 것이다.
넷째, 이야기책을 많이 읽어 주는 것이 좋다. 비록 성인이 읽고 영유아는 듣기만 하지만 이야기책 속의 글은 나중에 영유아가 읽을 글이기 때문이다. 영유아의 읽기 기능은 글과 접촉하는 기회를 많이 가지면 가질수록 더욱 잘 길러진다.
다섯째, 질문을 많이 하여 영유아의 사고를 자극하고, 수렴적으로 또는 확산적으로 촉진시키는 것이 좋다. 질문은 가장 보편적이고 효과적인 지도방법이며 대화, 이야기 들려주기, 책 읽어 주기 등 어떤 상황에서도 두루 사용할 수 있다.
여섯째, 스스로 질문을 만들게 하는 것이 좋다.
일곱째, 질문을 하기 위해서는 먼저 쓰기활동을 많이 할 수 있게 하는 것이 좋다.

출처: 황옥자(2003).

영유아교육현장에서 총체적 접근법을 영유아에게 적용할 때 고려해야 할 점을 살펴보면 다음과 같다.

첫째, 매일 적어도 한 권의 책을 읽어 준다.

둘째, 새로운 노래나 동시들을 위한 단어들을 차트지에 써서 교실에 전시한다.

셋째, 차트지에 그림과 단어를 이용하여 요리책을 만든다. 실제로 영유아들이 만든 요리책을 기초하여 요리해 본다.

넷째, 재미있는 이야기로 인형극을 꾸며 본다.

다섯째, 하루 일과 중에 영유아들의 생각이나 아이디어를 자유롭게 나눌 수 있는 시간을 제공한다.

여섯째, 영유아들의 사고를 격려하는 질문들을 한다. 예를 들면, '영희가 왜 곰들이 사는 집에 들어갔다고 생각하니?'라는 질문은 동화 '세 마리 곰'을 읽은 후 영유아들에게 동화의 내용을 전체적으로 사고하도록 격려한다.

일곱째, 책과 테이프, 녹음기, 헤드폰 등을 갖춘 듣기 코너를 제공한다.

여덟째, 영유아들이 함께 경험한 것들(견학이나 소풍)에 대해 이야기를 하고 그 이야기들을 써 보도록 격려한다.

아홉째, 생일이나 위문카드를 써 보고 친구나 양로원, 고아원 등에 배달해 본다.

총체적 접근법에서 사용되는 언어교육자료에 문학작품이 포함되므로 문학적 접근법이라고도 한다. 문학을 통한 유아의 경험이 의미를 구성하고 표현하는 것을 배우는 데 가장 적절하다고 보는 입장으로, 문학작품들이 문해능력 및 언어교육을 위한 교수매체로 사용되기도 하지만 문학적 접근의 가장 큰 목적은 문학작품을 이해하고 즐기는 것이다(황은순, 2010).

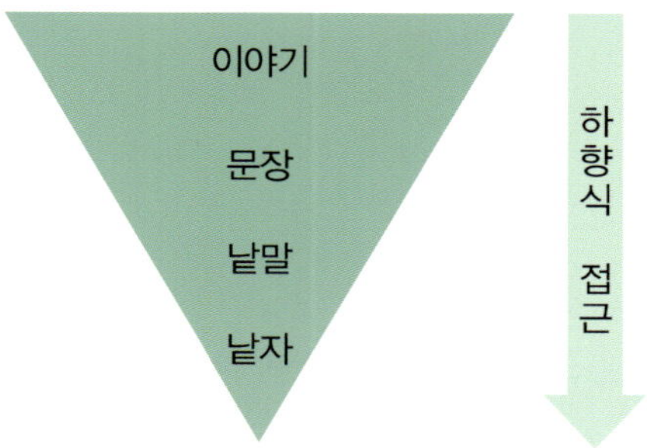

그림 9-4 총체적 접근법(하향식 접근법)

표 9-2 총체적 교수법활동의 예

<table>
<tr><td>동화책명</td><td colspan="5">깊은 밤 부엌에서</td></tr>
<tr><td>활동명</td><td colspan="5">그림책읽기 / 단어가지 만들기 / 재미있는 단어 찾기</td></tr>
<tr><td>시간</td><td>30분</td><td>대상 연령</td><td>4세</td><td>차시</td><td>1</td></tr>
<tr><td>활동목표</td><td colspan="5">• 그림책 속의 다양한 언어를 이해하고 문학 감상력을 기른다.
• 그림책 속의 단어를 가지고 확장활동을 전개함으로써 다양한 어휘에 관심을 가진다.</td></tr>
<tr><td>활동형태</td><td colspan="5">대집단활동(이야기 나누기)</td></tr>
<tr><td>활동자료</td><td colspan="5">「깊은 밤 부엌에서」 그림책, 단어가지 만들기판, 재미있는 단어 찾기판, 매직 등</td></tr>
<tr><td>활동단계
(시간)</td><td colspan="4">활동방법 및 내용</td><td>전략</td></tr>
<tr><td>도입
(5분)</td><td colspan="4">◎ 흥미 유발하기
• 흥미 유발하기는 질문을 하면서 유아의 경험과 관련된 질문을 한다. 교사는 유아가 생각해서 답할 수 있는 충분한 시간적인 여유를 준다. 유아의 반응 및 어휘를 살리고 감정과 표현에 공감을 표시해 준다.
– 우리 친구들 빵을 먹어 본 적이 있나요?
– 그 빵은 누가 어떻게 만든 것일까요?</td><td>(흥미 유발)</td></tr>
<tr><td>전개
(20분)</td><td colspan="4">◎ 그림책 표지 읽기
• 「깊은 밤 부엌에서」 표지 그림을 보며 내용을 예측해 보고, 그림책을 소개한다.
– 책 표지를 보니 어떤 느낌이 드나요?
– 어떤 내용의 이야기일까요?
– 그럼 이 책의 그림은 누가 그렸을까요?
– 이 책의 글은 누가 썼을까요?

</td><td></td></tr>
</table>

◎ 그림책 읽기

• 교사가 그림책을 읽어 준다. 교사는 목소리, 얼굴표정, 몸짓과 함께 실감나게 책을 읽는다.

• 다시 한 번 그림만 보고 내용을 회상해 본다.
  – 이번엔 그림만 천천히 다시 한 번 보여 줄게요.
  – 그림을 보며 미키에게 어떤 일이 있었는지 생각해 보아요.

• 책의 내용에 대해 이야기 나눈다.
  – 그림책을 보고 어떤 점이 좋았어요?
  – 좋았던 이유는 무엇인가요?

◎ 단어가지 만들기

• 원의 중앙에 '미키'라고 적고, 방사선으로 몇 개의 선을 그어 놓는다. 교사는 유아의 대답에 확장적으로 질문을 하여 유아가 알고 있는 어휘를 풍부하게 사용하도록 돕는다.
  – 미키를 생각하면 어떤 점이 기억나나요?

이해를 위한 전략 중 단어가지 만들기(자연스럽게 단어의 의미를 알게 되고 전체적인 맥락 안에서 단어를 이해하는 활동)

◎ 재미있는 단어찾기

• 게임전략 중의 하나인 재미있는 단어찾기 활동을 한다. 교사는 유아들과 토의하거나 투표를 해서 그중 몇 가지 단어를 선택해서 적는다. 빈칸에 재미있는 단어를 적고 반대되는 단어, 비슷한 단어를 찾아본다.
  – 그림책에 나온 단어 중 재미있는 단어 하나만 생각해 보아요.

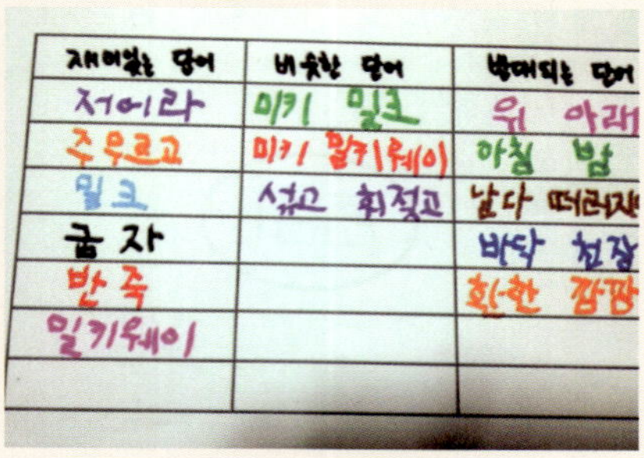

게임 전략 중 재미있는 단어 찾기(그림책에 나오는 재미난 단어, 핵심적인 개념이나 단어를 찾는 활동)

마무리 (5분)	• 눈을 감고 오늘 활동한 것에 대해 생각해 본다. • 새롭게 알게 된 것에 대해 정리해 본다. • 가장 즐거웠던 점은 무엇인지 생각해 본다. • 표현하려고 했는데 그렇게 못한 점은 무엇이며, 어떤 점이 아쉬웠는지 생각해 본다.	

출처: 최슬기(2011).

4) 장점과 단점

총체적 접근법을 통해 영유아는 실생활 속에서 읽기와 쓰기가 어떻게 사용되는지 알 수 있으며, 실제적 목적을 가진 생활 속에서의 읽기와 쓰기를 경험할 수 있다는 점이 영유아로 하여금 읽기와 쓰기활동에 흥미를 잃지 않으면서 이와 관련된 기술들을 습득할 수 있는 장점이 있다. 이처럼 자연스럽고, 실제적이며 의미를 강조하는 총체적 접근법은 1980년대까지 영유아교육현장에서 널리 실시되었으나, 1990년대 초반부터 의미중심교육에 치우치다 보면 읽기와 쓰기를 위한 체계적인 지도가 어렵다는 비판이 제기되었다(박덕승, 2001). 의미중심의 교육에 치우치다 보니 쓰기활동 시 맞춤법의 오류를 수정하지 않음으로써 읽기와 쓰기를 위한 체계적인 지도가 어려운 것이다(노영희 외, 2014). 또한 학습의 주체를 영유아로 보기 때문에 영유아의 흥미와 실생활에 필요한 언어 사용을 강조하므로 제한된 낱말이나 문장을 지도하게 되어 학습량이 적거나 배우지 않은 글자는 거의 읽지 못하는 단점이 있다(전유영, 2011).

표 9-3 발음중심 접근법과 총체적 언어 접근법 비교

구분	발음중심 접근법	총체적 언어 접근법
기초 이론	행동주의이론	구성주의, 상호작용주의, 아동중심철학
교육목표	• 글자 기호의 정확한 해독과 부호화 기술 습득 • 언어의 구조 이해	• 글의 의미 파악 및 전달 • 의사소통을 위한 언어 사용능력
언어학습 방향	상향식 접근 (음소 → 글자 → 단어 → 문장→ 이야기)	하향식 접근 (이야기 → 문장 → 단어 → 글자→ 음소)

(계속)

구분	발음중심 접근법	총체적 언어 접근법
언어학습 주제	교사주도적인 계획과 진행	영유아 스스로 의미를 구성하는 과정
교수-학습 방법	• 강화와 모방, 반복, 연습, 설명 • 언어교육을 위한 독립된 시간	• 언어가 사용되는 실제 맥락에서 이루어지는 다양한 상호작용 • 타 교사영역과의 통합적 활동
언어영역별 지도에 대한 관점	• 음성 언어(듣기, 말하기)는 자연스럽게 습득할 수 있으나 문자 언어(읽기, 쓰기)는 직접적이고 단계적인 지도가 필요 • 읽기, 쓰기를 분리하여 지도	• 음성 언어(듣기, 말하기)와 문자 언어(읽기, 쓰기)와 통합적 지도 • 읽기와 쓰기를 통합하여 지도
교재	• 한글의 자모 체계와 음소의 결합 원리를 보여 주는 자료 • 학습지 형태의 자료중심	• 영유아에게 의미 있는 자료(그림책, 달력, 편지, 브로슈어, 표지판, 사물의 이름 글자 등)
강점	• 정확한 해독능력의 습득 가능함 • 새로운 글자나 단어의 해독에 적용하기 용이함 • 초기 읽기나 문해 경험이 부족한 영유아의 언어학습에 효과적	• 읽기, 쓰기에 대한 유아의 흥미나 동기 유발에 효과적 • 글의 의미 파악과 이해, 의미 전달 능력 발달
제한점	• 글의 의미 파악 및 구성능력 발달을 돕는 데 제한적임 • 영유아들에게 의미 없고 지루한 학습이 될 수 있음	• 해독능력 발달을 위한 지원이 어려움 • 언어의 정확성을 습득하기에 제한적임

출처: 이지현 외(2009).

3 균형적 접근법

최근 언어교육을 위한 접근법 중에서 어느 것이 가장 효과적인 방법이냐라는 선택의 문제보다 각 접근법이 영유아들의 읽기 또는 쓰기 발달에 어떠한 영향을 미치는지를 이해하는 데 더 관심을 가지게 되었다. 그래서 등장한 것이 발음중심 접근법과 총체적 언어 접근법을 병행한 균형적 접근법이다.

1) 배경

1990년대 이후 총체적 접근법의 효과에 관한 논쟁이 일어나면서 1994년 미국 연방학력평가위원에서 실시한 성취도 평가에서 총체적 접근법을 적극적으로 채택한 캘리포니아 주의 유아들이 해독이나 읽기능력이 떨어진다는 연구 결과가 나왔다. 이러한 결과로 총체적 접근법은 영유아의 흥미를 중요시하고 의미 있는 이해를 강조하는 적절한 방식이지만, 영유아의 읽기능력이 점차 저하되는 결과를 초래하였으므로 발음중심 접근법과 총체적 접근 각각의 장점을 취하도록 하는 균형적 접근법(the balanced approach)이 제시되었다.

우리나라에서도 1980년대 이후 교육현장에서 총체적 접근을 적용해 왔으나 문자 교육에 대한 사회적 기대와 영유아의 수준이 높아져 감에 따라 2007년 개정 유치원 교육과정에서도 영유아의 언어교육에 균형적 접근법을 권고하였다.

2) 특성

균형적 접근법은 영유아의 문해 발달을 위해 발음중심 접근법과 총체적 접근법이 가지고 있는 장점을 균형 있게 취하면서 영유아 개인의 특성에 적합한 교수법을 두 접근법에서 선택하여 가르친다(문두성, 2011). 균형적 접근법은 읽기와 쓰기를 시작하려는 영유아들에게 음운 인식, 단어 식별 기술, 자음과 모음의 규칙 등을 가르칠 것을 강조하는 발음중심 교수법과 문학을 통한 읽기, 쓰기 교육을 해야 한다는 총체적인 언어 접근법을 병행하여 적용할 것을 강조한다(Holdaway, 1979; Adams, 1990; Clay, 1991; Stahl, Murray, 1997; 이차숙, 1999; 이옥섭, 1999).

균형적 접근법의 핵심은 의미 있는 실생활 속에서 유아 수준을 고려하고 문학에 몰입할 수 있는 경험을 통한 흥미를 바탕으로 글의 내용을 이해하여 자연스러운 읽기, 쓰기가 이루어질 수 있도록 할 뿐만 아니라 음운인식, 자·모 체계, 자소·음소의 대응 관계 등 철자법과 맞춤법을 직접적이고 명시적으로 가르쳐 유창한 읽기와 단어 재인을 효과적으로 할 수 있도록 하는 것이다(노상혜, 2012; 배정희, 2011; 이차숙, 2004).

균형적 접근에서 고려해야 할 요소를 살펴보면 다음과 같다(Blaire & Williams,

1997).

첫째, 영유아를 가르치는 것과 학습을 촉진시키는 것 사이의 균형, 즉 교사주도적이며 명시적인 교수와 영유아중심적 발견 학습의 균형이다. 읽기교수 접근과 자유로운 읽기 시간 제공 간의 균형, 계열화된 읽기교수와 학습자 요구에 기반을 둔 교육과정 사이의 균형도 함께 고려되어야 한다.

둘째, 의미중심교육과 문자기초교육의 균형, 즉 의미 이해의 발달과 읽기와 쓰기 기능 발달의 균형이다.

셋째, 개별 영유아들의 상황에 따른 지도와 교육과정의 기준중심 수업 사이의 균형이다. 계획되지 않은 교수와 계획된 교수의 균형이다.

넷째, 비형식적 관찰과 형식적 평가의 균형, 질적 평가와 표준화된 검사 간의 균형이다.

그림 9-5 균형적 언어교육 접근법의 예

3) 교수방법

균형적 접근법에서는 영유아에게 의미 있는 경험을 중심으로 총체적 언어교육을 실시한 후 발음중심 접근법의 방법을 도입하여 읽기, 쓰기의 기초 기능들을 체계적이고 직접적으로 지도하고, 다시 총체적인 접근법에 기인한 의미중심의 활동을 한다(백옥희, 2015). 또한 균형적 접근법에서는 교사주도의 활동과 영유아중심의 활동이 균형을 이루어야 하며, 계획되지 않은 교수와 계획된 교수의 균형이 이루어져야 한다. 즉, 개별 유아의 수준과 흥미, 요구를 파악하여 교사주도와 유아주도 교수법의 균형, 의미중심활동과 문자 기초 기능교육에 대한 균형을 고려한 교수방법으로 실시해야 한다(노영희 외, 2014).

균형적 접근의 교수－학습과정에 대해 조정숙과 김은심(2005)이 제시한 한글지도를 위한 균형적 접근법의 순차적 과정은 다음과 같다.

첫 번째 단계에서는 글자보다는 의미파악에 초점을 두어 자형이 간단하고 의미도 쉬운 낱말이나 문장을 그림과 함께 제시하여 읽기에 대한 흥미를 유발시킨다.

두 번째 단계에서는 의미중심의 방법을 지속적으로 유지해 가는 동시에 글자의 정확한 발음을 강조하는 발음중심방법을 도입한다. 자음자와 모음자의 모양 변별, 자음자와 모음자의 음가 변별 등의 활동을 하며, 영유아 스스로 자모의 음가를 결합하여 배우지 않은 쉬운 글자도 읽을 수 있을 때까지 계속한다.

세 번째 단계에서는 영유아들이 쉬운 글자를 거의 읽게 되면 다시 의미중심 방법으로 돌아가 간단한 생활 이야기, 동화, 우화를 읽도록 지도한다.

이러한 과정을 통해 읽기의 목적, 과제, 중요하고 덜 중요한 것 찾기, 의미를 찾기 위해 배경지식을 활용하는 습관 등을 갖게 한다.

스티랜드(Stickland, 1998)도 이와 같은 맥락으로 '전체－부분－전체'의 방법을 도입하여 읽기 기술과 의미파악능력은 결코 분리될 수 없기 때문에 의미 파악을 먼저 하고 집중적인 읽기지도가 이루어져야 한다고 하였다. '전체'의 단계에서는 총체적 접근으로 진행하여 유아에게 의미 있는 경험을 중심으로 즐겁게 활동한 후, '부분'의 단계에서는 앞 단계의 내용을 바탕으로 문자에 대한 기초교육을 접목한다. 그리고 다시 '전체'의 단계로 돌아가 앞 단계에서 주목했던 문자를 활용해 보면서 영유아가 이해한 내용을 중심으로 활동할 수 있는 기회를 준다. 전반적인 과정은 이러하지만 개별 영유아들의 수준이 다르므로 '전체'와 '부분'의 단계에서 활동의 수준과 정도, 활동에 소요되는 시간은 다르게 진행되어야 한다(이경화 외, 2014).

영유아의 언어수준에 따른 4단계 지도방법은 다음과 같다.

첫 번째 단계는 영유아가 말과 글의 관계를 인식하지 못하는 수준의 단계이다. 이 단계에 있는 영유아에게는 '부분'의 과정을 최소화하고 '전체'의 과정에 더욱 주력한다. 총체적 접근을 적용하여 의미 있는 접근을 시도하며, 이와 함께 읽기와 쓰기에 관심을 가질 수 있도록 그림책읽기, 쓰기도구 탐색, 환경의 문자 인식 등 다양한 경험을 제공한다.

두 번째 단계는 영유아가 음성언어와 문자언어가 관계있음을 인식하기 시작하는 단계이다. 이 단계의 영유아에게는 글이 우리가 경험하는 말을 나타내는 것임을 인식하는 경험을 제공한다. 이때 영유아가 말하는 것을 받아 써주어 말과 글의 관계를 인식하게 한다. 한글을 읽거나 글자를 소리 내어 말하고 음절의 소리에 주의를 기울인 활동을 제공한다.

세 번째 단계는 영유아가 말과 글이 관계가 있음을 인식하지만 읽기 기술이 습득되지 않아 읽지 못하는 수준의 단계이다. 이러한 수준의 영유아는 특정 글자의 발음과 철자를 알고 싶어 하기 때문에 말소리의 음소와 자소가 대응되는 경험을 제공한다. 다양한 음운 인식활동으로 음절, 음소수준의 활동을 직접적이고 명시적으로 제공한다.

마지막 단계는 읽기·쓰기 기술이 습득되어 관례적 읽기와 쓰기가 가능한 단계이다. 이 단계의 영유아는 읽기와 쓰기를 즐기고 어휘력 발달과 의미 구성을 위한 독해 전략 등 다양한 경험을 통해 발전된 문해능력을 키우도록 지도해야 한다. 여기에서는 문해 이해능력, 표현능력, 구성능력에 중점을 두고 종합적인 지식 발달을 도모해야 한다.

출처: 이지현(2007).

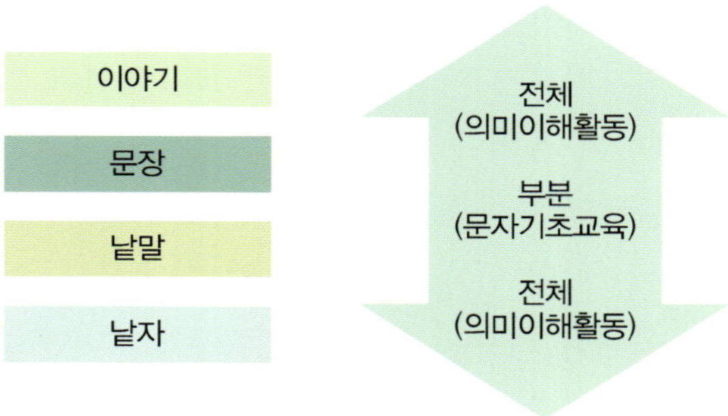

그림 9-6 **균형적 접근법(전체 – 부분 – 전체)**

균형적 접근법으로 가르치려는 교사는 균형의 의미를 이해해야 하고, 영유아의 현재 상태에 대해 파악해야 하며, 가르쳐야 할 기술과 전략을 알아야 한다. 그 다음 비계를 설정하여 유아의 언어 발달을 이끌어 내야 한다. 이와 더불어 교사는 영유아가 흥미를 가지고 동기화가 될 수 있도록 조건을 조성해 주어야 하며, 최대한 개별 유아의 수준과 요구가 반영되도록 해야 한다.

균형적 언어교육에서 사용하는 교수전략의 유형과 내용(전유영, 2011)은 표 9-4와 같다.

표 9-4 균형적 언어교육을 위한 읽기·쓰기 교수전략

전략		내용: 읽기	내용: 쓰기
교사 주도	시범적 (Modeled)	• 교사가 읽기자료를 소리 내어 읽는 시범을 보임 • 내용 이해가 쉬운 책을 감정을 살려 읽어 주어 바람직한 모델이 되어 줌	• 유아가 말한 내용에 대해 교사가 그대로 받아 써 주며 쓰기 시범을 보임 • 쓰기 절차를 보여 주며 큰 소리로 말하거나 반응을 보이며 모델이 되어줌 • 말과 글의 관계를 인식하는 것을 도움
교사－유아주도	함께 (Shared)	• 교사와 유아는 함께 같은 읽기자료를 공유함 • 유아는 교사가 읽은 것을 따라 읽거나 함께 읽음 • 반복이 있는 책을 사용하여 유아의 자연스러운 참여를 이끎	• 교사와 유아는 함께 텍스트를 창작하는 경험을 함 • 교사는 실제적인 쓰기를 하고 유아는 따라 써 보거나 친숙한 낱말을 써봄
	안내적 (Guided)	• 교사나 능숙한 또래의 안내에 의해 자료를 읽음 • 문맥적 단서, 발음과 철자 지식과 같은 읽기 전략을 사용하도록 지도함	• 교사나 능숙한 또래의 안내에 의해 텍스트를 씀 • 유아들이 실제적인 쓰기를 함
유아주도	독립적 (Independent)	• 유아는 독립적으로 자신이 선택한 읽기자료를 읽음 • 교사는 유아가 수준에 맞는 책을 고를 수 있도록 도움	• 유아는 교사의 개입 없이 독립적으로 편지, 이야기, 비형식적인 책 등의 쓰기 과정에 참여함

출처: 박애자·박수화(2008).

4) 장점과 단점

균형적 접근법은 개별 영유아의 특성, 언어수준, 가정 언어환경 정도를 파악하여 다양한 교수방법들을 정확히 숙지하여 영유아에게 제공하는 교사의 역할이 중요하므로 교사는 영유아의 일상에서 다양한 언어활동 등을 제공하여 듣기, 말하기, 읽기, 쓰기가 자연스럽게 접근되도록 해야 한다. 이러한 과정은 영유아의 동기부여를 활성화시키는 장점이 있다. 그러나 균형적 접근법은 분명한 지도안이 없고, 모호하다는 제한점을 가지고 있다. 그럼에도 불구하고 균형적 접근법이 선호되는 이유는 한 가지 철학이나 교수법에 국한되지 않고 학습자인 영유아의 발달수준과 학습양식에 적합한 교수를 추구한다는 점에서 큰 의의를 가지고 있다.

표 9-5　균형적 접근법에 기초한 유아 문해 프로그램의 예

주제	문해 구성 요소	활동내용	
2주 세계 여러 나라	문해 환경	언어영역	• 미국 자유의 여신상, 프랑스 에펠탑, 중국 만리장성, 영국 루브르박물관, 멕시코 예수상 등 화보 전시 • 유아들 중 외국 여행 다녀온 사진 전시 • 유아들이 조사하고 싶은 나라 내용 전시 • 첫소리에 해당되는 그림카드 전시 • 부직포 낱자교수
		도서영역	• '내 이름이 담긴 병' • '남쪽 친구 북쪽 친구' • '세계의 어린이 우리는 친구' • 쓰기도구, 메모지
		쌓기놀이 영역	• 세계 여러 나라 건물사진, 그림책(금문교, 천안문, 오페라하우스 등) • 쓰기도구, 종이
		미술영역	• 'ㄴ'책 만들기 • 각종 필기도구, 여러 가지 모양의 종이
		역할놀이 영역	• 세계 여러 나라 민속의상, 소품, 사진, 민속화보 • 필기도구, 메모지
	이야기 구조	• 이야기 나누기 – 다른 사람에 대한 사진, 그림보고 생각 나누기 – 세계여행 가서 친구들에게 하고 싶은 말은?	
		• 개인적인 내러티브 – 주말 지낸 이야기 발표하기 – 지구촌 민속마을 견학다녀온 느낌 이야기하기	
		• 가상적인 내러티브	

(계속)

		– 내가 그 나라에 간다면
	배경 지식	• 세계 여러 나라 춤에 대한 조사한 내용 전시하기 • 세계 여러 의상 전시하기(일본, 인디언, 스위스, 중국 등)
	어휘력	• 내가 알고 있는 나라 이름 말하기 • 특별한 행사가 열리는 도시 이름 말하기(예: 올림픽) • 첫소리가 'ㄴ'으로 시작하는 단어 말하기 • 'ㄴ'이 없다면(그림책 ㄱ, ㄴ, ㄷ 읽고 말하기)
	책읽기 및 내용 이해	• 그림동화 '와! 신나는 세계여행' • 그림동화 '내 이름이 담긴 병' • 그림동화 '남쪽 친구 북쪽 친구' • 그림동화 '세계의 어린이 우리는 친구' – 책의 내용 예견하기 – 작가, 삽화에 대해 알아보기 – 반복되는 문장 함께 읽어 보기 – 읽어준 동화내용 토론하기 • 책 읽는 태도에 대해 알아보기
	단어 인식	• 읽은 그림책에서 재미있는 단어 찾기 • 새 노래 가사 바꿔 부르기(새 노래: 앞으로)
	철자 만들기 전략	• 창안적 글자 만들기(예: 사람에 '사'와 탕수육에 '탕'자를 합치면 내가 좋아하는 '사탕') • 좋아하는 글자 써 보기(친구에게 주고 싶은 선물) • 자, 모음 겹쳐 글자 만들기(단어카드 제시)
	언어 구조	• 그림보고 이야기 꾸미기 – 내가 동생이라면
	음운 인식	• 시작하는 소리가 같은 단어('가', '나', '다', '라', '마') • 끝나는 소리가 같은 단어('리'자로 끝나는 단어 노래) • 같은 소리 글자 가진 단어 찾기 게임판(고추, 고구마, 기린, 가마 등 찾아 게임판 채우기)
	쓰기 지도	• 교사가 이야기 나누기 내용 화이트보드판에 쓰기 • 교사가 유아에게 모르는 단어 메모 써주기 • 주제에 관련된 어휘들 화이트보드판에 쓰기 모델 보이기 • 친구들과 지켜야 할 약속 쓰기 • 세계 친구들에게 편지 쓰기

출처: 황은순(2010).

표 9-6 균형적 접근 교수법활동 예

<table>
<tr><td>활동명</td><td colspan="7">명사어 알기</td></tr>
<tr><td>시간</td><td>30분</td><td>날짜</td><td>10월 31일</td><td>대상 연령</td><td>4세</td><td>차시</td><td>8</td></tr>
<tr><td>생활주제</td><td colspan="7">가을</td></tr>
<tr><td>활동목표</td><td colspan="7">다양한 방법으로 동시를 감상하고 즐긴다.
받침 글자의 받침을 빼면 다른 글자가 됨을 안다.
쌍기역, 쌍비읍, 쌍디귿 글자를 안다.
말과 생각을 글로 나타낼 수 있음을 안다.</td></tr>
<tr><td>활동자료</td><td colspan="7">'고추잠자리' 동시판, 화이트보드, 글자도장, 포스트잇, 카드, 색도화지, 종이, 필기도구, 글자도장, 단어카드, 해와 별, 모음글자카드, 쌀글자판, 가을날씨 사진·글자카드 연결하기</td></tr>
<tr><td>동시내용</td><td colspan="7">윙윙윙윙 고추잠자리 / 장독 위에, 머리 위에서
왜 하루 종일 날기만 할까? / 빨간 꼬리 친구 만나려나 봐
윙윙윙윙 고추잠자리 / 빨간 꼬리, 고추잠자리
왜 꼬리가 빨갈까? / 꼬리를 빨간 고추장에 담갔나 봐</td></tr>
<tr><td>활동단계</td><td colspan="7">활동내용</td></tr>
<tr><td>도입</td><td colspan="7">• '고추잠자리' 동시판을 보여 주며 동시를 들려준다.
• 교사와 유아가 번갈아 가며 동시를 읽어 본다.
• 유아와 유아가 번갈아 가며 동시를 읽어 본다.
• 함께 동시를 읽어 본다.</td></tr>
<tr><td rowspan="2">전개</td><td>대집단 활동</td><td colspan="6">◉ 동시 속 글자를 빌려 온다.
• 단어 속에서 낱자를 가져와 새로운 단어를 만들어 본다.
(고 + 리 = 고리, 머 + 위 = 머위)
• 음소를 바꾸어 새로운 단어 만들기 (고추 → 구초)

◉ 쌍기역, 쌍비읍, 쌍디귿 글자 알기
• ㄱ과 ㄲ, ㅂ과 ㅃ, ㄷ과 ㄸ
• 획순에 따라 써보기
• ㄱ과 ㄲ, ㅂ과 ㅃ, ㄷ과 ㄸ이 들어간 글자 찾아보기</td></tr>
<tr><td>개별 활동</td><td colspan="6">◉ 해와 별
• 글자판을 하나씩 나누어 갖는다.
• 자음, 모음 주사위를 함께 던져 나온 음소를 조합하여 나온 글자를 글자판에서 찾아 해와 별카드에 붙인다.
• 자신의 글자판을 다 가리면 끝이 난다.</td></tr>
</table>

(계속)

		◉ 글자 도장 찍어 단어카드 만들기 • 가을과 관련된 단어카드를 보고 카드 종이에 자음, 모음, 도장을 찍어 단어 만들기 • 단어카드를 읽어 본다. • 단어카드를 색고리로 묶는다. ◉ 글자 도장 찍어 쌍기역, 쌍비읍, 쌍디귿 글자 만들기
		◉ 모음 글자 쓰기 • 모음 글자판 뒷면에 종이를 낀다(뒷면에 먹지가 붙어 있음). • 모음을 읽고 자음을 막대로 획순에 따라 쓴다. • 뒷면이 종이를 빼 써진 모음을 읽어 본다.
		◉ 가을 날씨 사진, 글자카드 연결하기 • 글자카드의 이야기를 읽고 이야기에 맞는 날씨 사진을 찾아 본다. (교사나 능숙한 또래의 안내에 의한 안내된 읽기 또는 혼자 읽기) • 날씨 사진에 어울리는 이야기를 만들어 이야기 해 본다.
		◉ '고추잠자리' 입체 동시판을 조작하며 동시 읽기 • 함께 읽기(함께 읽는 경험 나누기) • 안내된 읽기(교사와 능숙한 또래의 안내에 의한 안내된 읽기) • 혼자 읽기 ◉ 친구가 읽어 주는 동시 듣기
마무리		• 활동에 대해 평가한다. • '고추잠자리' 동시판을 보며 동시를 읊어 본다. – 동시를 한 자씩 짚어 가며 읽는다. - 유아와 유아가 동시에 번갈아 가며 읊는다.

출처: 백옥희(2015).

표 9-7 세 가지 언어교육 접근법 비교

	발음중심 언어교육 접근법	총체적 언어교육 접근법	균형적 언어교육 접근법
영향 받은 사조	• 행동주의 (로크, 손다이크)	• 17세기 코메니우스 • 아동중심 사상(루소, 페스탈로치, 프뢰벨) • 구성주의(피아제) • 사회적 상호작용주의(비고츠키) • 경험주의(듀이) • 기능주의 언어학자(할리데이)	• 발음중심 언어교육법 • 총체적 언어교육법

(계속)

시대	1960년대~1980년대	1980년대~1990년대 중후반	1995년 이후~최근
인간관	• 수동적 존재	• 능동적 존재 • 사회적 존재	• 능동적 존재 • 사회적 존재
문해 학습관	• 학습 준비도 필요 • 단어부터 교육함 • 발음, 음가 중시함 • 교사주도 방식 • 체계, 명시지도	• (성인)상호작용을 통해 성/문자 언어학습 • 문식성 환경에서 교수 없이 습득가능 • 아동 – 성인 상호작용 강조 • 풍부한 문식환경 조성 • 의미 파악 중시	• 학습 준비도 필요 • 단어(기능)와 이야기(의미) 모두 교수 • 교사주도와 교사와 상호작용 모두 교수 • 흥미, 동기 고려
	• 단어카드 • 철자카드	• 그림책 사용	• 다양한 · 교구 · 교재 사용
	(의미파악 위한) • 그림, 삽화 생략	(의미파악 위해) • 그림, 삽화 권장	(필요에 의해) • 그림, 삽화 생략 혹은 첨가
	(의미파악 위한) • 예측 질문 거의 하지 않음	(의미파악 위해) • 예측 질문 권장	(필요에 의해) • 예측 질문 권장
	• 상향식 접근	• 하향식 접근	• 상향식 접근 • 하향식 접근
	• 기능중심 접근법	• 의미중심 접근법	• 기능과 의미의 조화
	• 음소 · 단어 · 문장 · 담화	• 담화 · 문장 · 단어 · 음소	• 균형적으로 제시
	• 개별지도	• 소집단 • 대집단	• 개별지도 • 대 · 소집단

출처: 이하원 외(2017).

CHAPTER 10

언어지도에서의 교사역할

듣기, 말하기, 읽기, 쓰기 발달은 서로 밀접하게 연관되어 있으며, 역동적인 관계 속에서 함께 발달하기 때문에 이를 따로 지도하기보다는 통합적으로 지도하는 것이 바람직하다. 그러나 이에 앞서 각각에 대한 충분한 이해가 전제되어야 한다. 이 장에서는 영유아의 바람직한 언어 발달을 위한 다양한 교사의 역할에 대해 살펴보고 듣기, 말하기, 읽기, 쓰기 발달에 영향을 주는 요인과 지도원리에 대해 구체적으로 살펴보도록 한다.

1 언어 발달을 위한 교사의 역할

영유아의 언어 발달을 위한 교사의 역할은 매우 중요하고 다양하다. 교사의 역할에 따라 영유아의 언어 발달이 촉진될 수도 있고 저해될 수도 있다. 영유아의 언어와 행동을 민감하고 주의 깊게 관찰하는 교사는 영유아들과 의미 있는 상호작용을 통해 언어 발달에 도움을 준다. 즉, 모델로서의 역할, 제공자로서의 역할, 상호작용자로서의 역할, 관찰자로서의 역할이 요구된다(오성숙·유민임, 2016; 오은순 외, 2013; 이경화 외, 2006).

1) 모델로서의 교사

영유아들은 자신의 모국어를 힘들이지 않고 거의 무의식적으로 학습한다. 교사가 올바른 언어사용습관을 보이게 되면 영유아는 자연스럽게 이를 보고 따라 하면서 언어에 대한 기본적인 태도와 습관을 기른다. 특히 교사는 유아에게 말하기, 듣기, 읽기, 쓰기 등 언어의 모든 면에서 모델이 되기 때문에 항상 언어사용에 있어 모범을 보여야 한다.

(1) 말하기 모델로서의 교사

교사는 가능한 최상의 말하기 모델이 되기 위해 표준어를 사용해야 한다. 유아의 말하기능력은 주변 성인의 발음, 억양, 어휘, 문법 사용이 올바르고 정확할 때 그 효과가 최대화될 수 있다. 유아는 성인의 발음을 듣고, 그대로 발음하고자 애

쓰며, 성인이 사용하는 어휘나 문장을 사용하고자 노력한다. 이에 교사는 주제가 바뀜에 따라 주제와 관련된 다양한 어휘와 바른 문장을 의도적으로 사용하는 모델을 보여 주어야 한다. 적절한 말 뿐만 아니라 상황에 맞는 적절한 표정과 정서적 태도를 보여 줌으로써 언어적 상호작용에서 필요한 올바른 습관을 발달시킬 수 있도록 해야 한다. 교사의 지지적 행동이나 대화는 유아가 자신에 대해 긍정적 가치감을 갖게 한다. 따라서 정확한 단어나 완전한 문자의 모델링은 수정하거나 꾸짖는 어조가 아니라 부드럽고 자연스러운 대화 방식으로 행해져야 한다.

(2) 듣기 모델로서의 교사

좋은 듣기 습관은 앞으로 영유아의 학교생활에서 중요한 영향을 미친다. 듣기 기술 그 자체를 가르치기는 어렵지만 듣는 태도는 가르칠 수 있다. 따라서 교사는 유아가 하는 말을 주의 깊게 경청함으로써 좋은 듣기 모델이 되어 주어야 한다. 즉, 교사는 유아의 말을 들을 때 고개를 끄덕여주거나, 유아의 말을 확인해 줌으로써 유아의 말을 잘 듣고 있음을 보여 준다. 이러한 교사의 자세는 영유아가 상대방이 이야기하는 것에 집중할 수 있도록 해 준다.

유아가 잘 듣게 하기 위해서 초기 교사의 지시는 간단명료해야 한다. 한 번에 한 가지씩 지시하고 지시 내용을 짧고 간단하게 구성할 수 있도록 한다.

(3) 읽기 및 쓰기 모델로서의 교사

유아들은 주변 성인이 무엇인가를 읽고, 쓸 때 매우 유심히 관찰한다. 바른 쓰기 모델을 보여 줌으로써 이후에 유아가 글씨를 쓸 때 도움이 된다. 예를 들어, 교사가 유아의 작품에 대한 이야기를 써 주는 것을 보고 유아는 자신이 생각한 것이나 말하는 것이 글로 써질 수 있음을 알게 된다. 더욱이 유아는 교사가 의도적으로 바른 글씨체로 쓰는 모습을 보는 과정에서 글쓰기의 적절한 모델을 접하게 된다.

교사가 책을 읽어 줄 때 유아는 글자가 어떤 의미 있는 내용을 담고 있음을 이해하게 되면서 읽고자 하는 욕구가 생기고 책과 친숙해지는 기회를 갖게 된다. 이때 유아는 교사가 책을 읽어 나가는 시선의 방향을 보면서 시각적으로 글 읽기의 방향을 알게 된다. 글씨와 단어의 발음과 말의 의미가 함께 연결된다는 것을 아는 과정에서 손가락으로 글을 한 자씩 짚어가면서 읽기도 한다.

2) 제공자로서의 교사

언어 자체는 추상적 성격을 가지고 있으므로 영유아들이 구체적인 경험이나 물건을 통해 의미를 형성할 수 있도록 도움을 제공하는 것이 바람직하다. 어린 영유아일수록 오감을 사용하여 직접 접해 보고 느껴 보도록 하고, 일상생활 속에서 문자와 그림을 함께 제공해 줌으로써 문자가 가지고 있는 상징의 의미를 자연스럽게 인식하도록 도와주어야 한다.

유아의 언어 발달을 위한 경험이나 자료는 무궁무진하다. 교사들은 정해진 목표에 기초하여 경험을 계획하는 데 제공될 많은 자원들을 잘 정리해 두고, 필요에 따라 이용할 수 있어야 한다.

3) 상호작용자로서의 교사

교사의 역할 중 가장 중요한 것은 바로 '어떻게 상호작용하는가' 하는 것이다. 상호작용자란 유아가 말하고 하는 일에 항상 관심을 갖는 사람으로 정의할 수 있다. 이런 교사는 유아가 선택한 어떤 주제에 대해서도 대화로 격려한다. 그리고 유아들의 일에 대해 끊임없이 토론하고 해석하는 등 유아의 경험과 활동 등을 연구하고 유아 또한 연구자라는 생각으로 놀이 속에 깊이 포함되어야 한다(박근주 외, 2017). 상호작용을 격려하는 교사는 가능한 한 유아들과 개별적으로 대화할 시간을 의도적으로 계획한다. 이 사적이고 개인적인 일대일의 만남은 '나는 너를 소중히 여긴다'라는 감정과 개방적 의사소통을 조성해 준다. 또한 유아가 보고 탐색하고, 경험한 것에 대해 언어적으로 상호작용을 할 수 있다. 이와 같이 유치원 내외에서 일어나는 많은 상황들 속에서 유아들은 많은 인상들을 갖게 되며, 의문을 갖고 그에 대해 서로 질문하고 대답하기 위해 언어적 상호작용을 하게 된다. 이 과정에서 교사는 대화를 통해 유아의 사고를 증진할 수도 있다.

4) 관찰자로서의 교사

유아들은 성장 배경과 환경이 다르므로 언어 발달에 있어서 개인적 차이도 크다. 이러한 유아들의 언어 성장을 돕고 풍부하게 하기 위하여 교사가 먼저 해야 할 일은 각 유아의 개별적 언어능력, 집단 내에서의 언어 기술 등을 계속 관찰하는 것이다.

관찰은 각 유아의 개별적 선호와 이미 학습된 언어 상호작용 패턴에 대한 단서를 준다. 교사는 유아의 언어 행동을 예리하게 관찰하고 들으면서 언어 발달 및 수준에 대한 정보를 모은다. 정보는 주로 유아의 요구, 바람, 흥미, 유아가 이미 획득한 지식, 태도, 언어 기술 등에 대한 것으로, 교사가 유아를 어떻게 지도하고 계획할 것인지를 안내해 준다.

2 언어 발달 영역별 교사의 역할

1) 듣기지도

언어생활의 시작은 듣기부터라고 할 수 있다. 어머니의 뱃속에 있는 태아도 청각적 자극을 통해 자연스럽게 소리를 경험하고, 어머니 소리를 듣는 것에 대한 선천적인 선호를 보인다. 그러나 듣기가 저절로 획득되는 것은 아니다. 들려오는 여러 소리 가운데서 필요한 소리나 들어야 할 소리를 선별적으로 듣고 그 소리의 의미가 무엇인지를 파악하기 위해서는 특별한 주의가 필요하다(강성화·김경회, 2013).

유아들의 듣기 경험은 매우 새롭고 높은 수준의 지적 능력을 요하는 중요한 교육경험 중 하나이다. 그리고 유아기에 형성되는 유아의 듣기 습관은 평생동안 지속될 확률이 상당히 높다. 그러므로 유아의 듣기 경험에 세심한 주의를 기울여 듣기능력 발달을 위해 조직적으로 계획하고 지도할 것이 요구된다. 많은 듣기활동 중에 유아들에게 그림책을 읽어 주는 활동은 매우 바람직한 듣기활동이다. 그림과 글이 함께 들어 있는 그림 이야기책은 유아들이 흥미를 갖고 집중하여 들을 수 있는 훌륭한 매체로서 가정에서나 유아교육기관에서 듣기교육의 하나로 항상 유지되는 활동이다. 그러므로 교사는 유아의 듣기능력을 향상시키기 위해 좀 더 조직적이며 체계적인 교육을 계획하고 지도하도록 해야 한다.

(1) 듣기의 영향 요인

듣기에 영향을 주는 요인을 살펴보고 이들 요건을 충족시켜 주면 듣기활동을 지도하는 데 도움을 줄 수 있다(강성화·김경회, 2013).

① 말의 속도

말의 속도는 듣기에 영향을 미친다. 말의 속도가 빠르면 그 의미를 미처 이해하지 못할 수 있는데 이는 새로운 내용일수록 그 영향이 크다. 반면에 말의 속도가 느리면 지루하여 영유아가 주의집중을 하는 데 문제가 있게 된다.

② 환경적 요인

듣기는 방해하는 소음의 여부나 영유아의 주의를 끄는 어떤 물건이 있을 때 듣기가 방해받는다. 따라서 교실의 분위기를 정돈하고 소음의 발생을 최소화해야 한다.

③ 이야기 주제에 대한 영유아의 흥미나 관심도

이야기의 내용이 영유아가 알고 있는 내용이거나 흥미로울 때 이야기를 잘 들을 수 있다.

④ 교사 요인

교사의 언어형태가 영유아의 수준에 맞는지 여부와 교사 자신이 주의가 산만한지 여부도 듣기에 영향을 미친다. 교사가 차분한 태도로 듣기에 모범을 보일 때 영유아는 듣기를 잘할 수 있다.

(2) 듣기지도방법

다음은 교사가 듣기지도를 할 때 알아두어야 할 일반적인 지도방법이다(김인순 외, 2009; 엄태식·조정은, 2015; 한유미 외, 2013).

① 유아가 듣기의 중요성을 인식하게 한다.

교사들은 일반적으로 유아에게 “잘 들어 봐라, 조용히 해야 들을 수 있다. 들을 준비되었니?”와 같은 유형의 말을 하면서 듣기의 필요성을 이야기한다. 그러나 문학작품을 감상해야 할 때, 음악을 감상할 때, 이야기 나누기를 할 때, 친구의 이야기를 들어야 할 때와는 듣는 목적이 다르므로 각 듣기활동 유형에 따라 듣기의 중요성을 인지하도록 한다.

② 자료와 방법을 다양하게 활용하여 제공한다.

동일한 음악을 다양한 악기로 표현된 것을 듣거나 동일한 동화를 다양한 매체로 활용한 것을 경험하게 한다.

③ 듣기에 대한 감각을 경험하고 표현하도록 돕는다.

유아는 주변에서 쉽게 들을 수 있는 일상적인 소리에서부터 새롭고 특이한 소리까지 관심을 갖는다. 유아교육기관에서 들을 수 있는 소리, 교실, 부엌, 놀이터 등의 다양한 장소에서 들을 수 있는 소리에 의미를 부여하여 관심을 갖도록 한다. 또한 우리말이 재미있는 어휘를 듣고 경험하여 우리말의 재미와 가치를 느낄 수 있도록 한다.

④ 유아의 발달수준을 고려한 활동과 개별적인 지도를 하도록 한다.

유아의 언어 발달은 일상생활과 관련된 언어를 사용함으로써 의사소통능력을 향상시킨다. 그러므로 유아가 자연스럽게 일상생활에서 사용하는 낱말과 문장들을 듣고 이해하는 것이 필요하다. 또한 평소에 자료를 바탕으로 개인차를 고려하여 지도하고, 하루일과 중 개별적인 지도를 할 수 있도록 계획한다. 그리고 유아 수준에 따른 문학작품 듣기, 음악 듣기, 극놀이 감상 등 듣기활동을 제공한다.

⑤ 교사나 부모 등 성인이 유아의 듣기를 위한 바람직한 모델을 보여 준다.

유아와 대화할 때 유아를 바라보며 듣는 행동을 하는 것은 매우 중요하다. 그러나 많은 성인들은 무의식적으로 자신의 일을 하면서 유아와 대화하는 경우가 있다. 유아는 성인과의 의사소통과정에서 가장 많은 영향을 받으므로 주의 깊게 듣는 습관과 태도에 대한 모범을 보여 주는 것이 필요하다.

(3) 교사의 역할

영아 듣기지도 시 교사의 역할은 다음과 같다(김경의 외, 2015).

첫째, 교사는 영아와 눈을 맞추고 영아가 보내는 몸짓이나 표정과 같은 비언어적인 단서나 언어적 시도에 적극적으로 반응한다.

둘째, 영아가 자유롭게 만질 수 있고, 흔들면 소리가 나는 장난감을 제공하고, 영아의 주의를 끌 수 있도록 손뼉 치기, 두드리기, 콧노래, 노래 등을 들려 줌으로써 풍부한 언어적 자극을 제공한다.

셋째, 교사는 일상적인 상황에서 영아에게 구체적인 말을 들려 주도록 한다.

넷째, 교사는 영아에게 큰 소리, 작은 소리, 보통 목소리, 귀에 속삭이는 소리 등으로 말해 줌으로써, 영아가 소리의 크기에 따른 감정의 변화를 느끼고 집중해서 듣는 태도를 기르도록 한다.

다섯째, 교사가 하고 있는 일이나 생각을 영아에게 짧은 이야기로 들려 줌으로써 영아가 상황에 적절한 어휘와 표현을 익히도록 한다.

유아 듣기지도 시 교사의 역할은 다음과 같다(김경의 외, 2015; 정남미, 2015).

첫째, 교사는 유아와 개별적으로 상호작용하며 대화하기를 즐기고, 유아와 대화하거나 활동할 때 문법적으로 정리된 체계적인 문장을 적절한 속도로 이야기한다. 아직 언어 발달이 미숙한 유아는 말의 속도가 너무 빠르면 내용의 이해가 어렵기 때문에 교사는 유아의 반응을 보면서 말하는 속도를 조절하도록 한다. 또한 유아가 들은 내용을 이해하였는지 확인하는 작업도 필요하다.

둘째, 유아의 듣기능력 발달은 개별적인 차이가 있으므로, 유아가 자신의 수준에 맞게 선택할 수 있도록 다양한 수준의 활동을 제공한다. 예를 들어, 일상생활에서 들을 수 있는 다양한 소리나 동물 소리 변별하기, 친구 목소리 구별하기, 특정한 소리 듣고 흉내 내기, 다양한 악기 소리 듣기, 수수께끼, 동화나 동시 듣기, 언어적 지시가 있는 게임 등 다양한 활동을 개별 유아의 수준을 고려하여 제공한다. 또한 유아의 연령을 고려하여 어릴수록 활동을 짧게 계획하고, 교사의 음성이나 어조에 변화를 주어 흥미가 유지되도록 한다.

셋째, 교사는 유아가 하는 말에 언어적 또는 비언어적 반응, 감정이입, 질문 등을 함으로써 전달하고자 하는 내용에 집중하도록 한다. 이러한 교사의 듣기 태도는 유아에게 자신의 말을 교사가 인정하고 있다는 느낌을 전달하여 유아 역시 말하는 사람에게 주의를 기울이며 경청하는 자세를 가지게 한다.

2) 말하기지도

말하기는 가장 일반적으로 사용되는 의사소통을 위한 표현양식이며, 유아가 학습하게 되는 첫 번째 언어 형식이고, 언어의 가장 보편적인 유형이므로 언어교육 시 가장 기본적인 출발점이 되어야 한다. 듣기가 이루어지면 자연스러운 말하기가 시작되는데 효과적으로 말하기를 하기 위해서 첫째, 메시지를 명확히 하고 조사·분석하여 해석하고, 둘째, 메시지에 대한 자신의 생각과 반응을 통합하고 정교화시키며, 셋째, 메시지를 이해한 후 이에 적절히 반응하고, 마지막으로 다른 사람이 이해할 수 있도록 메시지를 산출해 내야 한다.

(1) 말하기의 영향 요인

영유아가 말을 잘하기 위해서는 신체적으로 건강하며 정서적으로 안정되어 있어야 한다. 다른 영역보다 영유아의 심리상태가 큰 영향을 미치는 영역이 말하기이다.

이러한 말하기에 영향을 주는 요인은 다음과 같다(강성화·김경회, 2013).

① 말하려는 상대에 대한 친숙성과 상대에 대한 지각상태가 말하기에 영향을 준다. 즉, 친숙한 관계에 있는 상대방이 자신의 말을 잘 들어 줄 것이라는 생각을 하게 되면 편안하고 쉬운 상태에서 말하기를 할 수 있다. 말하는 상대방이 개인인 경우 또는 집단인 경우에 따라 말하기가 달라지며, 상대의 연령도 영향을 준다.

② 말하려는 내용의 주제가 말하기에 영향을 준다. 영유아가 경험하여 알고 있는 내용의 경우 말하기가 쉽다.

③ 소통하려는 형태에 따라 말하기가 달라진다. 설명을 하는 경우, 질문에 대답을 하는 경우 또는 토의에 참석한 경우 등 각 상황에 따라 말하기가 달라진다.

④ 말하기를 할 때 인형이나 전화, 마이크, 확성기 등 도구가 있는 경우 말하기에 영향을 준다. 이러한 도구는 영유아들이 보다 쉽게 말하기를 할 수 있도록 돕는다.

(2) 말하기지도방법

말하기는 상대방이 이해할 수 있는 음성언어의 형태로 자신의 느낌이나 생각을 상황과 목적에 맞게 규칙을 적용하여 표현해야 한다(조정숙 외, 2005). 이러한 말하기능력을 증진시키기 위한 지도방법은 다음과 같다(김인순 외, 2009; 오은순 외, 2013).

① 음성을 조절할 수 있도록 지도한다.

말하기를 잘하기 위해서 영유아는 음성을 효과적으로 조절할 수 있어야 한다. 유아들 중에는 때와 장소에 따라 말소리를 조절하지 못하는 경우가 있으며, 지나치게 단조롭거나 날카롭게 이야기하는 경우도 있다. 이는 유아의 정서와 관련이 있는 것으로 지도 시에 긴장감이 없도록 수용적인 분위기를 만들어 주고, 직접적인 수정·지시보다는 모범적인 모델을 보여 주거나, 자신의 목소리를 녹음하여 들려주는 등의 간접적인 지도방법을 사용하는 것이 효과적이다.

② 정확한 발음으로 말할 수 있도록 지도한다.

유아가 정확하고 올바른 발음을 할 수 있도록 돕는다. 소리의 변별력이나 발음기관의 미성숙, 정서에 문제가 있으면 정확한 발음이 되지 않는다. 유아가 잘못된 발음을 하거나 아기 말을 계속하여 사용하는 경우, 교사는 정확한 발음의 모델을 제공하여 발음지도를 해야 한다. 따라서 발음지도를 할 때에는 이러한 원인을 고려한 정확한 개별지도가 바람직하다.

③ 바른 어휘와 문장을 사용하도록 지도한다.

유아는 직접적인 경험을 통하여 어휘를 습득하게 되므로 여러 가지 상황이나 다양한 활동을 제공하여 많은 어휘를 습득할 수 있도록 도와주는 것이 필요하다. 완전한 문장으로 말할 수 있도록 지도하기 위해서는 반복확장(완전한 문장을 만들어 이야기해 주는 방법)이나 의미부연(유아가 표현한 문장에 의미까지 확대하여 반응해 주는 방법), 촉진(유아에게 질문하여 완전한 문장 구성을 자극하는 방법) 등으로 상호작용하며 격려해 주고 주변에서 모범을 보이는 것이 중요하다. 동시에 주의 깊게 듣고 적절한 시기에 반응을 하는 모범을 보인다. 시선을 수평으로 맞추고, 차례를 기다려 말하는 등 대화에 필요한 예의도 습관화되도록 지도한다.

④ 다양한 대화경험을 제공한다.

자기중심적 사고가 특징인 유아들에게 다른 사람과 대화하는 경험은 타인의 관점을 이해하는 데 도움이 된다. 대화란 자신의 생각을 바르게 전달하고 타인의 생각을 이해해야 가능해진다. 다양한 사람과 말해 보는 기회를 제공하고, 또 여러 사람 앞에서도 조리 있게 말해 볼 기회도 준다. 따라서 발표나 토의, 극놀이 등의 다양한 조건에서 실제적인 대화경험을 많이 제공하는 것은 유아의 말하기 능력 발달에 매우 중요하다.

⑤ 많은 어휘를 학습하도록 하며 다양한 이야기 거리와 자료를 제공해준다.

영유아의 어휘를 확장하고 문장을 바르게 사용할 수 있도록 돕는다. 영유아가 말을 잘하기 위해서는 많은 어휘를 학습하고 사용할 기회를 가지며 완전한 문장으로 이야기하는 능력이 있어야 한다. 영유아가 습득한 어휘는 영유아의 흥미나 경험, 지적 발달정도를 반영하는데, 어휘를 잘 습득하기 위해서는 구체적 경험이 필요하다.

견학이나 소풍, 실험 등 여러 가지 새로운 경험을 제공하고 손 인형이나 마이크, 거울, 전화기 등을 준비하여 유아가 말하고 싶은 욕구를 자극해 주는 것도 말하기 발달에 도움이 된다.

⑥ 말할 수 있는 분위기를 제공한다.

영유아가 대화를 잘하기 위해서는 말하고 듣는 사람들 사이에 좋은 관계가 성립되어 있어야 하고, 정서적으로 안정되어 있어야 한다. 이를 위해 영유아의 말하기를 허용하는 개방적인 분위기를 제공하며, 공동의 화제가 될 수 있는 대화의 소재를 제공한다. 영유아에게 말할 기회를 주고 자신의 말을 흥미 있게 들어주는 사람이 있다는 느낌을 갖도록 하여 영유아가 자신에 대해 신뢰감과 수용감을 갖도록 돕는다. 또한 영유아에게 말하도록 강요는 하지 않는다. 말은 자연스럽게 나와야 하는 것이므로, 말을 안 하는 영유아일수록 말하도록 강요하지 말고, 인내심을 갖고 말하기를 기다린다. 이를 위해 교실에 긴장감을 없애며 말할 소재를 제공하고, 인형이나 녹음기 등을 이용하여 말하기에 흥미를 갖도록 한다.

⑦ 효과적인 신체언어를 사용하도록 격려한다.

영유아가 말을 하면서 간단한 제스처를 사용하도록 지도한다. 유아에게 음성언어와 함께 자연스러운 방법으로 신체언어를 조화시키도록 돕는 것은 효과적인 의사소통에 도움이 된다. 따라서 신체적 표현을 적절히 사용하도록 한다면 더욱 쉽고 즐겁게 의사소통할 수 있다. 몸짓이 과장되는 경우 상대방에게 신뢰감을 주지 못하며, 짜증이나 싫증이 나게 할 수 있으므로 주의한다.

⑧ 혼잣말의 사용을 지원한다.

비고츠키(Vygotsky)는 말과 사고가 합쳐진 형태의 언어를 혼잣말이라고 했다. 혼잣말은 자신의 사고와 행동을 조절해 주는 자기규제의 기능을 가진다고 하였으며 자신과의 의사소통방법이라고 하였다. 성인들은 여러 단계를 거치는 어려운 과제 수행시에 중얼거리게 되지만, 유아들은 자신의 행동을 더욱 신중하게 하는데 도움을 주는 혼잣말을 더 자주 사용한다. 따라서 유아가 하는 혼잣말에 의미가 있을 때에는 적절한 혼잣말의 사용을 격려해 줄 필요가 있다.

⑨ 교사나 부모는 유아의 말하기지도를 위해 바람직한 모델을 보여 준다.

교사나 부모는 상황에 맞는 다양한 어휘나 문장을 사용할 때 바르고 정확한 발음을 구사하고, 새로운 어휘나 의성어, 의태어 등을 일상생활에서 직접 사용해 보도록 하고 허용적인 분위기와 반향적 방법을 사용한다.

(3) 교사의 역할

영아 말하기지도 시 교사의 역할은 다음과 같다(김경의 외, 2015).

첫째, 교사는 인형, 그림, 사진, 그림책과 같은 다양한 자료를 준비하여 언어적 상호작용이 많이 발생할 수 있는 환경을 마련해 준다.

둘째, 교사는 영아의 쿠잉과 옹알이를 말을 하는 것과 동일하게 받아들이고 들어 주며, 눈을 맞추고 정다운 목소리로 반응하여 교사의 말을 영아가 모방하도록 한다.

셋째, 교사는 영아와 매일매일 대화를 통해 영아가 새로운 말과 발음을 익히고 의사소통 기술을 증진시킬 수 있도록 한다.

넷째, 교사는 영아가 말을 할 때 기다려 주고 열심히 들어 천천히 말할 수 있도록 한다.

유아 말하기지도 시 교사의 역할은 다음과 같다(김경의 외, 2015; 성미영 외, 2015).

첫째, 다양한 종류의 말하기활동을 통해 교실에서 활발하고도 의미 있는 상호작용이 일어나도록 한다. 유아가 흥미를 느낄 수 있는 매력적인 자료와 활동을 준비하여 느낌이나 생각을 나누며, 의사소통의 중요성을 경험할 수 있도록 대화, 이야기 나누기, 설명하기, 요구하기, 토의하기, 발표하기, 이야기 짓기, 동극, 역할놀이 등의 다양한 활동이 개별 활동 및 대·소집단활동 속에서 진행될 수 있도록 한다.

둘째, 구체적 반응과 질문을 통해 유아의 말하기를 격려하며, 유아가 말하기에 자신감을 가질 수 있도록 돕는다. 유아가 무엇을 말할 때 교사는 조용히 경청하며 그 내용을 이해하려 노력하고, 사고를 자극하는 육하원칙(누가, 언제, 어디서, 무엇을, 왜, 어떻게)을 활용한 질문을 통해 유아가 보다 길고 완전한 문장을 말할 수 있도록 한다.

셋째, 유아가 활동하면서 차례 지켜 말하기, 바른 태도로 말하기, 대화의 상대와 때·장소 등의 상황을 고려하여 말하기 등의 예절을 익힐 수 있도록 한다. 다양한 연령의 사람들과 말할 수 있는 기회를 제공하여 유아가 생활 속에서 자연스럽게 존댓말을 사용할 수 있도록 하며, 이야기 나누기 및 견학활동을 통해 때와 장소에 따라 말소리의 크기를 적절하게 조절할 수 있도록 한다. 만약 아동 관찰을 통해 발음이 정확하지 않거나 계속 큰 목소리로 말하는 유아가 있다면 발음기관이나 청각기관을 검사하도록 한다.

3) 읽기지도

읽기란 문자화된 글 또는 인쇄된 자료로부터 상징적 해독 체계를 이용하여 의미를 추출해 내는 과정이다(Wolff, 1977; 김인순 외, 2009 재인용). 문자언어가 상징하는 바를 처리하여 저자의 의도, 태도, 신념, 느낌을 의미 있게 해독하는 과정을 통하여, 기록하는 사람과 해독하는 사람 사이에 이루어지는 의사소통이라고 할 수 있다. 즉, 읽기는 문자 언어를 의미 있게 해독하는 과정이다.

읽기능력은 연령과 언어 발달수준에 따라 다르다. 만 5세 유아가 의미를 파악하면서 읽는 경우, 내용이 수준에 맞지 않아서 읽어도 의미를 모르는 경우, 성인이라도 자기 전공분야가 아닌 경우에는 읽는다 해도 의미를 이해하지 못하는 경우가 많다. 따라서 진정한 읽기란 내용을 이해하면서 나름대로 의미를 구성해나가는 지적인 활동인 것이다. 그러므로 똑같은 내용을 읽더라도 읽는 사람에 따라 그 의미는 조금씩 다르게 구성될 수 있다. 왜냐하면 개개인마다 내용과 관련된 배경지식이 다르기 때문이다. 그러나 이러한 읽기에 있어서 의미를 파악하기 위해서 선행되는 것이 상징화된 문자를 지각하는 것이다. 만 5세 유아가 중간 중간에 모르는 글자를 건너뛴다면 읽기에 있어서 문자를 해독하지 못하기 때문에 발생하는 것이고, 그것은 의미를 이해하지 못하는 결과가 된다. 예를 들면, '달'과 '돌'은 자음과 모음의 결합형태가 비슷한 것처럼 유아에게는 보이나 의미는 전혀 다르다. 또한 맥락이 비슷하게 연관될 때 더 잘 해독할 수 있다(공주와 왕자, 칫솔과 치약). 따라서 문자의 상징기호를 해독하는 과정이 읽기의 개념에 있어서 선행되어야 할 것이다.

유아들은 가정이나 유아교육기관에서 다양한 읽기 경험을 통해 읽기에 필요한 지식을 갖게 된다. 글을 읽을 때는 왼쪽에서 오른쪽으로 읽으며, 읽어야 하는 것은 그림이 아니라 글이라는 것, 여러 가지 기호와 신호의 의미, 책을 다루는 방법 등을 알게 된다. 이기숙(2004)은 유아의 읽기지도는 비형식적으로 이루어져야 한다고 강조하면서 읽기를 효과적으로 지도하기 위해 부모와 교사가 주의해야 할 사항들을 다음과 같이 제시하고 있다.

첫째, 읽기는 유아마다 서로 다른 준비도와 동기를 갖고 있으므로 모든 유아에게 읽기를 형식적으로 가르치기 위한 가장 좋은 시기는 없다.

둘째, 유아 스스로가 읽기를 배우려는 욕구가 일어나도록 주위의 자극이 필요하다는 것을 인식해야 한다.

셋째, 책을 좋아하고 글씨에 흥미를 갖도록 하기 위해 유아가 책을 자유롭게 보도록 하는 기회가 주어져서 동기유발이 되는 것이 중요하며, 책의 종류를 자주 변화시켜 주는 것도 효과적이다.

유아의 읽기 발달을 촉진시키기 위해서는 직접적이고 형식적인 교수보다는 책 읽기와 같이 일상생활에서 자연스럽게 이루어질 수 있는 활동을 제공해 주어야 할 것이다. 따라서 이러한 지도내용을 기초로 교사나 성인이 주도하기보다 유아의 개인차에 따른 유아중심의 읽기지도가 필요하다.

(1) 읽기의 영향 요인

유아가 글자를 읽게 되기 위해서는 다음 사항을 갖추고 있어야 한다.

① 신체적 요인

읽기능력을 발달시키기 위해서는 유아의 일반적인 건강상태가 양호하고 시력이나 청력 등이 정상적으로 발달되어 있어야 한다. 또한 글을 읽을 때 필요한 왼쪽, 오른쪽, 위, 아래 등의 방향감각과 안구운동능력이 발달되어야 한다.

② 인지적 요인

읽기를 잘하기 위해서는 지시를 따르고 이야기의 전후관계를 파악할 수 있는 능력이 있어야 한다. 글을 읽는다는 것은 의미를 해독하는 과정이므로 읽기에는 이해, 해석, 개념학습, 문제해결, 추리 등과 같은 지적 능력이 필요하다.

③ 심리적 요인

유아가 교육기관에서의 집단생활에 적응하는 정도와 유아의 문자에 대한 흥미 그리고 글을 읽으려는 동기 등이 읽기능력에 영향을 준다.

④ 지각적 요인

읽기를 자극해서 정보를 추출하는 능력이 있어야 하며, 시각적·청각적 변별이 가능하여야 한다. 즉, 문자 형태의 유사점과 차이점을 식별하는 능력, 글자와 소리의 관계를 파악하고 소리의 차이점과 유사점을 식별하는 능력이 있어야 한다.

⑤ 환경적 요인

유아가 문자를 접한 경험과 읽을 기회를 제공하여 읽기를 촉진하는 환경 그리고 글이나 책을 읽는 유아 주변의 읽기 모델 등이 유아의 읽기능력 발달에 영향을 준다.

(2) 읽기지도방법

읽기를 위한 구체적인 지도방법은 다음과 같다.

① 유아가 글자의 기능을 인식하도록 지도한다.

유아는 주변에 있는 많은 글자를 사람들이 보고 읽는 것을 보고 글자에 관심을 갖게 되며 글자의 기능을 이해하게 된다. 유치원에서 자신의 이름과 글자로 쓰인 이름과의 관계를 알게 된다면, 이는 글이 어떤 대상을 상징한다는 것을 이해하게 되었다는 것을 의미한다. 그러므로 글자에 대해 직접적인 가르침보다는 유아들의 호기심에 따라 자연스럽게 주변에서 글자와 상호작용하는 기회를 주는 것이 중요하다. 특히 좋아하는 친구의 이름이나 늘 대하는 달력, 하루일과표 등을 통해 글자를 익히도록 지도하는 것이 효과적이다. 또는 우편함을 만들어서 친구들에게 편지를 보내도록 격려한다면 친구의 편지내용에 관심을 갖게 되고, 편지의 내용을 이해하기 위한 노력을 하게 될 것이다. 이렇듯 유아가 글이나 문장이 사람들의 일상적인 삶에 중요한 역할을 한다는 것을 이해하도록 풍부한 환경을 제공한다.

② 읽기의 바른 태도를 기르도록 돕는다.

책을 읽을 때 바른 자세로 읽을 수 있도록 모델을 제시한다. 책을 다루는 법, 다른 친구와 공유하는 방법, 지은이에 대한 관심 등을 의도적으로 표현한다.

③ 읽기활동은 통합적인 접근방법으로 계획한다.

읽기를 지도할 때 발음, 철자, 문법 등으로 분절하여 지도하기보다는 여러 기능들이 복합적으로 이루어져서 통합적으로 읽기가 발달하도록 한다. 듣기, 말하기, 쓰기가 포함되는 통합적 활동이 되도록 계획한다. 즉, 읽기와 쓰기가 동시에 이루어지거나 듣기와 말하기활동이 함께 일어나는 것이 좋다.

④ 유아의 언어능력, 흥미에 따라서 개별적인 지도를 한다.

유아의 환경과 개인적인 경험에 따라 개인차가 있으므로 각 유아에 맞는 지도를 한다. 유아가 지닌 기본적인 언어능력과 특성, 언어에 대한 태도와 흥미 등을 파악하여 이를 활동에 반영한다. 또한 유아에 따라 개인차가 크므로 개별적인 읽기지도계획을 수립한다. 유아의 능력에 알맞을 때 유아는 자신감을 가지고 읽기를 배우는 일에 흥미와 열정을 가질 수 있다. 따라서 교사 편의 위주가 아니라 유아의 발달단계에 따라 읽기 과정을 조정해야 한다.

⑤ 읽기활동에 적합한 환경을 조성한다.

유아가 교실에서 충분히 글자를 경험할 수 있도록 자극적인 교실환경을 마련한다. 유아의 이름이나 표지판, 교구 이름, 활동 이름, 게임 규칙 등을 문자로 적어 두어 자연스러운 문해환경을 제공한다.

(3) 교사의 역할

영아 읽기지도 시 교사의 역할은 다음과 같다.

첫째, 교사는 영유아교육기관의 환경에 풍부한 문해환경을 제공하여 읽기를 촉진한다.

둘째, 문학 작품을 활용하여 영아와 활발한 상호작용을 한다. 교사는 영아를 무릎에 앉히고 그림책을 함께 보며 그림과 관련된 질문을 통해 영아가 이야기를 들으며 그림을 함께 보도록 한다.

셋째, 일상과 관련된 이야기나 자연의 변화에 대한 감정 표현하기 등 언어적 자극을 제공한다.

유아 읽기지도 시 교사의 역할은 다음과 같다(조정숙 외, 2005).

첫째, 영유아교육기관에서 가장 친숙한 읽기자료인 동화책을 장르별로 다양하게 제공한다. 유아들이 경험할 수 있는 일상생활에서의 사실적 이야기를 다룬 그림책을 비롯하여 전래동화, 환상동화, 개념과 정보를 제공하는 책, 수 세기와 관련된 책을 제공하여 풍부한 소재를 읽을 수 있도록 한다. 연령이 어린 유아에게는 단순한 이야기 구조에 그림이 많고, 반복적인 단어 사용을 통해 다음 상황을 예측할 수 있는 쉬운 책을 제공한다.

둘째, 유아가 원하는 자료를 선택할 수 있도록 유아의 흥미와 발달수준에 적합하고 다양한 자료와 활동을 제공한다. 글자 낚시, 글자 도미노, 촉감 글자판, 수수께끼카드 등의 교구를 활용하거나, 동화, 동시, 동요 등의 활동을 통해 자연스럽게 글자를 읽을 수 있도록 돕는다.

셋째, 책읽기를 통해 책 자체에 대한 기본 지식과 더불어 책을 통해 얻게 되는 새롭고 다양한 지식을 자연스럽게 경험할 수 있도록 한다. 동화책을 읽으며 유아는 책의 표지와 제목, 저자와 삽화가, 책을 소중히 다루는 방법, 읽는 것은 그림이 아니라 글이며 글자는 의미를 나타낸다는 것 등의 기본 지식을 알게 된다. 또한 책을 읽음으로써 유아가 이미 알고 있던 사전지식이 확장되고 새로운 지식을 알게 되는 것을 경험하게 할 수 있다.

4) 쓰기지도

쓰기는 문자를 쓰는 것뿐 아니라 쓰기와 관련된 종이나 쓰기도구를 가지고 노는 모든 활동을 포함한다. 영유아에게 있어서 쓰기는 문자와 친숙해지고 문자를 구성하는 여러 가지 선을 만들어 보는 활동이다. 글을 모르는 영유아일지라도 영유아는 자신의 경험을 이해하고 조직하기 위해 상징적 도구를 사용하여 기록하는데, 쓰기는 상징적 도구를 사용하여 자신의 경험을 이해하고 조직하여 다른 사람에게 전달하는 활동이다. 쓰기가 제대로 이루어지려면 쓰기를 위한 여러 가지 준비가 필요하다. 또한 다른 활동도 마찬가지지만, 쓰기는 영유아의 욕구와 필요에 의해 자연스럽게 이루어져야 하며, 쓰기를 위한 근육을 발달시키고 힘을 갖는데 중점을 두어야 한다.

(1) 쓰기의 영향 요인

쓰기는 듣기, 말하기, 읽기에 작용하는 여러 기능들이 통합적으로 작용하는 지적과정이라고 할 수 있다(이차숙, 2004).

이러한 영유아의 쓰기는 자발적인 동기에 의한 쓰기활동을 통해 쓰기의 즐거움을 충분히 경험할 수 있는 환경구성과 교사의 역할이 중요하다고 할 수 있다(정남미, 2015). 사람들이 왜 글을 쓰는지, 어떤 과정을 거쳐 쓰는지 문자언어의 목적과 기능에 대한 이해가 먼저 있다면 문자에 흥미가 생겨 쉽고 즐겁게 쓰기활동에 참여할 수 있게 될 것이다. 그러므로 언어의 기능에 대한 이해를 돕는 것도 중요한 시작이라 할 수 있다.

(2) 쓰기지도방법

유아의 발달 상태를 고려한 바람직한 쓰기지도를 위해 알아두어야 할 기본적인 원리들은 다음과 같다.

① 유아의 개인차를 고려해야 한다.

유아의 개별적인 발달수준은 각기 자신의 개인적인 능력과 경험, 환경에 따라 다르다. 유아 개개인의 생각과 표현방법 등이 다르므로 개인차에 따른 쓰기교육이 필요하다. 유아교육현장에는 글을 능숙하게 문법적인 규칙에 맞게 쓰는 유아가 있는가 하면 글쓰기의 경험이 전혀 없는 유아도 있다. 따라서 어느 정도 글을 쓸 수 있는 유아는 다양한 기회를 제공하여 좀 더 발전되도록 도와주어야 한다. 또한 쓰기를 시작하는 유아의 경우 쓰기활동을 돕는 소근육의 기능을 강화하거나 쓰기도구의 조절력, 눈과 손의 협응력을 증진하는 기본활동을 지도한다.

② 유아에게 의미 있는 쓰기지도가 되어야 한다.

쓰기활동이 유아에게 아무런 의미가 없는 글자를 가지고 반복적인 연습을 강요하여 가르친다면 일시적으로는 효과가 있는 것처럼 보이지만, 금방 유아가 싫증을 내게 되고 글쓰기의 필요성도 느끼지 못하게 된다. 따라서 유아가 쓰기의 필요성을 느끼도록 하여 자발적으로 쓰기활동을 하게 하는 것이 중요하다. 즉, 글자를 분해하여 가르치는 방법보다는 친구 이름 쓰기, 편지 쓰기, 전화번호, 생일 초대장 쓰기, 교실에서의 규칙 정하기, 자신의 경험, 동시 짓기 등 유아와 관련이 있고 유아에게 의미가 있는 활동으로 자발성을 유도하는 것이 중요하다.

③ 쓰기활동은 통합적으로 이루어지도록 지도한다.

의사소통영역 내에서의 통합적인 방법과 함께 타 활동과도 통합적으로 이루어져야 한다. 예를 들면, 요리활동을 하면서 순서를 계획할 때 교사와 이야기 나누기를 충분히 한 후 다시 순서를 써서 적어 두고 읽기활동으로 연결하며 요리한다.

④ 바른 글씨 쓰는 모습을 많이 보여 주어 흥미를 갖도록 한다.

유아는 주변 성인이나 친구들의 글씨 쓰는 모습을 자주 보게 되면서 유아 자신도 글씨 쓰기에 관심을 기울이게 된다. 그러므로 유아교육기관의 교사들은 유아들이 보는 앞에서 함께 읊은 동시의 내용을 써 준다거나 유아에게 자신이 그린 그림내용을 말하게 하고, 그것을 받아적어 주는 활동을 의도적으로 할 수 있다. 유아에게 글씨 쓰는 모습을 많이 보여 줌으로써 유아 스스로 쓰기의 필요성을 느끼고 자발적으로 쓰기가 이루어지도록 한다. 이때 유의할 점은 가급적이면 유아와 같은 방향에 앉아서 글자를 기록하거나 기록한 내용을 함께 소리 내어 읽어 보도록 하는 것이 좋다.

⑤ 여러 가지 오류를 자연스럽게 인정하고 적절하게 지도한다.

유아가 보이는 쓰기의 문제점들을 효과적으로 지도하도록 한다. 유아는 쓰기활동에서 글을 쓸 때 거꾸로 쓰는 경향이 있다. 이는 시각적 기억력의 제한, 방향 인식의 부족, 눈과 손의 협응능력 부족이 그 원인이다. 그러므로 유아의 쓰기활동에서 나타나는 오류를 지도할 때에는 발달과정상에서 자연스럽게 나타나는 오류이니만큼 직접적인 교정이나 반복적인 연습보다는 다소 시간이 걸리더라도 바르게 쓰인 것을 보고 차이점을 찾아보도록 하여, 유아 스스로 깨닫고 방향을 찾을 수 있도록 하여야 한다.

⑥ 쓰기활동에 적절한 자료를 다양하게 제공한다.

쓰기활동을 자극하기 위한 다양한 모양의 종이는 유아의 관심을 끌고 유아로 하여금 무엇인가 소중한 것을 써 보고 싶은 마음이 들게 할 수 있다. 칸이 나누어진 노트보다는 다양한 크기·색깔·두께·질감의 종이류, 분필, 크레파스, 사인펜, 굵은 연필, 색연필, 매직 등의 필기류와 칠판, 화이트보드, 자석판 등을 제공해 주어 유아의 쓰기활동을 도와줄 수 있다.

(3) 교사의 역할

영아 쓰기지도 시 교사의 역할은 다음과 같다.

교사는 영아가 마음껏 끼적이고 쓸 수 있는 자료와 환경을 제공해야 한다.

영아가 마음대로 손과 팔을 움직이며 종이에 끼적이는 것 자체를 즐기며, 자신이 끼적인 결과에 관심을 보이도록 환경을 마련해 준다. 또한 쓰기의 기본이 되는 대·소근육 발달을 위한 다양한 활동을 제공한다. 한쪽 벽이나 바닥 등에 큰 종이를 붙여 끼적이기를 마음껏 할 수 있도록 일정한 장소를 마련해 주는 것도 좋다.

유아 쓰기지도 시 교사의 역할은 다음과 같다.

첫째, 글자 자체에 흥미를 가질 수 있는 활동을 통해 글자를 더욱 친숙하게 느끼도록 한다. 몸이나 기다란 끈을 활용하여 글자 표현하기, 손으로 만지는 촉감 글자판 활용하기, 자음과 모음의 스탬프를 찍어 글자 구성하기, 여러 개의 점을 따라 선을 그어서 원하는 단어 완성하기, 속은 비고 테두리만 있는 글자를 색칠하기 등을 통해 글자에 관심을 갖도록 돕는다.

둘째, 타인과 상호작용을 돕는 쓰기의 기능을 놀이 속에서 인식할 수 있도록 자연스럽게 글을 쓸 기회를 많이 제공한다. 자신의 그림에 이름을 붙이기, 친구에게 카드나 편지 쓰기, 생활주제와 관련된 그림사전 만들기, 관찰일지, 동화책을 재구성한 앞이야기나 뒷이야기 짓기, 동시 개작하기, 쌓기놀이나 역할놀이의 소품 제작 등의 다양한 활동을 진행하고, 유아가 쓴 글들을 언어영역에 자주 전시하여 다른 친구들과 공유할 수 있도록 한다.

셋째, 자신의 느낌과 생각을 글로 표현할 수 있도록 다양한 쓰기 재료를 제공하여 유아가 원할 경우 언제나 쓸 수 있도록 준비한다. 다양한 색상·모양·크기의 종이, 부드럽게 잘 써지는 다양한 필기도구, 유아용 작은 칠판과 분필, 작은 크기의 화이트보드와 마커를 제공하고 지우개도 준비하여 내용을 곧바로 수정할 수 있도록 한다. 또한 간단한 팝업이나 아코디언 기법을 활용한 북아트활동을 통해 더욱 매력적인 글쓰기를 진행할 수도 있다.

CHAPTER 11

영유아 언어지도를 위한 환경구성

영유아교육기관의 물리적 환경은 영유아의 성장과 발달에 많은 영향을 미친다(황해익 외, 2014). 장시간 영유아교육기관에서 생활하는 영유아에게 있어서 환경이란 단순히 물리적 공간만을 의미하는 것이 아니라 공간 속에서의 다양한 경험도 포함한다(보건복지부, 2013). 그러므로 영유아의 언어교육을 위한 환경구성은 교실에서의 언어영역뿐 아니라 영유아교육기관의 전반에 걸쳐 구비되어야 할 것이다. 이 장에서는 영유아 언어교육을 위한 실내환경구성의 원리 및 영유아기 언어활동을 위한 환경구성의 특징 및 자료 등에 대해 살펴보고자 한다.

1 환경구성

1) 실내환경구성의 기본 원리

일반적으로 영유아교육기관에서는 영유아의 효율적인 활동을 위해 흥미영역별로 실내환경을 구성한다. 흥미영역이란 활동내용과 성격에 따라 교재·교구나 활동자료들을 유사한 범주끼리 구분·정리해 놓은 것이다(문희연, 2003). 영유아교육기관의 실내공간은 영유아가 편안하고 편리하게 사용할 수 있도록 연령과 발달에 적합하도록 구성되어야 한다. 발달에 적합한 흥미영역 구성을 위한 고려사항은 다음과 같다(양옥승 외, 2011; 이기숙 외, 2013).

첫째, 활동영역을 명확하게 구분한다.

둘째, 영유아의 적극적인 참여와 선택의 기회를 넓힐 수 있도록 배치한다.

셋째, 영유아 간의 놀이가 방해되지 않도록 이동통로를 확보한다.

넷째, 영유아가 쉽게 이동하도록 체계적으로 교재·교구를 구성한다.

다섯째, 영유아의 과거와 새로운 경험이 연계되도록 친숙한 자료와 새로운 자료를 함께 이용할 수 있도록 한다.

여섯째, 모든 영역을 교사가 한눈에 볼 수 있도록 배치한다.

일곱째, 영유아의 인원수에 따라 활동영역을 다양하게 조성·배치한다.

여덟째, 연령과 발달에 적합한 교재·교구 및 설비를 선택하여 제공한다.

아홉째, 벽면의 모든 부착물은 영유아의 눈높이에 맞춰서 게시한다.

앞의 고려사항을 토대로 프로스트와 키싱어(Frost & Kissinger)는 실내 흥미영역을 다음과 같이 4개의 공간으로 구분하여 구성할 것을 제안하였다.

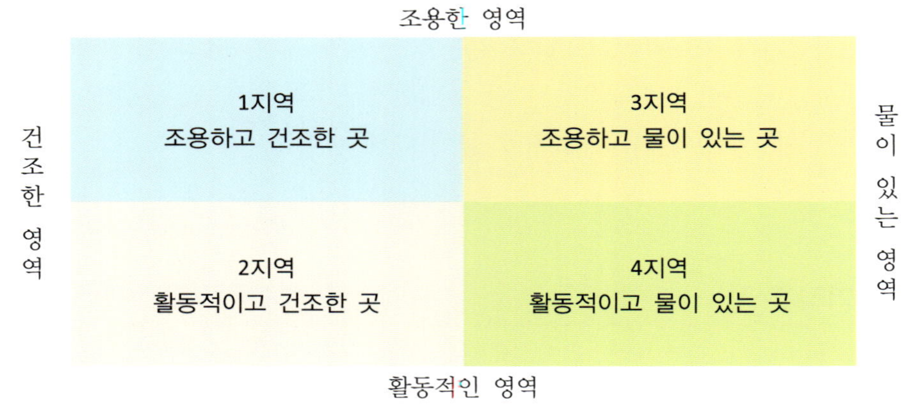

그림 11-1 프로스트와 키싱어의 실내 흥미영역 구성

1지역은 조용하고 건조한 곳으로, 이야기 나누기, 책보기, 쓰기, 듣기 등의 책보기영역, 언어영역과 게임 및 소집단활동영역으로 구성할 수 있다. 2지역은 활동적이고 건조한 곳으로, 대근육활동, 음률활동, 목공놀이, 역할놀이영역으로 구성할 수 있다. 3지역은 조용하고 물이 있는 곳으로, 미술영역(예: 가위로 오리고 풀로 붙이기, 점토 만지기 등)과 간식먹기, 요리하기 등의 활동을 할 수 있도록 구성할 수 있다. 4지역은 활동적이고 물이 있는 곳으로 과학영역(예: 물을 사용하는 과학실험), 미술영역(예: 물감그림 그리기 등)과 실외놀이터(예: 물놀이, 모래놀이 등)로 구성할 수 있다.

프로스트와 키싱어의 실내 흥미영역 구성을 바탕으로 영아와 유아를 위한 실내환경구성을 살펴보면 다음과 같다.

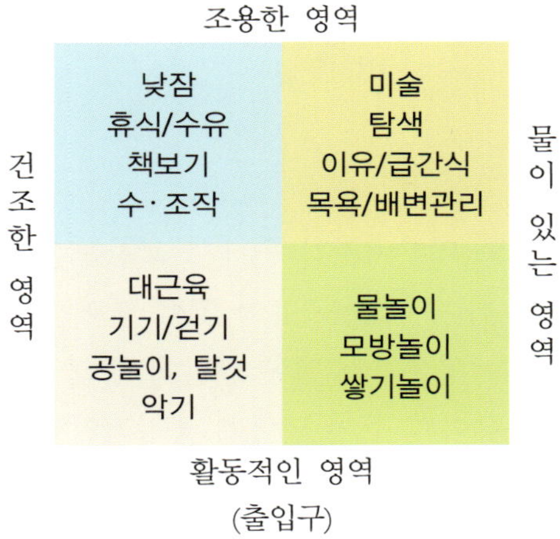

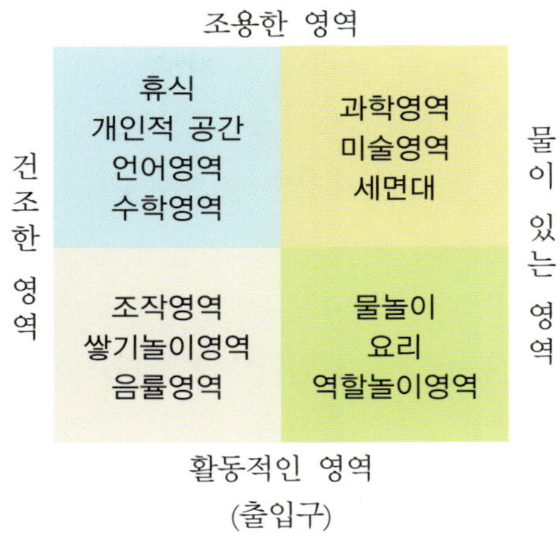

그림 11-2 영아를 위한 실내환경구성

그림 11-3 유아를 위한 실내환경구성

출처: 황해익 외(2014).

2) 언어영역의 구성

영유아는 일상생활 속에서 자신을 둘러싼 환경과의 지속적인 상호작용을 통해 스스로 학습할 수 있는 잠재력을 키우고, 언어에 대한 가설을 세우고 검증하며 수정한다(서동미 외, 2017; 이차숙, 2004). 여기에서는 실내환경구성의 기본 원리를 바탕으로, 영유아의 언어 발달을 촉진하기 위한 기관의 물리적 환경구성에 대해 살펴보기로 한다.

(1) 언어영역 구성의 원칙

언어영역은 듣기, 말하기, 읽기, 쓰기와 관련된 활동을 경험하는 영역이다. 영유아는 언어영역에서의 활동을 통해 일상생활에 필요한 언어능력을 향상시키고 올바른 의사소통능력 및 태도를 기를 수 있다(교육부·보건복지부, 2015). 따라서 영유아의 언어 발달을 촉진하고 풍부한 언어적 경험을 제공하기 위해서 듣기, 말하기, 읽기, 쓰기활동이 통합적으로 일어날 수 있도록 활동과 관련된 다양한 자료들이 제공되어야 한다. 또한 언어영역뿐 아니라 다른 영역에서도 다양한 언어활동이 일어날 수 있도록 구성해야 한다.

언어영역 구성 시 고려사항은 다음과 같다(교육부·보건복지부, 2015; 이차숙, 2004; 최은숙 외, 2016; 한유미 외, 2013).

① 언어활동을 촉진할 수 있는 풍부한 환경을 구성한다.

영유아의 인지 발달과 언어 발달이 최적으로 이루어지기 위해서 교사는 영유아의 언어적 요구에 대해 민감하게 반응해야 하며, 교사-유아 간에 언어적 상호작용이 활발히 일어나야 한다. 신은희(2009)는 영유아의 언어 발달에 대한 신념과 언어적 상호작용을 위한 교사의 노력은 영유아의 언어 발달에 긍정적인 영향을 미친다고 하였으며, 영유아와 대화를 위한 시도를 많이 하는 교사와 생활하는 영유아는 그렇지 않은 교사와 생활하는 영유아보다 언어 발달이 잘 이루어졌다고 하였다.

주변의 언어적·물리적 환경은 영유아의 언어활동을 촉진할 수 있는 가장 좋은 환경이다(홍혜경 외, 2012). 이를 위해 언어영역뿐 아니라 다른 흥미영역에서도 듣기, 말하기, 읽기, 쓰기의 활동이 일어날 수 있도록 관련된 자료를 충분히 제공해 주어 영유아가 놀이 속에서 자연스럽게 통합된 언어적 경험을 할 수 있도록 한다(최은숙 외, 2016). 예를 들면, 오늘의 활동을 알아보는 하루일과표, 각 흥미영역의 이름, 날짜와 날씨를 알리는 날짜판, 친구의 이름을 알아보는 이름카드, 이 외에도 각 생활주제에 맞는 흥미영역에 제시되는 다양한 벽면구성자료, 도서자료 등의 제시를 통해 영유아들은 자유롭게 글을 읽고, 쓰고, 자신의 생각을 이야기함으로써 언어능력 발달이 이루질 수 있다.

표 11-1 교실에서 활용할 수 있는 환경문자 전략

구분	사진	내용
게시판	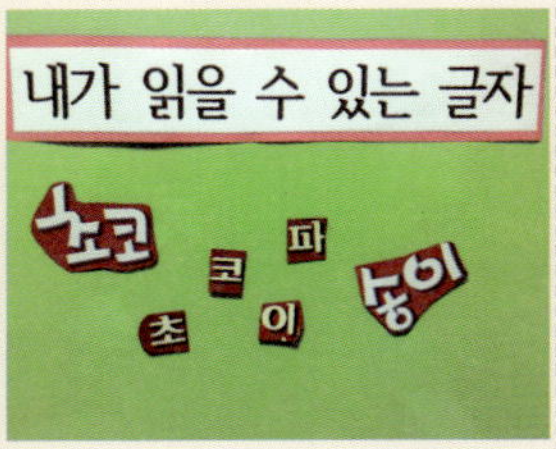	‘내가 읽을 수 있는 글자’라고 적힌 게시판이다. 예를 들어, 초코파이 과자박스에 있는 ‘초코파이’ 글자를 보고 영유아가 스스로 읽을 수 있는 글자를 오려서 게시판에 붙이는 활동이다. 나중에 영유아들은 게시판에 붙어있는 문자들에 대해 설명도 가능하다.
자모음 도표	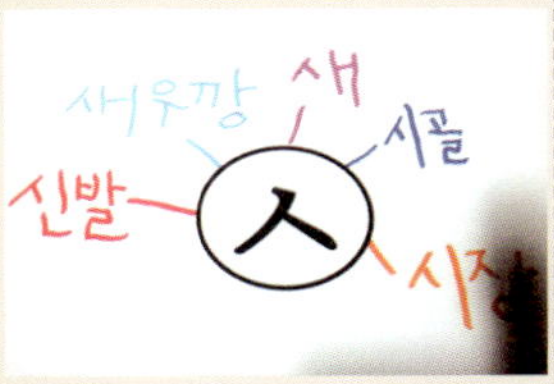	교실에 자모음의 첫 글자로 시작하는 도표를 만들어 놓고, 매일 영유아가 읽을 수 있는 글자를 가져와 해당하는 페이지에 붙이는 것이다. 예를 들어, 새우깡이라는 이름은 ‘ㅅ’이 쓰여 있는 페이지에 붙이며, 도표가 모두 채워지면 책으로 만든다.
책 만들기	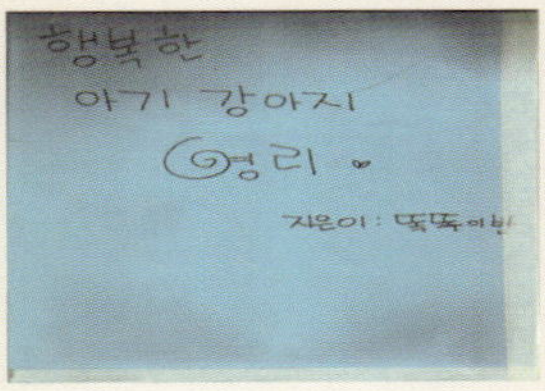	예를 들어, 영유아들이 피자책을 만들기 위해 피자광고의 로고, 쿠폰, 피자 배달박스에 있는 글자와 그림을 붙인다. 뿐만 아니라 피자책 앞표지도 꾸밀 수 있다. 완성된 책은 도서영역에 놓아 두고 다른 친구들이 볼 수 있도록 한다. 또한 동화를 듣고, 후속이야기 꾸미기활동을 통해 뒷이야기를 유아들이 책으로 만들어 보는 활동을 하면서 해당 내용에 대한 이야기를 글로 적고, 그림을 그려 그림책 만들기를 할 수 있다. 완성된 책은 도서영역에 비치하여 언제든지 친구들과 함께 볼 수 있도록 한다.
견학활동 중 환경문자 찾아보기		유아교육기관 근처를 견학하면서 발견할 수 있다. 견학을 하기 전에 무엇을 볼 수 있을지에 대해 이야기를 나눈다. 만약 근처의 마트를 견학한다면 ‘상품표지판’, ‘특가상품’, ‘1+1’과 같은 환경문자를 발견하면 가리키는 것이다. 견학을 다녀온 후에는 산책을 하면서 읽을 수 있었던 글자들을 끼적거려 본다든지 써 볼 수 있다. 그림들을 책으로 묶어서 영유아들과 함께 볼 수 있다.
역할놀이		과자박스, 우유갑 등을 역할놀이영역에서 사용할 수 있다. 교사는 이와 같이 놀이와 관련된 인쇄된 글자에 주의를 기울일 수 있도록 그림으로 그려 보도록 할 수 있다.

출처: 남규 외(2016) 재구성.

표 11-2 교실에서 활용할 수 있는 기능적 문자의 형태들

형태	예시	설명
이름표 만들기		도우미 목걸이를 만들 수 있다. 자신의 이름이 적힌 이름표를 만들어 자유선택활동시간에 활용할 수 있다.
출석카드		영유아의 이름이 적힌 출석카드를 만들어 아침모임 시간에 출석을 부를 때 활용할 수 있다.
규칙 및 약속 지키기		요리 및 미술놀이 등 활동의 순서도를 나타낼 때 활용할 수 있다. 또한 실내 및 실외활동 시 지켜야 할 규칙을 적어서 게시할 수 있다.
하루 일과표		영유아가 교실에서 다음 활동을 예상할 수 있도록 제시되는 것이다. 하루일과를 기억하도록 돕기 위해 그림을 함께 사용할 수 있다.
달력 만들기		영유아의 생일파티, 특별한 행사 등이 표시된 달력을 게시할 수 있다. 교사는 행사일까지 며칠 남았는지 확인하고, 영유아에게 중요한 일을 기록할 수 있도록 격려한다.
언어전달하기		영유아교육현장에서 언어전달을 위한 활동을 할 수 있다.

출처: 남규 외(2016) 재구성.

② 언어활동이 교육활동과 연계될 수 있도록 환경을 구성한다.

영유아가 생활하는 교실의 물리적 환경과 자료의 질은 교사와 영유아의 언어적 상호작용의 질과 영유아의 참여수준에 중요한 영향을 미친다. 이에 언어적 자극을 주는 자료가 활동으로 연계될 수 있도록 환경을 구성한다.

예를 들면, 생활주제로 '봄의 동식물' 중 장수풍뎅이와 관련된 학습을 한다면, 장수풍뎅이 관련 도서, 장수풍뎅이 관찰지, 장수풍뎅이 조사한 것, 장수풍뎅이 화보 등을 준비하여 언어영역뿐 아니라 과학, 미술, 쌓기놀이영역 등 기타 영역과 통합된 활동이 이루어질 수 있도록 구성한다.

언어적 자극을 주는 자료		언어활동
영유아 사진, 거울, 영유아가 좋아하는 동물 또는 식물 그림카드	→	영유아 자신의 경험과 관심을 말하기 또는 쓰기로 표현하기, 동물 울음소리 듣고 흉내 내기, 좋아하는 동물이나 식물 관련 읽기 또는 읽어 주는 내용 듣고 말하기 등
녹음자료	→	자신이나 친구의 말소리 녹음하기, 주변 사람들의 목소리를 녹음하여 듣기, 동화자료 듣기 등
사물함이나 유아의 소지품에 적힌 이름, 교실 사물들의 이름카드, 하루 일과표	→	읽기에 대한 흥미와 동기 가지기, 읽어야 할 필요와 이유가 분명한 읽기 등
다양한 종류의 쓰기도구, 모양종이	→	끼적이기 또는 글자에 관심 가지기, 쓰기로 마음 표현하기

그림 11-4 언어자료와 교육활동의 연계

출처: 서동미 외(2017).

③ 듣기, 말하기, 읽기, 쓰기의 활동이 통합적으로 일어날 수 있도록 환경을 구성한다.

활동 주제나 영유아의 흥미에 따라 다양한 언어활동자료를 비치하여 듣기, 말하기, 읽기, 쓰기활동이 골고루 이루어질 수 있도록 한다. 예를 들면, 쌓기놀이영역에서 '우리 동네를 블록으로 구성하기' 활동을 한다면 건물의 이름, 교통 표지판 등과 관련된 다양한 자료를 제공해 준다. 또한 역할놀이영역에서 병원놀이를 한다면 병원의 이름을 알아볼 수 있도록 언어영역에 도서자료 등 관련 자료를 제공해준다면, 역할놀이활동과 언어활동이 자연스럽게 통합되어 일어날 수 있을 것이다.

④ 영유아들이 심미적·정서적으로 좋은 기분을 느끼도록 환경을 구성한다.

가능하면 언어영역은 주변의 자극으로부터 격리될 수 있도록 조용하고 안정된 공간에 배치하는 것이 좋다. 인공적인 구성물보다는 식물, 자연채광 등 자연적인 느낌을 주는 소재를 활용하여 정서적으로 편안함을 느낄 수 있도록 하며, 안락한 의자나 쿠션 등을 두어 편안하게 언어활동에 몰입할 수 있도록 환경을 구성하는 것이 바람직하다. 또한 영유아들이 아름다움을 느낄 수 있는 색과 구성물들과의 색감, 배치 등도 조화를 이룰 수 있도록 하여 심미적으로 아름다움을 느낄 수 있도록 구성한다.

그림 11-5 편안하고 아름다운 환경구성

(2) 놀잇감 및 교재교구

언어영역에는 듣기 말하기, 읽기, 쓰기의 언어활동이 일어날 수 있도록 관련된 적합한 자료가 비치되어 있어야 한다. 적합한 활동자료란 활동내용과 관련되어 있되 질적으로 우수하고 흥미로우며, 안전하고 영유아의 발달특성이 고려된 것을 의미한다(한국보육진흥원, 2018).

- 듣기, 말하기, 읽기, 쓰기와 관련된 자료가 각각 1종 이상을 포함하여 총 5종 이상이 구비되어 있어야 한다.
- 언어활동자료는 영유아 수에 따라 다양하고 충분하게 마련되어 있고, 영유아가 자유롭게 꺼내어 사용할 수 있도록 비치되어야 한다.

※ 영유아의 언어활동을 위한 자료로 학습지만을 제공하지 않아야 한다.

출처: 한국보육진흥원(2018).

연령별 누리과정 교사용 지침서에서는 언어영역에 제시하여야 할 놀잇감 및 교재교구에 대해 다음과 같이 제시하고 있다.

- 듣기자료 : 다양한 종류의 책, CD 플레이어, 헤드폰, 카세트레코드와 테이프 등
- 말하기자료 : 이야기 꾸미기자료와 융판, 그림카드, 막대인형이나 퍼펫, 인형극 틀, 녹음기, 마이크 등
- 읽기자료 : 종류별 책과 책꽂이, 그림책, 잡지류, 글씨가 적혀 있는 다양한 종류의 카드(예: 친구이름카드, 글자카드, 모래글자카드 등)
- 쓰기자료 : 각종 필기구, 단어카드, 컴퓨터와 프린터, 한글 고무 글자판과 스탬프, 잉크, 소형 화이트보드와 마카펜, 가위, 펀치, 스테이플러 등

출처: 교육부 · 보건복지부(2015).

(3) 언어영역 환경구성을 위한 기준

영유아의 균형적인 언어 발달을 위하여 다음 사항을 점검하여 적절한 환경을 제공해 주어야 한다(황해익 외, 2014).

- 기본 설비(책상, 의자, 깔개)가 영유아의 발달과 안전을 고려하였는가?
- 연령과 발달을 고려한 듣기활동의 설비와 자료가 적절한가?
- 연령과 발달을 고려한 말하기활동의 설비와 자료가 적절한가?
- 연령과 발달을 고려한 읽기활동의 설비와 자료가 적절한가?
- 연령과 발달을 고려한 쓰기활동의 설비와 자료가 적절한가?
- 소음이 발생하는 영역과 분리되어 조용한 곳에 배치되었는가?
- 안락하고 편안하며 햇빛이 잘 비치는 곳에 배치되어 잘 보이는가?

- 쿠션, 방석, 낮은 소파, 낮은 탁자나 책상, 책꽂이 등이 준비되었는가?
- 어린 연령일 경우 동일한 자료를 영유아의 수에 따라 충분히 구비되었는가?
- 생활주제와 관련된 듣기, 말하기, 읽기, 쓰기자료가 충분히 제공되었는가?

3) 기타 영역에서의 언어환경구성

교실의 모든 영역은 영유아들이 문해를 배우기에 풍부한 환경이어야 한다(남규 외, 2016). 예를 들어, 과학영역은 식물을 관찰하고 난 뒤 관찰한 내용을 일지에 적어 본다든지, 그림으로 그려 볼 수 있을 것이다. 또한 역할놀이영역은 역할놀이를 할 때 필요한 소품을 그림이나 글로 적어 볼 수 있다. 이렇듯 영유아의 언어 발달을 돕기 위해서는 말하기, 듣기, 읽기, 쓰기활동이 통합적으로 일어날 수 있도록 환경을 구성해야 한다.

언어영역 이외의 기타 영역에서 언어활동 촉진을 위한 환경구성을 살펴보면 다음과 같다(오성숙·유민임, 2016; 최은숙 외, 2016; 한유미 외, 2013).

(1) 역할놀이영역

역할놀이영역은 교실에서 읽고, 쓰기와 관련된 상호작용이 일어나는 의미 있는 맥락을 제공할 수 있다(Roskos & Christie, 2000; Roskos & Christie, 2004). 영유아들은 역할놀이를 통해 각 역할에 적합한 행동과 언어적 표현을 해 봄으로써 다양한 언어를 사용해 보고 수정하는 경험을 통해 언어 발달이 이루어진다. 따라서 교사가 역할놀이영역에 주제와 관련된 읽기와 쓰기와 관련된 자료들을 비치해 두면 유아들은 각 역할에 적합한 언어와 행동들을 하면서 실생활과 연결된 놀이를 하게 된다. 이를 통해 영유아들은 언어를 목적 있게, 기능적으로 활용하는 방법을 익히게 될 것이다.

예를 들면, 음식점놀이를 하는 도중에 메뉴판 만들기, 영수증 쓰기, 주문서 쓰기와 같은 활동이 자발적으로 일어날 수 있으므로, 이와 관련된 적절한 문식성 자료를 제시해 주는 것이 좋다. 또한 역할놀이영역의 가구나 도구(예: 식탁, 냉장고, 가스레인지, 의자, 씽크대 등)에 이름을 붙여 주어 자연스럽게 문자에 관심을 가지고 읽어 볼 수 있도록 함으로써 문해활동을 격려할 수 있다.

그림 11-6 역할놀이영역에서의 언어활동 예

다음은 역할놀이영역에 제공해 줄 수 있는 언어활동자료를 놀이주제별로 제시한 것이다(오성숙·유민임, 2016; 이숙재 외, 2009; 주영희, 2001).

표 11-3 역할놀이 주제별 문식성 자료

주제	자료
가족놀이	연필, 볼펜 등의 필기도구, 포스트잇 등의 메모종이, 편지지와 봉투, 그림책, 요리책, 잡지와 신문, 수첩, 전화번호부, 광고 전단지, 광고 포스터, 빈 화장품 통, 액자, 음식쿠폰 메모판, 달력, 모형 돈
병원놀이	병원간판 및 진료과목 표지판, 시력검사표, 진료차트, 진찰권, 처방전, 약봉지, 건강 및 위생에 관한 잡지, 팸플릿, 메모지와 필기도구, 모형 돈
음식점놀이	메뉴판, 음식가격표, 음식점 광고 포스터, 영업시간 안내 표시판, 주문용지와 필기도구, 계산서, 영수증, 요리책, 모형 돈, 전화번호부, 음식점 종이가방이나 상자
우체국놀이	다양한 크기의 편지봉투, 각종 스티커와 우표, 각종 표시판(우표 파는 곳, 편지 넣는 곳), 주소록, 소포 수령증, 종이와 필기도구, 글자 스탬프, 달력, 모형 돈
슈퍼마켓놀이	빈 식료품 상자, 표시판(예: 우유, 생선, 오늘은 쉽니다 등), 상품 광고 포스터, 광고 전단지, 가격표, 영수증, 각종 쿠폰(경품권), 모형 돈, 계산기
사무실놀이	달력, 수첩, 전화번호부, 잡지책, 회사 안내책자, 다양한 크기의 종이, 봉투, 필기도구, 스탬프, 계산기, 컴퓨터
방송국놀이	마이크, 녹음기, 뉴스진행자 또는 리포터의 원고, 날씨 예보 그림판, 퀴즈게임용 카드, 디지털 카메라, 슬라이드와 프로젝터
교통놀이	승차표, 지도, 여행지 안내책자, 여행지 표시판, 출발시간표, 신문, 잡지

출처: 오성숙·유민임(2016).

(2) 과학영역

과학영역에서는 주변의 여러 가지 물체나 현상을 보고 관찰하고 탐구한 내용을 기록하게 할 수 있다. 과학영역에서 이루어질 수 있는 활동으로는 콩 싹틔우기, 개구리 기르기, 여러 가지 과일의 단면 관찰하기, 곡식 관찰하기, 물에 뜨고 가라앉는 것 실험하기 등의 관찰하기, 실험하기 등이 있으며, 이때 관찰한 부분에 대해 활동지에 글이나 그림으로 기록하고, 며칠에 한 번씩 그 결과를 발표하게 함으로써 듣기, 말하기, 읽기, 쓰기의 활동이 통합적으로 이루어질 수 있게 구성할 수 있다. 또한 과학활동의 주제나 영유아가 흥미를 가지는 주제와 관련된 책이나 읽을거리를 제공하여 읽기를 유도할 수도 있다.

관찰은 변화과정과 성장과정, 실험 및 탐색 결과 등을 기록할 수 있는 좋은 방법으로, 영유아들에게 자연 및 물리적 현상에 대한 이해를 돕는 데 많은 도움이 된다.

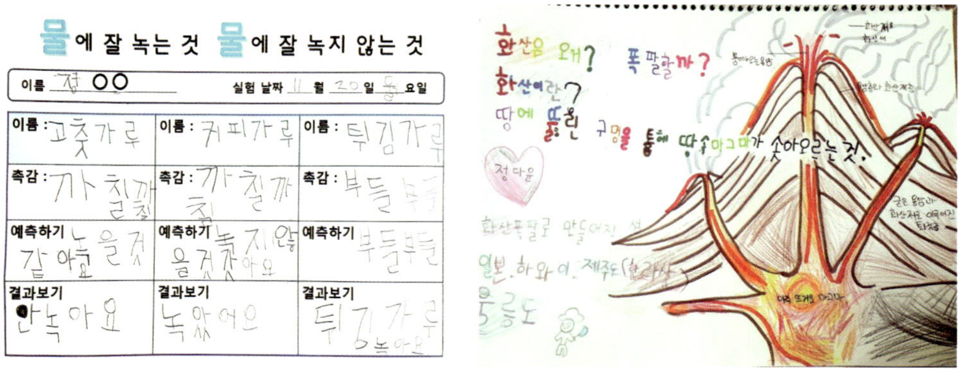

그림 11-7 과학영역에서의 언어활동 예

(3) 쌓기놀이영역

쌓기놀이영역에서는 다양한 종류의 블록세트와 자동차, 동물, 사람모형 등의 소품을 비치하여 영유아들이 구성물을 만들면서 언어활동이 일어날 수 있도록 돕는다. 영유아들은 구성물을 만들어 보는 활동을 함으로써 친구나 교사의 말을 주의 깊게 듣고(듣기), 자신의 의견을 말하기도 하며(말하기), 구성물에 이름을 붙이고(쓰기), 쓴 것을 읽어 보는(읽기) 등의 통합적 언어활동을 경험한다. 따라서 교사는 쌓기놀이영역 한쪽에 빈 종이카드, 필기구 등을 비치하여 영유아들이 필요할 때 바로 활용할 수 있도록 준비한다.

(4) 수·조작영역

수·조작영역은 일대일 대응, 분류, 비교, 서열 등의 수활동이나 퍼즐 맞추기나 끼워서 구성하기, 간단한 게임 등 논리적 문제해결, 소근육 조작 등과 관련된 활동을 주로 하는 영역이다(교육부·보건복지부, 2015). 수·조작영역에서 영유아들의 다양한 읽기, 쓰기활동이 이루어질 수 있다. 관련된 게임이나 교구의 사용법을 기록한 표를 제시해 주어 읽고 이해한 뒤 활동을 진행해 볼 수 있고, 수·조작영역에서의 놀이 약속을 친구들과 정해서 종이에 쓴 뒤 벽면에 붙여 놓고 읽어 볼 수 있다. 또한 정해진 게임 규칙 이외 친구들과 놀이방법을 다르게 정하여 활동을 진행해 볼 수도 있다. 따라서 교사는 수·조작영역에서의 언어활동이 일어날 수 있도록 한쪽에 빈 종이카드, 필기구 등을 비치하여 영유아들이 필요할 때 바로 활용할 수 있도록 준비한다.

(5) 미술영역

미술영역에서 영유아들은 미술활동을 한 뒤 자신의 작품 뒤에 이름을 써서 붙이거나, 제목을 쓰기도 하는 등의 쓰기와 관련된 활동이 많이 일어난다. 또한 영유아 간의 상호작용을 통해 자신의 생각을 친구들과 공유하면서 듣기와 말하기, 읽기활동도 동시에 일어난다. 따라서 미술영역과 언어환경을 통합하기 위해서는 미술영역에서 사용하는 도구에 이름을 붙여 주거나 도구에 대한 사용방법, 주의사항, 작품제작 설명법 등을 글과 그림으로 제시하여 문자가 다양하게 활용될 수 있음을 보여 준다.

그림 11-8 미술영역에서의 언어활동의 예

2 영아기 언어활동을 위한 환경구성 및 자료

영유아기는 어휘력이 급속히 증가하여 자신의 욕구를 표현하거나, 다른 사람에게 질문하려는 의지가 더욱 강해지고 본능적으로 책을 좋아하는 시기이므로 새로운 말이나 단어를 배울 수 있는 환경구성이 필요하다(오선영·최영해, 2017). 영아를 위한 언어활동으로 표준보육과정에 제시된 내용을 중심으로 살펴보면, 듣기, 말하기, 읽기, 쓰기활동을 들 수 있다. 0~1세는 옹알이나 다른 사람의 목소리에 귀를 기울이는 능력이 향상되고, 2세가 되면 발음을 하는 조음능력, 어휘력 등이 향상되는 시기이므로, 소리를 구분하고 말소리와 몸짓으로 의사표현을 촉진하는 자료를 제공해야 한다(한국보육진흥원, 2018).

1) 듣기와 말하기활동을 위한 환경구성 및 자료

듣기란 단순히 말소리를 듣는 것을 의미하는 것이 아닌 들리는 말의 의미를 이해하고 해석한 후 반응하는 활동으로 정의할 수 있다(서소정 외, 2017). 말하기는 자신이 알고 있는 정보, 생각, 감정들을 소리라는 상징을 사용하여 다른 사람에게 체계적이고 효과적으로 표현하는 고도의 복잡한 지적활동(이차숙, 2005)으로, 음성언어와 신체언어를 포함한다.

제4차 표준보육과정에 제시된 의사소통영역에서의 '듣기와 말하기'는 영아가 다른 사람의 표정, 몸짓, 말 등에 관심을 갖고 보고 들으며, 표정, 몸짓, 말소리로 자신의 의사를 표현하는 내용이다.

	0~1세	2세
듣기와 말하기	• 표정, 몸짓, 말과 주변의 소리에 관심을 갖고 듣는다. • 상대방의 이야기를 들으면서 말소리를 낸다. • 표정, 몸짓, 말소리로 의사를 표현한다.	• 표정, 몸짓, 말에 관심을 갖고 듣는다. • 상대방의 이야기를 듣고 말한다. • 표정, 몸짓, 단어로 의사를 표현한다. • 자신의 요구와 느낌을 말한다.

교사는 듣기활동을 위한 환경구성 시 다양한 소리에 대한 감각을 높이는 활동, 듣기 경험을 함에 있어 목적과 상황에 따라 듣는 기능을 조절할 수 있는 활동 등을 계획하여 제공하도록 한다(서동미 외, 2017). 영아를 위한 듣기활동은 말하기활동과 연관되어 같이 이루어질 수 있으므로, 주변 성인의 말소리를 잘 듣고 상호작용이 일어날 수 있도록 구성한다. 예를 들면, 0세 영아의 경우 딸랑이를 흔들며 "이건 뭐지?"라고 말하여 소리에 귀를 기울이도록 하거나, 안전거울을 함께 보며 "○○이 코는 어디에 있나? 여기!" 등의 상호작용을 하며 말하는 모습을 관찰하고 들을 수 있도록 한다(이영자·이금구, 2018).

효과적인 듣기활동을 위해 다음의 몇 가지를 고려하여 환경을 구성할 수 있다(서소정 외, 2017).

- 조용한 활동이므로 역할놀이영역이나 쌓기놀이영역 같은 동적 활동과는 떨어진 곳에 배치한다.
- 교구장이나 칸막이로 산만한 소리와 자극을 차단하여 배치한다.
- 시각적인 자극을 차단하기 위해 벽면을 바라보고 앉도록 배치한다.
- 영유아에게 친숙한 일상생활의 소리를 녹음하여 들어볼 수 있도록 자료를 제공한다.
- 듣기와 관련된 사진이나 그림을 함께 비치한다.
- 전기 사용이 가능한 곳에 듣기영역을 배치하여 다양한 음향기기를 편리하게 사용하도록 한다.

영아를 위한 말하기활동은 듣기와 연계되어 일어나는 경우가 많으므로, 듣기

자료와 함께 준비하여 주변의 성인과 상호작용을 통해 말할 수 있는 환경을 마련해 주는 것이 중요하며, 영아가 개별적 혹은 또래와 함께 대화할 수 있는 환경을 마련해 주는 것이 필요하다.

다음은 한국보육진흥원(2018)에서 제시한 영아반 듣기·말하기 활동자료이다.

[듣기·말하기 활동자료]
- 영아(0~1세) : 그림자료, 사진자료, 전화기, 짧은 이야기와 노래테이프 등
- 영아(2세) : 손인형, 사진자료, 친숙한 일상생활 용품의 사진과 이름이 있는 그림카드, 전화기, 녹음된 목소리를 들어볼 수 있는 카세트, 짧은 이야기와 노래테이프 등

출처: 한국보육진흥원(2018).

장난감 전화기 | 소리나는 책 | 손인형 | 소리나는 장난감

그림 11-9 듣기·말하기를 위한 활동자료

2) 읽기와 쓰기활동을 위한 환경구성

읽기는 모든 학습의 기초로 문자를 해독하고 그 의미를 정확하게 아는 것을 의미한다(서동미 외, 2017).

표준보육과정에 제시된 의사소통영역에서의 '읽기와 쓰기에 관심가지기'는 영아가 주변의 그림과 상징에 관심을 가지고, 자유롭게 끼적이기에 관심을 가지는 내용이다.

	0~1세	2세
읽기와 쓰기에 관심 가지기	• 주변의 그림과 상징에 관심을 가진다. • 끼적이기에 관심을 가진다.	• 주변의 그림과 상징, 글자에 관심을 가진다. • 끼적이며 표현하기를 즐긴다.

영아를 위한 읽기와 쓰기활동을 위한 환경구성의 예는 다음과 같다.

[읽기 활동자료]
- 영아(0~1세) : 입으로 물거나 던져도 좋을 만큼 안전하고 견고한 재질과 형태의 그림책(헝겊책, 촉감책, 비닐책, 스펀지책, 소리 나는 책 등), 다양한 그림이나 사진자료(영아에게 친숙한 인물, 동식물) 등
- 영아(만 2세) : 글자 수가 많지 않은 다양한 주제의 그림책을 포함하여 재질과 형태가 다양한 책(촉감책, 퍼즐책, 소리나는 책 등), 그림이나 사진자료(그림책의 주인공, 영아에게 친숙한 인물, 지역사회, 자연물) 등

출처: 한국보육진흥원(2018).

헝겊 책

그림카드

그림책

브로마이드

그림 11-10 읽기를 위한 활동자료

[쓰기 활동자료]
- 영아(0~1세) : 영아가 물거나 빨아도 안전한(무독성) 짧고 굵은 크레용이나 부드럽게 써지는 색연필, 전지, 쓰기판 등
- 영아(만 2세) : 굵은 크레용, 굵은 색연필이나 4B연필, 자석 쓰기판, 종이 등

출처: 한국보육진흥원(2018).

무독성 크레파스

자석 쓰기판

그림 11-11 쓰기를 위한 활동자료

그림 11-12 끼적이기활동의 예

3) 책과 이야기 즐기기를 위한 환경구성

제4차 표준보육과정에 제시된 의사소통영역에서의 '책과 이야기 즐기기'는 영아가 책과 이야기에 관심을 가지는 내용이다.

책과 이야기 즐기기	0~1세	2세
	• 책에 관심을 가진다. • 이야기에 관심을 가진다.	• 책에 관심을 가지고 상상한다. • 말놀이와 이야기에 재미를 느낀다.

이를 위한 환경구성의 예로, 교사는 공간적, 자료적 측면에서의 지원을 해줄 수 있다(한국보육진흥원, 2020).

교사의 지원	
공간	영아가 자유롭고 편안하게 책을 즐길 수 있는 푹신한 매트가 깔린 공간을 마련하였다. 이야기를 짓고 극놀이를 즐길 수 있는 극놀이 소품과 공간을 제공하였다. 영아에게 다양한 놀이공간(점토놀이, 극놀이, 책을 읽을 수 있는 공간)을 제공하였다.
자료	거울이 있는 그림책을 제공하였다. 극놀이를 즐길 수 있는 소품을 제공하였다.

출처: 한국보육진흥원(2020). p.91, 194.

3 유아기 언어활동을 위한 환경구성 및 자료

유아는 친숙한 글자나 주변의 인쇄물에 관심이 많아지고 쉬운 단어와 짧은 문장을 읽고 쓰기가 가능하므로, 교사는 다양한 언어활동 기회를 제공하는 자료를 마련해야 한다(한국보육진흥원, 2018). 유아를 위한 언어활동으로 누리과정에 제시된 내용을 중심으로 살펴보면 듣기, 말하기, 읽기, 쓰기활동을 들 수 있다.

1) 듣기와 말하기활동을 위한 환경구성

듣기와 말하기는 밀접한 관련이 있으며, 유아의 일상생활 속에서 자연스럽게 일어나는 활동이다. 언어영역 내에 듣기와 말하기영역을 마련해 주어 유아가 개별적 또는 또래와 함께 말하기와 듣기활동을 즐기면서 할 수 있는 기회를 제공해 주어야 한다. 또한 유아는 인쇄 문자와 풍부한 환경 속에서 문자언어에 대한 원리를 최대한 구성해 나갈 수 있으므로, 문자언어환경을 유아가 문자언어 및 그 기능에 대한 지식을 발견하고 새로 획득한 기술을 사용해 볼 수 있도록 구성한다(김영실 외, 2016; 최은숙 외, 2016; 홍혜경 외, 2012).

말하기는 자신이 알고 있는 정보, 생각, 감정, 의도를 음성적 상징을 사용하여 다른 사람에게 체계적이고 효과적으로 표현하는 지적 활동이다(윤진주, 2007). 교육기관에서 영유아는 일상생활을 통해 자연스럽게 대화, 토의, 발표, 요구하기, 지시, 설명, 묘사 등의 다양한 유형의 말하기를 경험할 수 있어야 한다.

개정 누리과정에서의 듣기와 말하기는 유아가 다른 사람의 말이나 이야기를 관심 있게 듣고 자신의 경험, 느낌, 생각을 상황에 적절한 단어를 사용하여 말하고, 고운 말을 사용하는 내용이다.

	내용
듣기와 말하기	• 말이나 이야기를 관심 있게 듣는다. • 자신의 경험, 느낌, 생각을 말한다. • 상황에 적절한 단어를 사용하여 말한다. • 상대방이 하는 이야기를 듣고 관련해서 말한다. • 바른 태도로 듣고 말한다. • 고운 말을 사용한다.

효과적인 말하기지도를 위한 환경은 다음과 같은 사항을 고려하여 구성한다(Jalongo, 2000; 서소정 외, 2017 재인용).

첫째, 말하기영역은 독립적으로 구성되기보다 듣기영역과 함께 활용되는 경우가 많으므로 듣기영역의 일반적인 구성 지침이 동일하게 적용된다.

둘째, 말하기활동을 위해 조작이 단순하고 쉬운 녹음기, 녹음용 테이프, 마이크 등을 배치하고, 영유아가 스스로 자신의 목소리를 녹음하여 재생해 보도록 사용방법을 사전에 알려 준다.

셋째, 말하기활동이 촉진될 수 있도록 손가락인형, 손인형, 인형극을 할 수 있는 무대 틀과 같은 교구를 비치한다.

넷째, 영유아가 편안한 분위기에서 말하기활동을 할 수 있도록 커튼, 쿠션 등을 비치한다.

[듣기·말하기 활동자료]

– 교사나 부모 등 친근한 사람의 목소리가 녹음된 테이프, CD플레이어와 이야기 CD, 헤드폰, 유아가 스스로 이야기를 꾸미거나 자신이 아는 이야기를 반복하도록 촉진시키는 소품(막대인형이나 테이블인형, 융판이나 자석인형, 손인형, 손가락인형, OHP 그림, 인형극 틀 또는 언어놀이를 할 수 있는 수수께끼 상자나 순서대로 사건을 연결하여 이야기해 보는 그림카드, 목소리를 녹음해 볼 수 있는 녹음기, 마이크 등)

출처: 한국보육진흥원(2018).

이야기 CD　　마이크　　카세트　　손가락인형

그림 11-13 듣기·말하기를 위한 활동자료

2) 읽기와 쓰기활동을 위한 환경구성

유아를 위한 읽기환경은 유아에게 글자 자체를 가르치기보다는 일상에서 접하는 친숙한 낱말을 자주 접하도록 하면서 읽기에 흥미를 가질 수 있도록 조성한다. 이에 교사는 유아들이 흥미 있어 하고 관심 있는 주제에 대한 글로 된 인쇄물이나 그림책을 교실의 여러 장소에 비치하고 손쉽게 접하여 따라 읽어보도록 시도하거나 교사가 읽어 주는 글에 관심을 가지도록 상호작용한다(이영자·이금구, 2018).

읽기영역에는 무엇보다도 다양한 책을 제공하는 것이 중요하다. 특히 주제와 관련된 다양한 종류의 도서를 비치하되, 언어영역뿐 아니라 수·조작영역, 미술영역 등 주제와 관련된 책을 필요한 여러 영역에 구비하여 유아가 궁금한 것을 수시로 찾아볼 수 있도록 한다. 또한 읽기활동을 위해 질적으로 내용이 우수한 그림책을 제공해 주고, 읽기에 관심을 나타내지 않는 유아를 위해 직접 조작할 수 있는 책, 책장을 넘기면 입체가 되는 책, 헝겊책 등 다양한 종류의 책을 구비하여 흥미를 갖도록 한다(교육부, 보건복지부, 2015).

쓰기란 자기표현이자 의사소통 및 의미 발견의 주요 매체로 글자나 단어 등을 쓰는 기술 측면뿐 아니라 끼적이기, 그림 등으로 감정과 생각을 표현, 메시지를 만드는 정신적이자 신체적 행위의 과정이다(Petty & Jensen, 1980; 서소정 외, 2017 재인용). 쓰기의 목표는 의사소통의 한 방법으로서 자신의 생각을 글로 표현하는 것(서소정 외, 2017)이다.

개정 누리과정에서의 읽기와 쓰기에 관심가지기는 유아가 말과 글의 관계에 관심을 가지고 주변의 상징, 글자 등을 읽으며, 자신의 생각을 글자와 비슷한 형태로 표현해보는 내용이다.

읽기와 쓰기에 관심 가지기	내용
	• 말과 글의 관계에 관심을 가진다. • 주변의 상징, 글자 등의 읽기에 관심을 가진다. • 자신의 생각을 글자와 비슷한 형태로 표현한다.

읽기활동과 관련하여 유아의 연령과 발달에 적합한 책을 선택하고 전시할 때 교사는 다음과 같은 점을 고려해야 한다(오성숙·유민임, 2016).

첫째, 유아의 발달수준에 맞는 책을 전시한다.

둘째, 문학적으로 양질의 책을 선정한다.

셋째, 유아에게 친근한 책과 새로운 책을 포함한다.

넷째, 단순한 구성의 책과 복잡한 구성의 책을 골고루 포함한다.

다섯째, 유아의 다양한 흥미에 맞추어 여러 종류의 책을 비치한다.

여섯째, 유아들이 만든 책을 포함하는 것이 좋다.

일곱째, 유아교육기관의 여러 행사에 관한 사진 앨범 속에 사진을 설명하는 글을 넣어 전시하는 것도 좋다.

여덟째, 교사는 유아들이 편안한 분위기에서 책을 볼 수 있도록 흔들의자, 카펫, 커다란 쿠션 등을 준비해 주는 것이 좋다.

[읽기활동자료]

– 다양한 주제의 각종 그림책(창작그림책, 전래동화, 글 없는 그림책, 과학 동화, 생활동화 등), 사진첩, 유아들이 만든 그림책, 주제에 따른 화보 모음책, 동요, 동시집, 어린이용 잡지나 카탈로그, 간판, 메뉴판, 광고나 포스터 등 실생활에서 볼 수 있는 환경 인쇄물, 각종 글자모양과 글자퍼즐 등

출처: 한국보육진흥원(2018).

유아를 위한 쓰기영역 구성은 유아들이 말을 글로 나타내보는 과정을 시도할 수 있도록 자연스러운 끼적거리기와 쓰기활동이 일어나는 공간으로 구성해 볼

수 있다(이영자·이금구, 2018). 쓰기는 일상생활 전반에서 기능적으로 활용되어야 하므로, 쓰기도구의 사용을 언어영역에 제한하지 않고 모든 흥미영역의 활동 중에 자연스럽게 이루어지도록 한다. 즉, 쌓기영역에서 친구들과 함께 만든 구조물의 이름을 지어 쓰거나 '만지지 말고 눈으로 보세요'라는 주의사항을 써 넣으려고 할 때 교사는 어떤 종이에 쓰고 싶은지, 어떤 필기구로 쓰고 싶은지 등을 묻고, 적절한 쓰기도구를 선택하여 사용하는 방법을 알 수 있도록 도와주어야 한다(교육부·보건복지부, 2018).

유아를 위한 쓰기영역의 환경구성은 다음과 같은 점을 고려하여 구성한다(서소정 외, 2017).

첫째, 쓰기활동은 다른 흥미영역활동에서 연계되어 나타나므로 쉽게 접근할 수 있도록 배치한다.

둘째, 쓰기활동에 흥미를 높일 수 있도록 다양한 종류의 재질 및 색깔의 종이류와 여러 가지 필기도구를 비치한다.

셋째, 영유아가 사용하기 알맞은 크기의 책상과 의자를 비치하여 올바른 자세로 쓰기활동을 할 수 있도록 한다.

넷째, 교육주제와 관련된 도서, 그림, 글자 등을 제시하여 교육적 맥락 안에서 쓰기활동을 경험할 수 있도록 한다.

[쓰기활동자료]

- 크기와 모양이 다양한 종이, 굵은 색연필이나 연필, 사인펜 등의 다양한 필기도구, 소형 화이트보드와 마커펜, 글자 상자, 단어카드, 자·모음카드, 독서카드, 글자도장, 컴퓨터와 프린터 등

출처: 한국보육진흥원(2018).

3) 책과 이야기 즐기기를 위한 환경구성

개정 누리과정에서의 책과 이야기 즐기기는 유아가 다양한 책에 관심을 가지고 상상하며, 동화, 동시에서 말의 재미를 느끼고, 말놀이와 이야기 짓기를 즐기는 내용이다.

책과 이야기 즐기기	내용
	• 책에 관심을 가지고 상상하기를 즐긴다. • 동화, 동시에서 말의 재미를 느낀다. • 말놀이와 이야기 짓기를 즐긴다.

이를 위한 환경구성의 예로, 교사는 공간적, 자료적 측면에서의 지원을 해줄 수 있다.

교사의 지원	
공간	유아가 자유롭고 편안하게 책을 즐길 수 있는 푹신한 매트가 깔린 공간을 마련하였다. 다양한 주제, 장르의 책이 있는 도서영역을 마련해주었다. 극놀이를 할 수 있는 공간을 마련해주었다. 유아들이 글짓기를 한 작품을 전시할 수 있는 게시판을 마련해주었다.
자료	다양하게 글을 지어볼 수 있도록 필기도구 및 용지 등을 준비해주었다. 극놀이를 즐길 수 있는 소품을 제공하였다.

CHAPTER 12

언어지도에서의 평가

교사는 영유아의 효과적인 언어 발달을 돕기 위해 영유아의 언어 발달수준을 정확하게 파악하여 교수-학습과정에 반영하고 발달단계에 적합한 언어적 환경을 제공하여야 한다. 이를 위해서는 적절한 방법으로 평가가 이루어져야 할 것이다. 교사는 영유아의 평가의 목적 및 원리, 평가방법을 완벽히 이해하고 이를 적용할 수 있어야 하는데, 이 장에서는 평가목적과 원리, 영유아의 언어 발달을 평가하는 방법 그리고 이를 활용하는 방안에 대해 살펴보도록 한다.

1 평가목적과 원리

1) 평가의 목적

영유아의 언어 발달을 평가하는 목적은 영유아 간의 상대적 비교를 하기 위한 것이 아니라 영유아 개인의 언어 발달 특성 및 정도를 파악하기 위한 것이다. 따라서 평가의 목적이 등급을 매기거나 성공·실패한 영유아를 구별하는 것이 아니므로 영유아 개인 내의 평가를 통해 현재의 발달이 미래에 어떻게 진전될 것인가를 평가해야 한다.

영유아의 언어 발달을 평가하는 목적을 살펴보면 다음과 같다(강성화·김경회, 2013).

첫째, 영유아지도의 교수수준을 결정하고 적정수준의 언어경험을 계획하기 위해 평가한다. 또한 평가를 통해 계획한 활동이 제대로 진행되었는지를 확인할 수 있다.

둘째, 교육활동에 참여하는 영유아들이 교육활동을 통해 어떻게 발달되었는지 개별적 발달사항을 평가한다. 평가를 통해 영유아의 개인 발달에 있어서 저해 요인과 학습상의 곤란한 점을 진단할 수도 있다.

셋째, 언어활동을 대·소집단으로 나누어 실시하고자 할 경우 발달수준별 집단 구성을 위해 평가한다.

넷째, 언어 발달의 지체를 보이는 영유아를 판별하여 적절한 개입을 하기 위해 평가한다.

다섯째, 언어교육 프로그램의 효과를 측정하기 위해 평가한다.

여섯째, 평가를 통해 교사는 영유아의 언어지도를 위한 지도자료를 얻을 수 있다.

2) 평가의 원리

영유아의 언어 발달 평가는 영유아의 현재 언어수준을 파악하고 이전에 비해 진보된 부분을 살펴봄으로써, 언어활동에 대한 적절성을 판단하여 이들의 언어능력을 증진시킬 수 있는 교육활동을 제공할 수 있도록 한다. 영유아의 적절한 평가를 위한 기본 원리는 다음과 같다(교육과학기술부, 2013; 노영희 외, 2014; Johnson, Christie, & Yawkey, 1999).

첫째, 영유아 언어교육의 목적 및 내용과 연계된 평가가 이루어져야 한다. 타당하고 적절한 평가도구를 활용하여 언어적 태도, 지식, 기능을 향상시키고자 하는 언어교육의 목적과 듣기, 말하기, 읽기, 쓰기를 다루는 언어교육의 내용에 연계된 평가가 실시되어야 한다.

둘째, 영유아의 발달특성을 고려하여 형식적 평가 이외에도 비형식적 평가를 실시해야 한다. 학습 성취를 측정한 결과로만 영유아의 발달을 평가해서는 안 되며 영유아의 수행에 기초한 과정중심의 평가가 함께 이루어져야 한다.

셋째, 평가는 언어적 교수–학습활동의 질적 개선과 유아의 언어 발달을 위해 체계적이고도 지속적이며 다면적인 평가가 이루어져야 한다. 즉, 단발적 평가로 영유아의 언어 발달을 평가해서는 안 되며, 관찰, 검사, 작품수집, 면담 등의 종합적인 평가가 이루어져야 한다.

넷째, 평가를 실시할 때 특정 언어활동이 아닌 영유아의 일상생활 전반에서의 언어 발달을 모두 포함하여 평가하도록 한다. 또한 영유아가 충분한 언어능력을 발휘할 수 있는 상황에서 평가가 이루어지도록 한다.

다섯째, 평가 결과는 교수–학습과정에 반영될 수 있도록 교육계획 수립 시 활용하며 부모 면담자료로 활용한다. 평가 점수는 서열화하여 영유아 간 상대적 비교를 하기보다는 개별적 진보를 파악하는 데 활용하도록 한다.

2 평가방법

1) 관찰을 통한 평가방법

(1) 일화기록

일화기록은 특정한 한 가지 행동이나 상황에 초점을 맞추어 객관적인 사실에 근거하여 자세히 기록하는 것이다. 일화기록은 관찰된 직후에 적는 것이 좋지만 가능하지 않을 때에는 메모지에 간단하게 메모를 해 두었다가 수업이 끝난 후 자세하게 기록할 수 있다. 메모를 할 때는 신문기사를 쓰듯이 '언제, 어디서, 누가, 어떤 일을, 어떻게 했는지'를 적어놓으면 기억을 살리는 데 도움이 된다. 또한 녹화나 녹음의 방법을 병행하면 보다 정확한 정보나 보충적 정보를 얻을 수 있다.

영유아를 대상으로 일화기록을 하기 위한 관찰 가능한 행동에는 다음과 같은 것들이 있다(김영실 외, 2006).

표 12-1 일화기록에 적절한 언어행동 목록

책다루기 기술
• 책을 적절하게 드는 것 • 앞쪽에서 뒤쪽 방향으로 읽는 것 • 그림과 단어의 차이점을 아는 것 • 책의 '시작'과 '끝'이라는 용어를 이해하는 것 • '책의 표지'라는 용어를 이해하는 것
자소와 음소의 관련성
• 문맥에서 첫 자음을 파악하는 것 • 운율이 있는 단어를 인지하는 것 • 철자의 형태를 인식하고 쓰기를 할 때 더 많은 관례적인 철자법을 사용하는 것 • 자주 사용하는 단어를 인식하는 것
인쇄문자에 대한 개념
• 읽기를 하는 동안에 그림이 아닌 단어를 가리키는 것 • 읽어가면서 소리와 글자를 일대일로 대응하며 각 단어를 손으로 가리키는 것 • 왼쪽에서 오른쪽으로, 위에서 아래로 읽는 것을 아는 것 • 책의 앞쪽에서 뒤쪽 방향으로 읽어나가는 것을 아는 것 • 낱자, 단어, 문장의 차이점을 아는 것

이해력
• 본문에 대한 문자언어적 질문에 대답하는 것 • 무엇에 관한 것인지 질문했을 때 말을 바꿔서 설명하는 것 • 이야기의 줄거리를 제시하는 것 • 본문에 대한 비판적인 질문에 대답하는 것 • 의미가 명확하지 않을 때 질문하는 것

출처: 김영실 외(2006).

다음은 일화기록을 위한 관찰양식의 예시이다.

표 12-2 언어 발달 평가를 위한 일화기록의 양식

일화기록 관찰 양식			
관찰 유아	○ ○ ○	생년월일	20○○. ○○. ○○
관찰 일자	20○○. ○○. ○○	관찰자	○ ○ ○
관찰 장면			
관찰 내용			
교육과정 관련 요소			
관찰자의 의견			

(2) 평정척도와 체크리스트

평정척도와 체크리스트는 영유아의 언어행동에 관한 문항으로 이루어진 구조화된 기록지를 이용하여 각 행동에 대한 관찰 결과를 표시하는 것이다(한유미 외, 2013). 관찰대상자가 기록지에 해당되는 과제들을 얼마나 잘 수행했는지에 대한 정보를 제공해 준다. 특히 평정척도는 관찰자가 관찰을 통해 얻은 정보를 수치화하는 것으로, 행동의 유무 이상의 질적인 정보를 알 수 있다. 평정척도와 체크리스트는 일화기록보다 시간 소요가 적다는 장점이 있는 반면 그 행동에 대한 전후 사정에 대한 설명이 없어 구체적인 사실상황에 대한 기술이 어렵고 교사가 행동목록에 포함시킬 문항을 구성하기가 쉽지 않다.

표 12-3 평정척도 양식 1

관찰유아(남, 여):	생년월일:				
관찰일시:	관찰자:				
항목	매우 그렇다	그렇다	보통이다	그렇지 않다	전혀 그렇지 않다
바른 태도로 말을 한다.					
글자에 관심을 보인다.					
바른 태도로 듣는다.					
책을 소중히 다룬다.					
느낌과 생각을 발표한다.					

출처: 오성숙·유민임(2016) 재구성.

표 12-4 평정척도의 양식 2 : 이야기 회상능력 평정척도

관찰 유아	○ ○ ○	생년월일	
관찰 일시	20○○. ○○. ○○	도서명	○ ○ ○

	상	중	하
1. 이야기에 포함되어 있는 직접적인 정보를 제시한다.	______	______	______
2. 이야기를 추론한다.	______	______	______
3. 가장 중요한 내용이 무엇인지 안다.	______	______	______
4. 이야기의 내용을 요약하고 일반화한다.	______	______	______
5. 책에 애착을 갖는다.	______	______	______
6. 책을 읽는 독자로서 자신을 인식한다.	______	______	______

출처: 한유미 외(2013) 재구성.

표 12-5 쓰기 준비도 기록의 예

쓰기 준비도			
관찰 유아	○○○	생년월일	20○○. ○○. ○○
관찰 일시	20○○. ○○. ○○	관찰자	○○○

다음의 행동이 관찰되면 '예', 관찰되지 않으면 '아니요'에 ∨로 표시하시오.

	예	아니요
1. 손목과 손가락을 자기가 원하는 대로 움직일 수 있다.	______	______
2. 눈과 손의 협응이 가능하다.	______	______
3. 필기도구를 바로 잡고 쓸 수 있다.	______	______
4. 글자의 기본적인 획을 그을 수 있다.	______	______
5. 각 철자의 모양을 구별할 수 있다.	______	______
6. 글자를 써야 하는 이유를 이해한다.	______	______

평 가 : ○○이는 눈과 손의 협응이 가능하여 필기도구를 바로 잡고 쓸 수 있으며 글자의 기본적인 획은 그을 수 있다. 그러나 손목과 손가락을 자기가 원하는 대로 움직일 수 없고, 각 철자의 모양을 구별할 수 없으며 글자를 써야 하는 이유를 모른다.

출처: 김경의 외(2015) 재구성.

표 12-6 언어능력 발달 체크리스트

관찰유아	(남, 여)	생년월일	
관찰일자		관찰자	

다음의 행동이 관찰되면 ∨로 표시하시오.

	1회	2회	3회
말하기			
• 질문을 하고 다른 사람의 질문에 대답한다.			
• 자신의 말로 사실을 말하고 이해한다.			
• 문제를 해결하기 위한 언어를 사용한다.			
• 다양한 구어활동에 참여한다.			
• 시청각매체를 활용하여 말소리를 녹음한다.			
• 주의 깊게 남의 말을 이해하고 생각을 나눈다.			
• 의견을 말한다.			
듣기			
• 메시지를 이해한다.			
• 적절한 피드백을 제공한다.			
• 말하는 사람과 메시지에 주의를 기울인다.			
• 듣기의 목적을 이해한다.			
• 메시지를 평가한다.			
• 의미가 명확하지 않을 때 질문한다.			
쓰기			
• 다양한 형태로 쓴다.			
• 다양한 쓰기도구를 활용한다.			
• 자기가 선택한 주제에 관해 자신의 생각을 쓴다.			
• 구어와 문어를 구분하고 표현한다.			
• 더욱 확장된 쓰기 기술을 획득한다.			
• 작문이 가능하다.			
읽기			
• 다양한 문학 경험을 주는 장르의 글을 읽는다.			
• 자기가 지은 글을 읽는다.			
• 더욱 확장된 읽기 기술을 획득한다.			

출처: 강숙현(2002).

표 12-7 음성언어 발달 체크리스트

평균연령	항목	예	아니요
3-6개월	• 양육자의 목소리에 깨거나 조용해진다.		
	• 소리가 나는 쪽으로 눈과 머리를 돌린다.		
7-10개월	• 친숙한 소리가 나는 쪽으로 머리와 어깨를 돌린다.		
11-15개월	• 어떤 단어에 대한 이해를 보여 준다(예: "○○이 어디 있지?"라는 질문에 사물이나 사람을 가리킨다).		
	• 다른 소리에는 다르게 반응한다.		
	• 어떤 소리를 흉내 낸다.		
1세 6개월	• 신체의 부분을 인식하며 가리킨다(예: "코가 어디 있지?" 라는 질문에 코를 가리킨다).		
	• 몇 가지 일어문을 사용한다.		
2세	• 시각적 단서 없이도 몇 개의 간단한 지시를 따른다(예: "네 인형을 가져와.").		
2세 6개월	• 짧은 운율을 읊조리거나 노래한다.		
	• 레코드나 양육자의 노래 듣기를 좋아한다.		
	• 기쁨을 주는 소리에 행동으로 반응한다(예: 가족이 집에 들어오는 소리를 들을 때 현관으로 달려 나간다).		

출처: 김영실 외(2006).

표 12-8 말하기·듣기 발달 체크리스트

말하기·듣기 발달					
관찰 유아: 관찰일자:		생년월일: 관찰자:			
내 용		1회 /	2회 /	3회 /	4회 /
말의 명료성	무슨 말을 하는지 알아들을 수 없다.				
	상대방이 알아들을 수 있게 분명히 말할 수 있다.				
태도	상대방을 쳐다보지 않고 말한다.				
	대화하는 상대방을 쳐다보며 말한다.				
언어 구조	일어문을 말한다.				
	이어문을 말한다.				

(계속)

	삼어문 이상의 문장을 말한다.				
	문법적으로 불완전한 문장 형태로 말한다.				
	문법적으로 완전한 문장 형태로 말한다.				
의사소통	진행되는 이야기 주제와 전혀 관계없는 말을 한다.				
	진행되는 주제와 관련지어 말한다.				
	진행되는 이야기 주제와 관련지어 상호작용적으로 의사소통한다.				
	요구를 적절히 표현한다.				
	일상적 경험에 대해 말한다.				
	다른 사람이 자신에게 말을 걸면 기꺼이 대답한다.				
	필요시 질문을 한다.				
평가					

출처: 이영자(2009).

2) 검사도구를 통한 평가방법

(1) 표준화된 검사

표준화된 검사는 영유아 언어 발달을 평가하기 위한 검사도구로 신뢰도와 타당도가 검증된 것을 의미한다. 영유아의 행동을 객관적이고 표준화된 절차에 의해서 측정함으로써 객관적인 자료를 얻을 수 있으며, 행동의 전체 집단을 미루어 짐작하고 다른 영유아와의 비교도 용이하다. 하지만 검사자와 영유아 간에 친밀감이 형성되지 않은 자연스럽지 못한 상황에서 검사를 실시한다면 정확한 결과가 나오지 않을 가능성이 높다. 또한 영유아의 발달과정을 보여 주지 못하므로 다른 다양한 평가방법과 병행하여 활용하는 것이 바람직하다.

교사용 검사도구로 유아의 사회적응 행동 발달검사(이영자 외, 1988) 내의 의사소통영역은 이해, 표현, 읽기와 쓰기 등으로 구성되어 있어 상대방의 표현에 대한 이해, 말하기능력, 읽기와 쓰기의 기초 및 기술 등을 평가할 수 있으며, 교사가 일반 행동관찰에 의해 평가할 수 있는 도구이다. 유아의 어휘검사도구로는 피바디 그림어휘력 검사도구(Peebody Picture Vocabulary Test: PPVT)가 많이 사용된다.

표 12-9 언어 발달 검사도구

검사도구명	저자	제작연도	대상	내용	출판사
영·유아 언어 발달검사	김영태, 김경희, 윤혜련, 김화수	2003년	생후 5~36개월	수용언어와 표현언어 측정	도서출판 특수교육
그림 어휘력 검사	김영태, 장혜성, 임선숙, 백현정	1995년	2~8세 11개월	수용어휘력 평가	서울장애인 종합복지관
취학전 아동의 수용언어 및 표현언어 발달척도	김영태, 성태제, 이윤경	2003년	2~6세	수용언어와 표현언어 평가	서울장애인 종합복지관
우리말 조음·음운 평가	김영태, 신문자	2004년	조음문제가 있는 2~12세, 성인	조음장애 유무평가	학지사 심리검사 연구소
아동용 한국판 보스톤 이름 대기 검사	김향희, 나덕필	2007년	3~14세	대면이름능력 및 표현언어 장애 선별	학지사 심리검사 연구소
구문의미 이해력 검사	배소영, 임선숙, 이지희, 장혜성	2000년	4~9세	이해언어 평가	서울장애인 종합복지관
언어문제 해결력 검사	배소영, 임선숙, 이지희	2000년	5~12세	언어장애 유무 및 정도 판별	서울장애인 종합복지관

출처: 오성숙·유민임(2016) 재구성.

(2) 비표준화된 검사

표준화된 검사도구를 사용해서 영유아의 언어 발달 정도를 알아보기 어려운 경우 교사가 교실에서 영유아의 언어 발달과 행동을 관찰하는 데 적절하다고 판단되는 자료를 직접 제작하여 평가할 수 있다. 결과중심의 일반적인 검사를 채택해 활용하기보다 수행중심의 질적인 정보에 기초하여 영유아별 단계마다 언어 기능 그리고 발달적 맥락에서의 변화를 관찰, 기록함으로써 영유아의 개별적이고 언어적, 문화적 다양성을 반영한 언어평가를 실행할 수 있기 때문이다(오은숙 외, 2013).

교사가 제작한 검사를 활용하는 경우에도 평가의 기본적인 목적 및 원리를 고려하여 영유아의 발달상의 진보와 강점을 알아보기 위한 평가를 실시하는 것이 중요하다(이지현 외, 2015). 교사가 직접 평가를 위한 검사도구를 제작하기 위해서는 우선 교육목표와 교과내용, 교과과정에 대한 충분한 이해가 선행되어야 하고, 대상 영유아 개개인 및 집단의 특성을 잘 알고 있어야 한다. 또한 검사결과를 해석하고, 부모와의 상담자료 등으로 사용하고자 하는 경우 반드시 도구로서의 신뢰성 확보를 위해 타당화 과정을 거치도록 한다.

3) 포트폴리오 평가

포트폴리오 평가란 목적을 가지고 영유아의 노력, 진보, 성취를 보여 주는 작품을 수집하여 평가하는 것을 말한다.

영유아의 작품을 수집하여 모아 놓은 포트폴리오는 영유아에 관한 모든 자료, 즉 관찰기록, 면접, 검사, 기타 기록물, 영유아가 그린 자화상, 가족구성원에 대한 그림, 창의적인 그림, 제작한 입체 구성물이 사진, 글이나 말의 샘플 등을 1년 간에 걸쳐서 조직적으로 목적을 가지고 정기적으로 모아 책으로 만든 것이다. 이러한 포트폴리오는 시간 경과에 따라 영유아가 발달하며 배우고 있음을 보여 줄 수 있는 좋은 증거가 된다. 포트폴리오는 영유아의 실제 수행에 대한 평가의 기초가 되고, 이후의 학습과 발달을 위한 지침의 근거가 된다.

포트폴리오 평가를 위한 계획 수립 시 첫째, 영유아 개인별 포트폴리오 항목 계획서를 준비한다. 둘째, 말하기, 읽기, 쓰기와 같이 수집 내용영역을 적어 넣는다. 셋째, 각 영역을 대표하는 포트폴리오를 언제, 몇 개나 수집할 것인지를 정한다. 넷째, 수집될 개별 항목에 대한 간단한 설명을 적는다.

영유아 언어 발달에 대한 포트폴리오 평가 시 실제 포함될 수 있는 자료는 다음 표와 같다(황해익 외, 2003).

표 12-10 포트폴리오 평가자료 내용의 예

- 의사소통능력을 보여 주는 체계적인 관찰
- 이해력, 개념, 어휘에 대한 증거
- 책을 읽거나 보는 데 보내는 시간
- 집이나 학교에서 읽은 도서의 목록
- 유아가 선호하는 도서의 목록
- 인쇄물의 기능에 대한 유아들의 이해(지도, 글자, 신문, 책 등)
- 유아들이 써 놓은 글의 표본
- 유아와 학부모가 읽을 책의 목록
- 유아들이 자기 자신의 일이나 활동에 대하여 쓴 글이나 코멘트
- 동화나 음악을 듣고 그린 그림이나 묘사들
- 유아들이 출판한 것, 자신들이 쓰거나 받아쓰기를 한 동화를 읽은 것을 녹음한 테이프
- 유아의 저널에서 뽑은 예들
- 유아가 구성한 표시판이나 라벨의 복사본
- 유아가 읽은 책의 목록
- 유아가 썼거나 받아써 준 이야기, 시, 노래의 복사본
- 책읽기, 동극, 이야기 나누기, 주발 발표 등을 사진이나 비디오로 남겨 놓은 것
- 언어 사용 기술이나 단어 사용의 증가 등을 담은 면담 테이프
- 유아가 부모, 교사, 또래에 대해 쓴 것이나 그것을 녹음한 테이프
- 유아의 신문 목록의 예
- 주제 프로젝트활동(토의, 실험, 관찰하기, 그리기, 생각 나누기, 찾아보기, 짓기, 게임하기 등)
- 끼적거리기, 창조적인 쓰기 표본
- 동화를 읽고 다양한 언어활동을 한 것: '내가 만일 ~~~ 라면'의 질문으로 유아가 상상하여 적게 하거나 말한 것을 적어 주고 읽어 보게 하기 등
- 역할놀이에서 유아들이 몰입하는 놀이들: 병원놀이, 시장놀이 등을 하는 동안 쇼핑목록 쓰기, 영수증 쓰기, 주문서 쓰기, 처방전 쓰기, 가격표 쓰기 등
- 갈등상황에서 문제해결을 위한 토의
- 동시를 통한 언어활동
- 게임활동, 견학, 과학영역에서의 관찰 및 실험 결과물 등

표 12-11 유아 포트폴리오 요약서

- 유아명 :
- 연령:
- 성별:
- 기록일:

- **전체 언어 발달에 대한 요약**

- **주요 언어 발달영역**

듣 기:

말하기:

읽 기:

쓰 기:

출처: 정남미(2013) 재구성.

3 평가의 활용

평가의 결과는 영유아의 언어 발달수준, 변화 정도 등과 같은 영유아에 대한 이해와 영유아 지원을 위한 의사결정, 언어교육과정의 적절성, 언어교육활동의 선정과 운영, 교수-학습방법의 개선, 부모 면담과 생활기록부 작성 등을 위한 기초자료로 활용된다.

영유아 개인별 평가 결과로 영유아의 언어 발달수준에 맞는 교육과정을 계획하여 수준에 맞는 학습속도를 정할 수 있다. 또한 언어 발달의 변화에 따라 교육활동이 적합한지, 효과가 어떠한지와 같은 교육과정의 효과에 대한 정보를 알 수 있어 영유아에게 더욱 적절한 교육활동을 제공할 수 있다. 또한 평가결과를 활용하여 부모와의 면담을 효율적으로 할 수 있다. 특히 평가 결과는 1년간의 유아교육기관에서의 생활을 종합적으로 평가해야 하는 생활기록부의 작성에 중요한 자료가 된다.

교사는 서로 다른 능력을 가진 영유아들의 발달상태 및 진보의 과정과 향상정도를 평가를 통해 파악하게 되는데, 그러기 위해서는 평가정책이나 이슈에 대한 긍정적인 태도를 가지고 평가목적과 방식을 정확히 이해하는 등 평가에 대한 전문적 역량을 지닐 필요가 있다. 그리고 교사는 영유아와 안정된 애착을 형성함으로써 행동을 안내하는 모델이 되어 주고, 현실적인 기대에 대해 의사소통하고 바람직한 영유아의 활동을 촉진시키는 지원자가 되어야 한다(오은숙 외, 2013). 따라서 교사는 관찰을 통해 개별 영유아의 발달을 감지하고 실패와 약점을 알기 위한 평가가 아닌 전문가로서 개개인의 발달상 진보와 성취수준을 진단하고, 다음 단계로의 발달을 돕는 역할을 잘 수행하기 위해 평가를 실시하고 활용하도록 한다.

강성화, 김경회(2003). 유아언어교육. 서울: 동문사.
강성화, 김경회(2013). (개정판) 영유아를 위한 언어지도. 서울: 동문사.
강숙현(2002). 발달에 적합한 영유아 평가 포커스인 포트폴리오. 경기: 교육과학사.
고순옥(2004). 영유아 정상아동의 언어 발달과 사회, 정서 발달 및 환경요인과의 상관관계. 석사학위논문, 아주대학교 교육대학원.
고은(2014). 의사소통장애아 교육. 서울: 학지사.
교육부(2017). 제 4주기 유치원평가 중앙연수.
교육부, 보건복지부(2015). 3－5세 연령별 누리과정 교사용 지침서.
교육부, 보건복지부(2015). 3－5세 연령별 누리과정 해설서.
교육부, 보건복지부(2019). 2019개정 누리과정 해설서.
국립국어원(2018). 표준국어대사전. http://stdweb2.korean.go.kr/search. 2018년 8월 10일.
김경의, 김민정, 이선경(2015). 영유아 언어지도. 서울: 학지사.
김경중, 최인숙(1989). 유아발달심리. 서울: 형설출판사.
김근희(2001). 어머니의 언어유형과 취학전 영재아의 창의성 및 지능과의 관계. 석사학위논문, 숙명여자대학교 교육대학원.
김기창(1986). 유아기의 문학교육. 국제어문, 6·7권, 425-441.
김명순, 신유림(2000). 영유아의 문해 발달 및 교육. 서울: 학지사.
김미영(2005). 그림책을 통한 어머니-자녀의 책읽기 상호작용을 위한 부모교육 활동. 석사학위논문, 이화여자대학교 교육대학원.
김민식, 손영숙, 안서원 역(2005). 인지심리학. 서울: 박학사.
김선영(2013). 그림책에 기초한 균형적 언어활동이 유아의 이해력과 읽기·쓰기 능력에 미치는 영향. 석사학위논문, 침례신학대학교 대학원.
김소양(1995). 쓰기교육 접근에 따른 유아의 쓰기 행동 및 인식에 대한 연구. 박사학위논문, 이화여자대학교 대학원.
김수진(2005). 아동기의 초기 중이염과 후기 언어 발달의 관련성에 관한 문헌의 연구방법과 결과의 고찰. 특수아동교육 연구, 7(4).
김영선(1999). Piaget의 수개념과제 수행에 있어서의 유아의 언어적 표현능력과 수학적 사고능력간의 관계. 한국영유아보육학회, 17, 331-353.
김영선(2009). 유아 언어교육 관련 학위논문 경향분석. 석사학위논문, 성결대학교 대학원.

김영실, 김진영, 김소양(2006). 영유아를 위한 언어지도. 경기: 공동체.
김영실, 윤진주, 곽경화(2016). 영유아를 위한 언어교육. 경기: 공동체.
김영주(2000). 유치원학급 크기에 따른 교수 – 학습행동 분석. 유아교육논문집, 4(1). 중앙유아교육학회.
김은심, 조정숙(2015). 영유아 언어교육의 실제. 경기: 정민사.
김이영, 오성숙, 이시진, 이우언, 이은미, 채혜선(2014). 영아발달. 경기: 양서원.
김인순, 박순호, 손영숙, 홍순옥(2009). 유아교사를 위한 유아언어교육. 서울: 동문사.
김지연(2005). 어린이집 교사의 언어적 행동과 영아의 언어 발달간의 관계. 석사학위논문, 연세대학교 대학원.
김지헌(1998). 피아제와 비고스키 이론의 쟁점에 관한 교육학적 해석. 교육원리이론, 3(1), 197-238.
김춘희(1978). 유아의 표현력과 측정된 지능과의 관계. 석사학위논문, 연세대학교 대학원.
남규(2009). 교사의 그림책읽기 상호작용 유형에 따른 영아의 언어 발달 비교. 박사학위논문, 건국대학교 대학원.
남규, 최은영, 장석경(2016). 균형적 접근에 기초한 영유아 언어지도. 경기: 공동체.
남기심, 이정민, 이홍배(1998). 언어학개론. 서울: 탑출판사.
노명완, 이차숙(1995). 유아언어교육론. 서울: 동문사.
노상혜(2012). 균형적 언어교육 접근법에 기초한 문해활동이 만 4세 유아의 읽기, 쓰기 발달에 미치는 효과 및 유아의 반응. 석사학위논문, 이화여자대학교 교육대학원.
노영희, 김창복, 전유영(2014). 영유아 언어교육. 경기: 양서원.
문두성(2011). 균형적 문해 접근법에 기초한 책 만들기 활동이 유아의 쓰기 인식 및 쓰기 능력에 미치는 영향. 석사학위논문, 한국교원대학교 교육대학원.
문승윤(2004). 베이비사인. 서울: babysign institute in korea.
문희연(2003). 흥미영역에 대한 유아의 선호 연구. 석사학위논문, 중앙대학교 교육대학원.
박근주, 임현숙, 강경민, 이자현, 이혜원(2017). 유아&교사 상호작용의 실제. 경기: 공동체.
박덕승(2001). 유아를 위한 균형적 문식성(balanced literacy) 지도. 교수논문집, 5, 405-435.
박미선(2000). 총체적 언어접근이 유아의 문장이해력과 이야기재구성력에 미치는 영향. 석사학위논문, 전남대학교 교육대학원.
박애자, 박수화(2008). 몬테소리 유치원에 적용한 균형적 언어 접근법이 유아의 언어능력에 미치는 효과. 열린유아교육연구, 13(4), 97-122.
박혜경(1991). 유아를 위한 총체적 언어교육 접근법의 효과에 관한 연구. 박사학위논문, 이화여자대학교 대학원.
박혜경(2005). 유아언어 관련 연구 동향: 국내 학술지를 중심으로. 교육과학연구, 36(1),

393-409.
박혜경, 김영실, 김진영, 김소양(1999). **유아언어교육-이론과 실제**. 경기: 양서원.
배정희(2011). 동요를 활용한 균형적 언어활동이 유아의 구어능력과 읽기 능력에 미치는 영향. 석사학위논문, 전남대학교 교육대학원.
배희숙(2012). 3-4세 아동의 개념 이해도 조사를 통한 기초개념 선정 및 분석. 언어, 37(4), 825-843. 한국언어학회.
백옥희(2015). 균형적 언어교육 접근법에 기초한 동시활동이 만 4세 유아의 문해능력에 미치는 영향. 석사학위논문, 경인교육대학원 교육대학원.
보건복지부(2013). 2013 어린이집 평가인증 안내(40인 이상 어린이집).
보건복지부(2013). 어린이집 표준보육과정에 기초한 영아보육프로그램 운영의 이해.
보건복지부(2013). 제 3차 어린이집 표준보육과정 교사용 지침서.
보건복지부, 육아정책연구소(2013). 제3차 어린이집 표준보육과정 해설서.
보건복지부(2020). 제4차 어린이집 표준보육과정 해설서.
서동미, 엄은나, 박성희, 이혜경(2017). **영유아 언어교육**. 경기: 정민사.
서미옥(2014). **교육심리학의 이해와 적용**. 경기: 공동체.
서소정, 문혁준, 김민희, 김정희, 이종신, 강인숙(2017). **아동언어지도**. 서울: 창지사.
손혜숙, 박지희(2014). **영아발달**. 경기: 정민사.
신은희(2009). 유아언어 발달 인적 지원 환경 평가 도구 개발. 박사학위논문, 숙명여자대학교 대학원.
심성경, 송화진, 변길희, 김나림, 박주희(2013). **영아발달**. 경기: 공동체.
엄태식, 조정은(2015). **영유아 언어교육**. 서울: 태영출판사.
오선영, 최영해(2017). **영유아 언어지도**. 경기: 정민사.
오성숙, 유민임(2016). **유아언어교육**. 경기: 양서원.
오은숙, 강숙현, 박해미, 고은님, 이진희(2013). **영유아 언어교육**. 경기: 양서원.
우수경, 정원주, 박숙희, 신혜경, 이정미, 김 호, 서윤희, 김기예(2013). **영아발달**. 경기: 공동체.
유승애(2009). 4, 5, 6세 다문화 가정 유아의 언어 발달 실태. 석사학위논문, 건국대학교 대학원.
윤진주(2007). 음성언어 중심의 유아 언어교육 프로그램 개발 및 적용효과. 박사학위논문, 원광대학교 대학원.
이경렬(2005). 저소득 가정 어머니 - 유아의 그림책읽기 상호작용과 유아의 언어능력. 석사학위논문, 연세대학교 대학원.
이경화, 조순옥, 김정원, 심은희, 이연규, 이문정(2009). **유아언어교육**. 서울: 창지사.
이경화, 조순옥, 김정원, 심은희, 이연규, 이문정(2014). **영유아를 위한 언어교육**. 서울: 창지사.
이기숙(2004). **유아교육과정**. 경기: 교문사.

이기숙, 김정원, 이현숙, 전선옥(2013). 제3판 영유아교육과정. 경기: 공동체.
이기숙, 장영희, 이윤경, 정미라, 심성경, 손순복, 김영아(2015). 영아발달. 경기: 양서원.
이대균, 김주영, 임자영, 박지선(2009). 영유아 언어교육. 경기: 공동체.
이명조, 이정화, 최란(2014). 혼잣말에 관한 국내 연구 분석. 열린유아교육연구, 19(1), 451-469.
이병승(2003). 언어의 뇌과학적 이해와 초등 언어교육의 방향. 석사학위논문, 서울교육대학교 교육대학원.
이숙재, 이봉선(2009). 영유아 언어교육. 서울: 창지사.
이순형, 권미경, 최은하, 김미정, 서주연, 최나야, 김지현(2010). 영유아 언어지도. 경기: 교문사.
이순희, 윤복희, 박혜경, 최일선(2000). 유아언어교육의 이론과 실제. 경기: 양서원.
이연섭, 강문희(1997). 개정 유아의 언어교육. 서울: 창지사.
이영미(2006). 교사의 언어환경에 따른 유아의 내러티브 발달양상. 석사학위논문, 덕성여자대학교 대학원.
이영석, 이경영(1995). 유아사회교육의 이론과 실제. 서울: 형설출판사.
이영자(2009). 개정판 유아 언어발달과 지도. 경기: 양서원.
이영자, 김재숙, 김금주, 박미라, 정주원, 권세경(2009). 영유아 언어교육. 서울: 창지사.
이영자, 이금구(2018). 영유아 언어교육 이론과 실제. 경기: 양서원.
이영자, 이종숙, 양옥승(1988). 유아를 위한 사회적응 행동발달 검사지 개발연구. 유아교육연구, 10, 41-65.
이영자, 이지현(2009). 유아의 내러티브 발달을 위한 교사교육이 유아의 개인적 내러티브에 미치는 효과. 열린교육연구, 14(4), 349-375.
이옥섭(1999). 균형있는 문해 프로그램이 유아의 읽기, 쓰기 발달에 미치는 효과 연구. 박사학위논문, 서울여자대학교 대학원.
이은주(2008). 독서지도를 위한 어린이도서관의 활용 방안에 관한 연구. 석사학위논문, 한양대학교 교육대학원.
이일우(2001). 언어습득의 결정적 시기. 솔뫼어문논총, 13(1), 151-174.
이지현(2007). 유아언어교육의 이론과 실제. 서울: 학지사.
이지현, 마송희, 김수영, 정정희(2009). 영유아를 위한 언어 교육. 경기: 공동체.
이지현, 마송희, 김수영, 정정희(2015). 영유아를 위한 언어교육. 경기: 공동체.
이차숙(1999). 유아의 음운인식과 읽기 능력과의 관계에 관한 연구. 교육학연구, 37(1), 389-406.
이차숙(2004). 유아언어교육의 이론적 탐구. 서울: 학지사.
이차숙(2005). 유아언어교육의 이론과 실제. 서울: 학지사.
이하원, 박희숙, 원선아(2017). 언어지도. 서울: 창지사.
이하원, 신원애(2017). 예비교사와 현직교사를 위한 영유아 언어 발달학. 경기: 어가.

이화도(2009). 유아인지 발달. 서울: 창지사.
임양금(2005). 유아의 이름글자를 활용한 균형 잡힌 문자언어 접근법의 효과. 박사학위논문, 원광대학교 대학원.
임지영, 류혜원, 문영경, 배기조, 송혜영(2014). 영아발달. 경기: 공동체.
장덕임(1999). 효율적인 영어교육을 위한 언어습득의 결정적 시기에 대한 연구. 석사학위논문, 명지대학교 대학원.
장유경, 최윤영, 김소연(2005). 한국 영아의 초기 의사소통: 몸짓의 발달. 아동학회지, 26(1), 155-167.
전유영(2011). 균형적 접근법에 기초한 유아언어교육 프로그램의 구성 및 적용효과. 박사학위논문, 중앙대학교 대학원.
전효정, 이귀옥, 박혜원(2004). 초기 언어 발달에 있어 환경적 영향의 특수성: 중국 조선족 아동의 가정환경에 따른 단어발달에서 어머니 언어의 매개효과. 아동학회지, 25(5).
정남미(2015). 유아언어교육. 서울: 창지사.
정남미(2013). 유아언어교육. 서울: 창지사.
정미희(2010). 그림책을 활용한 초기 문자지도 과정 연구. 한국교원대학교 대학원석사학위논문.
정사라(2010). 국내 어린이도서관 프로그램의 현황과 교육적 효과에 관한 연구. 석사학위논문, 숙명여자대학교 대학원.
정옥분(2012). 영아발달. 서울: 학지사.
정현진(2018). 동시를 활용한 균형적 언어활동이 유아의 문해발달에 미치는 영향: 읽기, 쓰기 중심으로. 석사학위논문, 한국외국어대학교 교육대학원.
정혜승(2014). 스마트 교육 시대 국어과 교육과정의 방향-언어와 의사소통의 인간 존중과 협력의 원리에 근거하여. 국어교육학연구, 49.
조명한(1982). 한국아동의 언어획득 연구: 책략모형. 서울: 서울대학교출판부.
조정숙, 김은심(2005). 유아 언어교육. 서울: 정민사.
조정숙, 유향선, 김은심(2005). 유아언어교육의 이론과 실제. 서울: 창지사.
주영희(1999). 유아를 위한 언어교육. 경기: 교문사.
주영희(2000). 유아언어 발달의 사회적 기초. 인천교육대학교 교육논총, 17, 37-59.
주영희(2001). 유아언어 발달과 교육. 경기: 교문사.
최슬기(2011). 그림책을 활용한 문학적 접근이 유아의 언어능력에 미치는 영향. 석사학위논문, 덕성여자대학교 대학원.
최은숙, 윤성운, 이경옥, 김도형(2016). 영유아 언어교육. 경기: 양서원.
최재천(2018). 생명, 알면 사랑하게 되지요. 서울: 더큰아이.
하미애(2008). 유아의 지능, 언어능력 및 학습준비도간의 관계에 관한 연구. 석사학위논문, 동아대학교 교육대학원.
한국보육진흥원(2018). 2018 제 3차 어린이집 평가인증 안내. 서울: 보건복지부, 한국보육진흥원.
한국보육진흥원(2020). 제4차 어린이집 표준보육과정 해설서. 세종: 보건복지부.
한글의 모음 체계 https://blog.naver.com/st004329/220845131959.
한유미, 김혜선, 권희경, 양연숙, 박수진(2010). **2판 영유아 언어교육의 이해-이론과 실제.** 서울: 학지사.
한유미, 김혜선, 권희경, 양연숙, 백은정(2013). **3판 영유아언어교육의 이해.** 서울: 학지사.
한인균(2008). 국어매체와 언어교육연구. 석사학위논문, 강원대학교 대학원.
홍순옥, 박순호, 김인순(2014). **영아발달.** 경기: 양서원.
홍영덕(2018). 언어의 기원과 중요성에 관한 사회학적 고찰. 석사학위논문, 충북대학교 대학원.
홍혜경, 김명화, 김정아, 김세루(2012). **영유아언어교육 이론과 실제.** 서울: 학지사.
홍혜경, 김명화, 김정아, 김세루, 김현정(2016). **영유아 언어교육.** 서울: 학지사.
황옥자(2003). 그림책을 활용한 총체적 언어 교육이 유아의 읽기 능력과 흥미에 미치는 효과. 석사학위논문, 동국대학교 교육대학원.
황은순(2010). 균형적 언어교육 접근에 기초한 유치원 문해 프로그램이 초등학교 1학년 읽기 · 쓰기에 미치는 효과. 박사학위논문, 덕성여자대학교 대학원.
황해익, 송연숙, 최혜진, 정혜영, 이경철, 민순영, 박순호, 손원경(2003). **유아교육기관에서의 포트폴리오 평가.** 서울: 창지사.
황해익, 최혜진, 정혜영, 권유선(2014). **아동관찰 및 행동연구.** 경기: 공동체.
EBS 다큐 프라임. <4차 인간> 2부. 인간은 기계인가?

Adams, M. J. (1990). *Beginning to read and learning about print*. Cambridge, MA: MIT Press.
Blaire, D. & Williams, K.(1997). *The balanced reading program*. Newark, Delaware: International Reading Association.
Brown, H. D.(1994). *Teaching by principles: An interactive approach to language pedagogy*. Englewood Cliffs, NJ: Prentice-Hall.
Chall J. S.(1967). *Learning to read: The great debate*. New York: McGraw-Hill.
Chomsky, N.(1965). *Aspects of the Theory of Syntax*. Cambridge, Mass: MIT Press.
Clay, M.(1991). *Becoming Literature: The construction of inner control*. Portmouth, NH: Heinemann.
Dunn, L, M. & Dunn, L, M.(1981). *Peebody Picture Vocabulary test Revised*. Circle Pines, Minn: American Guidance Service.
Dunst, C., Lowe, E. & Bartholomew, P.(1990). Contingent social responsiveness, family, and infant communicative competence. National Student Speech Language Hearing Association Journal, 17, 39-49.

Flesch, R.(1955). *Why Johnny Can't read*. New York: John Wiley.

Gleason, J. B.(1989). *Studying language development. In J. B. Gleason*(Ed.), The development of language(2nd ed.). Columbus, Ohio: Charles, E. Merrill.

Goodman, Y. M.(1986). Children coming to know literacy. In W.h, Teale, & R.B.

Harris, K. R.(1990). Developing self-regulated learners: the role of private speech and self-instruction. Educational Psychologist, 25(1), 35-49.

Harris, T., & Hodge, R. (Eds)(1995). *The literacy dictionary*. Newark, DE:International Reading Association.

Holdaway, D.(1979). *The Foundations of literacy. Portsmouth*. NH: Heinemann.

Jalongo, Mary R.(2014). *Early Childhood Language Arts, sixth edition*. 유아기 언어교육. 권민균 역(2016). 서울: 시그마프레스.

Johnson, J. E., Christie, J., & Yawkey, T. D.(1999). *Play and early childhood development*(2nd ed.). New York: Addison Wesley Longmans, Inc.

Machado, J. M.(2003). *Early Childhood Experience in Language Arts*(7th eds.). Thomson Delmar Learning.

Mukherji, P., & O'Dea, T.(2000). *Understanding children's language and literacy*. Chelteham : Nelson Thomes.

Neville, H. J.(1995). *Developmental specificity in neurocognitive development in humans*. In M. S. Gazzaniga(Ed.), The cognitive neurosciences(pp. 219-231). Cambridge, MA: MIT Press.

Rescorla, L.(1989). The language development survey: A screening tool for delayed language in toddlers. Journal of speech and Hearing Disorders.

Reutzel, D. R., & Cooter, R. B.(2008). *Teaching children to read: The Teacher makes the difference*(5th ed.) Upper Saddle River. NJ:Pearson.

Robertson, S., & Cassidy, F.(1954). *The Development of Modern English*. N. J.: Prentice-Hall.

Roskos, K., & Christie, J. (Eds.)(2000). *Play and literacy in early childhood : Research from multiple perspective*. Mahwah, NJ : Lawence Erlbaum.

Roskos, K., & Christie, J.(2004). *Examining the play-literacy interface : A critical review and future directions*. In E. Zigler, D. singer & S. Bishop-Jsoef(Eds.), Children's play : The roots of reading(pp.95-123). Washington, DC : Zero to Three Press.

Stahl, S. A., & Murray, B. A.(1997). Defining phonological awarencess and its relationship to early reading. Journal of Educational Psychology, 86(2), 221-234.

Stickland, D. S.(1998). What is basic in beginning reading? Finding common ground. Educational Leadership, 55(6), 6-10.

Stiles, J., Bates, E. A., Thal, D., Trauner, D. & Reilly, J.(1998). Linguistic, cognitive, and affective development in children with per- and perinatal focal brain injury: A ten-year overview from the San Diego longitudinal project. In C. Rovee-Collier, L. Lipsitt & H. Hayne (Eds.), Advances in infancy research(12), pp. 131-164. stamford, CT: Ablex.

Vacca J. A. L., Vacca R. T., Gove, & M. K.(2000). *Reading and learning to read.* New York: Addison-Wesley Educational Publishers Ins.

Whitehurst, G. J., Fischel, J. E., Arnold, D.S., & Lonign, C. J.(1992). Evaluating outcomes with children with expressive language delay. In S. F. Warren & J. Reichle(Eds.), Causes and effects in communication and language intervention, vol. 1(pp. 277-131). Baltimore, MD: Brookes Publishing.

Wolf, T.(1977). Reading Reconsidered. Harvard Educational Review. 47(3), 411-429.

Index

찾아보기

저자소개

김정은
신라대학교 유아교육과 교수

서은주
경성대학교 유아교육과 박사

한희정
춘해보건대학교 유아교육과 교수

김근혜
위덕대학교 유아교육과 교수

하선혜
동주대학교 유아교육과 교수

개정 누리과정에 기초한
영유아 언어지도 개정판

초　판 1쇄 발행 / 2019년　2월　15일
개정판 1쇄 발행 / 2021년　2월　20일
개정판 2쇄 발행 / 2022년　2월　20일

공저자 / 김정은·한희정·하선혜
서은주·김근혜
발행인 / 이　중　수
발행처 / **동　문　사**

서울특별시 서대문구 홍제원 1길 12
(홍제동 137-8)
Tel : 02)736-3718(대), 736-3710, 3720
Fax : 02)736-3719
등록번호 : 제9-17호
가격 : 22,000원

ISBN : 979-11-6328-276-1 (93370)
E-mail : dong736@naver.com
www.dongmunsa.com